참여정부의 언론정책

- 기자가 본 출입처 제도의 변화

참여정부의 언론정책

- 기자가 본 출입처 제도의 변화

송 의 호 著

한국학술정보㈜

최근 언론계의 화두는 노무현 정부가 임기 6개월을 남겨 놓고 추진 중인 '취재 지원 선진화' 방안일 것입니다. 이 방안이 실행에 옮겨지면서 정부와 언론은 요즘 긴장 관계로 치닫고 있습니다.

핵심은 임기 초 정부 부처의 출입기자실을 없애고 새로 선보인 브리핑 룸을 다시 통폐합한다는 것입니다. 그것도 중앙부처 브리핑 룸 37곳을 단 3곳으로 축소하는 방안입니다. 언론은 이번 조치로 언론 자유가 후퇴될 것이라며 반대 목소리를 높이고 있습니다.

언론은 자유를 먹고 자랍니다. 언론의 자유는 또 모든 자유를 가능케 하는 자유로 인식되고 있습니다. 하지만 취재 선진화 방안을 통해 최근에 모습을 드러내는 조치와 수단들은 자유보다는 통제에 가깝다는 것이 언론의 한결 같은 비판입니다.

돌아보면 노무현 정부는 출입처를 통해 언론의 체질을 바꾸려는 시도를 끊임없이 펼쳐 왔습니다. 집권 6개월을 맞았을 때는 지난 수십 년간 관행으로 내려온 기자실을 하루아침에 브리핑 룸으로 뜯어고쳤습니다. 출입처 제도의 근간을 출입기자제에서 브리핑제로 바꾼 것입니다. 출입기자제는 소수의 기존 언론이 출입기자단 형태로 정부 부처를 취재하는 방식입니다. 이에 비해 브리핑제는 인터넷 매체를 포함해 누구든 등록만 하면 브리핑을 들을 수 있는 제도입니다. 브리핑제는 모든 언론에 개방적이라는 긍정적 측면이 있지만 그 이면엔 브리핑룸을 벗어나 자유로이 취재할 수 없다는 제한적 요소가 내포돼 있습니다. 참여정부는 이처럼 집권 초기와 임기 말 두 차례에 걸쳐 출입처 제도를 대대적으로 수술했습니다.

제도와 형식이 바뀌면 내용이나 본질도 바뀔 수 있을 것입니다. 이 언론정책은 이제 평가가 필요한 시점에 이르렀습니다. 이 책은 노무현 정부가 집착한 브리핑제가 어떤 의도로 출발했으며, 브리핑제로 인해 언론의 기존 관행과 보도는 어떤 변화가 일어났는지 알아보는 데 그 목적을 두고 있습니다. 연구는 학술적으로 깊숙이 들어가기보다 취재 현장을 뛰고 있는 기자로서 체험과 통찰을 바탕으로 동료 기자들의 목소리를 통해 일관된 흐름을 파악하고자 하였습니다. 이러한 목적을 달성하기 위해 필자는 다음과 같은 측면을 중점적으로 다루었습니다.

첫째 출입처 제도를 둘러싼 정부와 언론의 관계를 기존 학자들의 선행 연구와 선진 외국 사례 등을 통해 먼저 이론적으로 파악하고자 하였습니다. 그동안 정부가 바뀔 때마다 우리 출입처 제도는 어떻게 변해 왔는지도 알아보았습니다. 덧붙여 브리핑제는 참여정부에서 어떤 논의 과정을 거쳐 만들어졌는지 살펴보았습니다.

둘째 브리핑제가 시행되면서 언론의 관행은 어떻게 변했는지도 진단해 보았습니다. 동료 기자들의 인터뷰를 통해 많은 사람이 궁금해하는 기자들의 촌지 수수와 노무현 대통령이 직접 언급해 논란을 일으켰던 기사 담합 등이 실재하는지를 현시점에서 짚어 보았습니다.

셋째 브리핑제 이후 보도 내용은 어떻게 변했는지도 관련 기사를 통해 분석해 보았습니다. 바뀐 출입처 제도가 궁극적으로 국민의 알 권리를 충족시키고 있는지 점검하기 위해서입니다.

이 책은 올 초 계명대 대학원 신문방송학과에서 박사학위를 받은 필자의 논문을 다시 정리한 것입니다. 그래서 이 글엔 최근에 펼쳐지고 있는 브리핑 룸 통폐합과 관련된 일련의 취재 선진화 정책은 분석에서 제외돼 후일의 과제로 남겨 두었습니다.

여기에 실린 내용은 세상에 내놓기엔 아직 부족한 부분이 적지 않습니다. 하지만 필자는 이 책의 출간이 노무현 정부의 언론정책을 학술적으로 정립하는 하나의 실마리가 될 수도 있다는 생각에서 용기를 냈습니다.

끝으로 이 책이 나오기까지 연구를 지도해 주신 계명대 이상식 교수님과 인터뷰에 응해 준 동료 기자들, 늘 사랑을 베풀어 준 아내 이은경 그리고 어려운 여건에도 기꺼이 책을 펴낸 한국학술정보(주) 채종준 사장님과 박주선 님에게도 고마움을 전합니다.

2007년 8월 15일
만촌 서재에서
송의호

Ⅰ 서 론

1. 문제제기 및 연구목적

언론은 정부와 국회·정당·경찰 등 주요 기관의 뉴스 가치가 있는 정보를 취재하기 위해 기자를 고정 배치하는 출입처 제도를 관행적으로 운영한다. 출입처 제도는 뉴스를 효율적으로 수집하기 위해 대부분 국가의 언론이 활용하는 뉴스 취재망이다. 출입처 제도는 국가별로 다르며, 국내 언론이 활용하는 출입처 제도는 기자실을 중심으로 운영되는 것이 특징이다(윤영철, 2001, p.264).

국내 출입처 기자실은 해당 기관이 기자들의 취재 편의를 위해 전화나 팩시밀리 등 편의시설을 이용하도록 배려한 공간이지만, 편의 공간의 의미를 넘어 해당 기관에서 언론으로 정보가 제공되는 창구며, 유력 언론이 배타적인 권한을 누리는 공간이기도 하다. 기자실은 정보를 제공하는 기관과 이를 취재하는 언론 양쪽에 효율성이라는 이점을 주면서 동시에 군소 언론에 대한 폐쇄성과 불법적인 거래 등으로 비난을 받아 왔다.

언론이 상시적으로 기자를 배치하는 대부분의 출입처는 정부와 국회·법원·경찰 등 국가 운영에 필수적인 기관이다. 이들 기관에서 보면 기자실은 언론에 정보를 제공하는 창구를 제도화하고 단일화시 킴으로써 관리의 효율성을 높이는 역할을 한다. 정보 제공 창구의 단 일화는 또 정보 공개와 은폐를 조절할 수 있게 해주며, 기자의 취재로 인한 업무방해를 줄일 수도 있다(박동숙, 조연하, 홍주현, 2001, p.368, 유재천, 이민웅, 1994, p.114).

반면 언론은 특정 기자가 정부 등 주요 출입처를 전담하여 취재한 다는 점에서 출입처 제도는 적은 인원으로 효율적인 취재를 할 수 있 고 또한 공신력 있는 정보를 신속하게 구할 수 있는 방법으로 인정되 어 왔다(Lacy & Matustik, 1984, p.10, Tuchman, 1978, p.93).

출입처 제도는 언론이나 해당 기관에 주는 이러한 이점에도 불구하 고 수용자가 접할 수 있는 정보에 편향을 가져오며 정부와 언론의 건 전한 긴장관계에 좋지 못한 영향을 준다는 비판도 끊임없이 제기되고 있다. Fishman(1980)은 언론이 시간적·경제적인 측면, 효율적인 정 보 입수 등을 위해 출입처 제도를 운영하는데, 이러한 취재 관행이 기 자의 취재원에 대한 취재 범위, 사건 해석 방향에 영향을 미쳐 결과적 으로 관료 조직의 필요에 의한 뉴스가 제공된다고 지적한다.

국내 기자실은 출입처 제도의 단점으로 지적되는 일반적 사항 이외 에 기자단과 해당 출입처 취재원의 유착 관계 및 군소 언론에 대한 지나친 폐쇄성이 문제로 지적되어 왔다.

대체로 기자가 특정 출입처를 전담하면 기자와 취재원 사이에는 자 연스럽게 친분관계가 형성될 수밖에 없다. 이들은 공식적인 접촉 범위 를 넘어 비공식적인 만남을 자주하며, 이러한 관계를 통해 중요한 정 보가 전달되고 때로는 공익이 아닌 사익에 이용되는 경우도 있다(박 동숙, 2001, pp.265-274).

또 기자실은 군소 언론에 일종의 진입 장벽을 설치해 두고 기자단 가입을 제한하기도 했다. 기자단의 신규 진입은 관행적으로 기자단 투표로 결정되기 때문에 주요 언론의 권력행사 도구로 작용한다(박동숙, 2001, p.254)는 비판이 제기되어 왔다. 최근에는 인터넷의 확산으로 인터넷 언론이 등장하여 주요 기관의 정보에 대한 공정한 접근을 요구하며 취재 문호 개방을 둘러싼 갈등이 표면화하기도 하였다.

인터넷 언론인 오마이뉴스는 2001년 3월 자사 기자가 인천공항 기자실에서 쫓겨난 이후 기자실 문제를 본격 제기했고, 2002년 한해 51건의 기사를 통해 기자실 문제를 다루었다. 그 무렵 한국 사회는 기자실의 개편 또는 폐쇄가 언론계의 주요 화두가 되었으며, 2002년부터 일부 지방자치단체는 기자실을 폐쇄하거나 개방형으로 전환하였다.[1]

변화에 직면해 온 국내 기자실은 큰 폐단으로 지적된 폐쇄성에 따라 몇 가지 유형으로 분류된다. 기자실에 특정 언론사의 지정석이 있는지와 기자단에 의한 신규 진입 장벽이 있는지를 기준으로 분류하면, 국내 기자실은 '준폐쇄형'과 '개방형' '이원형' '특수형' 등 4가지로 구분 지을 수 있다(김관규, 송의호, 2004, pp.38-39). 한동안 논란이 이어진 기자실 개편은 2003년 노무현 정부가 들어서면서 가속도가 붙기 시작했다.

정부의 언론정책은 대통령의 언론관에 많은 영향을 받게 마련이다. 노무현 정부도 예외일 수 없다. 노무현 대통령의 언론관은 그가 대통령이 되기 전 몇몇 신문과의 갈등관계에서 형성되기 시작한 것으로 보인다. 그의 언론관은 몇 가지 발언에 잘 나타나 있다.

"언론이 나에게 이지메를 가하고 있다. 조폭적인 언론의 횡포에 맞

---

1) 2001년 10월 들어 경남 사천시청에서 공무원직장협의회가 기자실을 개방한 뒤 경남도내 20개 시·군 중 창원시를 비롯해 10개 시·군이 브리핑실로 전환했고 기자실을 두고 있는 곳은 의령·합천 등 2곳에 불과한 실정이다.

서 싸워야 한다. 더 이상 언론에 굽실거리지 않겠다."(오연호, 2001)

"몇몇 족벌언론은 군사정권이 끝난 후에도 김대중 대통령과 국민의 정부를 끊임없이 박해했다. 나도 부당한 공격을 받아왔다. 피해는 이루 말할 수 없고 그 고통은 아직 끝나지 않았다. 이런 언론 환경에서 성공한 대통령이 되는 게 가능한 일일까 회의하곤 한다."(유재천, 2003, p.186에서 재인용)

노 대통령의 언론관은 몇몇 언론으로부터 입은 개인적 피해의식으로 인해 신문매체에 대해 매우 부정적인 이미지가 형성되어 있음을 알 수 있다(유재천, 2003, pp.185-187).

노 대통령의 이 같은 생각은 청와대 등 정부 주요 부처의 기자실을 개방형으로 전환하고 브리핑제를 시행하는 것으로 나타났다. 청와대는 대통령 취임 직후인 2003년 6월 1일부터 그동안 폐쇄적으로 운영돼 온 기자실인 춘추관을 모든 언론에 개방하고, 브리핑을 활성화하는 대신 대통령 비서실에 대해서는 방문취재를 금지시켰다. 또한 기자실이 개방되면서 기존의 기자단 제도는 폐지되었다.

브리핑제는 인터넷 매체의 급성장 등 언론 환경의 변화에 맞추어 특정 언론사의 정보 독점을 폐지하고 모든 언론에 공평한 정보 접근권을 보장하겠다는 것이 근본 시행 목적이었다. 여기다 과거 청와대 출입기자들의 취재 관행에 문제가 있었다는 노무현 정부의 판단도 작용했다. 청와대는 브리핑제가 취재원과 기자, 정부와 언론 간 접촉에서 선진형인 것으로 규정하고 정부의 다른 출입처에도 확대 적용시켜 나갔다.

이에 따라 서울 세종로 정부중앙청사 10층에는 국무총리실 출입기자를 위한 총리 브리핑실이 마련되었고, 같은 청사 5층에는 교육인적자원부와 통일부 · 행정자치부 기자들을 위한 합동 브리핑실이 설치되었다. 부처별로 주1회 브리핑이 실시되고, 기자실이 개방형으로 바뀌면서 출입기자 수는 크게 늘어났다. 또 기사 송고는 브리핑실에 마련된 별도 공간에서 이루어지고 있다. 정부중앙청사는 2003년 9월부터, 정부 과천청사는 2004년 1월부터 브리핑제를 시행하고 이후 단독청사를 가진 다른 정부기관과 지방자치단체까지 확산되었다.

청와대가 앞장선 기자실 개방과 브리핑제 시행은 언론에 몇 가지 시사점을 던지고 있다. 첫째, 기자실 개방을 통해 정부의 핵심 권력이 모든 언론에 차별 없이 정보 접근의 길을 열어주었다는 점이다. 국내 기자실은 선진 외국의 기자실과 달리 기득권 언론사가 독점한다는 해묵은 문제가 해결될 실마리를 찾은 것이다(장호순, 2003).

둘째, 출입처의 취재 관행을 획기적으로 바꿔 놓은 점이다. 기자실 개방과 브리핑제 시행은 기자단 제도의 문제점으로 지적돼 온 폐쇄성과 배타성, 획일적인 기사 양산, 관급기사 의존, 엠바고(embargo, 보도 시점 유예) 및 오프 더 레코드(off the record, 취재원과의 비보도 약속) 남발, 촌지 문제 등을 크게 해소시킬 것이란 기대를 낳고 있다(성기철, 2004, p.3).

그러나 제도 시행을 둘러싸고 언론통제와 관련된 근본적인 문제도 제기되고 있다. 노무현 정부는 자신들의 의지에 따라 기존의 기자실을 개방하고 브리핑제 시행으로 인위적인 개편을 시도했으며, 제도 운영에는 취재 제한이라는 언론통제 요소가 포함돼 있다는 점이다. 브리핑제의 핵심 내용인 '사무실 방문취재 제한'은 문제가 있다는 의견이 많다. 브리핑제를 시행하면서 동시에 기자들에게 사무실 출입금지 조치를 내린 것이다.

기자실은 개방되었으나 정보 대부분이 개방되지 않음으로써 브리핑제 시행이 언론 길들이기라는 비판을 듣고 있다. 민주주의가 정착되고 언론의 자유가 보장된 사회에서도 정치권력은 언론을 통제하려는 의도를 포기하지 않는다. 모든 권력자는 권력 유지나 권력 창출에 도움이 되는 정치적 이데올로기를 확산시키기 위해 언론에 힘을 행사하려는 유혹에 빠지기 쉽다.

기자실 개방과 브리핑제 시행에 대한 기자들의 평가는 엇갈리고 있다. 한국기자협회보가 2004년 2월 실시한 '현 정부 언론정책에 관한 여론조사' 결과는 상반된 평가를 보여준다.[2] 이 조사에서 기자들은 기자실 개방과 브리핑제 시행에 대해 47.3%는 잘한 편, 24.6%는 잘못한 편이라는 평가를 내렸다.

기자실과 취재 시스템 변화를 둘러싸고 한쪽에서는 제도적 폐단과 잘못된 취재 관행을 바로잡을 수 있는 기회가 될 것이라고 기대하는가 하면, 한편에서는 정부 정책이 취재와 보도의 자유를 침해할 수 있다는 우려의 목소리가 나오는 등 대립 양상을 보이고 있다. 그러나 이러한 논란에서 기준으로 삼아야 할 것은 '국민의 알 권리'라고 할 수 있다. 왜냐하면 국민의 알 권리는 정부와 언론의 관계 설정에 있어 가장 핵심적인 논거가 되며, 언론이 국민을 위해 무엇을 해야 하는가를 결정하는 요인이기 때문이다(이재진, 2003, pp.216-217).

기자실 개방과 브리핑제 시행이라는 정부가 주도한 언론정책은 국민의 알 권리에 궁극적으로 어떠한 영향을 미쳤을까. 이 같은 언론정책의 변화가 국민의 알 권리와 관련해 취재의 자유를 제한한 조치(유재천, 2003, pp.185-187)라는 학자들의 인식에도 불구하고 지금까지 기자실 개방과 브리핑제 시행에 따른 언론 보도 행태 연구는 거의 이루어지지 않고 있다. 이와 함께 제도 시행의 주요한 목적이었던 기자

---

2) 전국 기자 300명을 대상으로 설문 조사한 것이며, 표본오차는 95% 신뢰 수준에서 ±5.7%다.

실의 관행은 이후 어떤 모습을 하고 있는지에 대한 연구도 빈약한 실정이다.

결국 본 연구는 정부 주요 부처의 기자실 개방과 브리핑제 시행이 기자실의 병폐를 개선하고 또한 언론 보도 행태를 어떻게 변화시켰는지 검증함으로써 국민의 알 권리 문제와 함께 브리핑제를 종합적으로 점검하는 데 그 목적이 있다.

이에 따라 본 논문에서는 다음과 같은 두 가지 주요 연구문제를 다루고자 한다. 첫째, 기자실 개방과 브리핑제 시행에 따라 기자실의 관행은 어떻게 바뀌었나? 둘째, 기자실 개방과 브리핑제 시행 전후시기에 따라 보도 행태에 차이가 있는가?

2. 연구의 구성

본 연구는 총 5장으로 구성되는데, 제1장 서론에 이어 제2장에서는 관련 문헌연구를 통해 정부와 언론의 관계, 출입처 제도, 기자실 · 기자단, 브리핑제, 보도 행태 등을 살펴본다.

제3장에서는 연구문제를 설정하고 각 변인에 대한 조작적 정의를 내린다. 또 연구 설계와 연구방법을 다룬다. 제4장에서는 본 연구에 대한 실증 분석 결과를 정리하고, 제5장에서는 본 연구의 결과를 요약 · 논의한 뒤 연구의 한계 및 후속연구를 위한 제언을 하게 된다.

Ⅱ 이론적 배경 및 문헌 검토

1. 정부와 언론의 관계에 대한 이론적 배경

언론의 취재와 보도에 미치는 정부와 언론의 관계에 대한 연구는 오래전부터 이루어져 왔다. 정부와 언론의 관계에 대한 구체적인 논의는 언론을 통제하려는 정치권력과 밀접한 관련을 맺어 왔다고 할 수 있다. 여기서는 지금까지 논의된 취재와 보도 과정에 작용하는 정부와 언론의 관계를 이론별로 살펴보고, 둘 사이의 관계를 결정하는 요인들을 검토하고자 한다.

1) 정부와 언론의 속성

언론의 체계와 행위는 그 나라의 총체적 사회체계의 일부로서 정치·경제·사회·문화·역사, 심지어 지리적 위치 등 많은 요인이 응축되어 나타나는 산물이다. 언론 행위는 언론의 보도 내용을 뜻하게 된다. 언론의 모든 활동은 결국 보도로 귀결되기 때문이다(이민웅, 1987, pp.142-151).

이에 비해 정부는 정치권력을 행사한다. 권력은 사회적 행위에 영향을 미치는 복합적인 능력을 뜻한다. 이 같은 권력의 정의는 이른바 의사결정 권력과 비의사결정 권력(Bachrach & Baratz, 1963, pp.632 -642)은 물론, 이데올로기 차원의 권력을 모두 포함한다. 이러한 권력의 정의는 권력이 명시적으로 또는 은밀하게 행사될 수 있으며, 행위를 통해 또는 행위 없이 행사될 수 있으며, 의식적으로 또는 무의식적으로 작용할 수 있다는 것을 의미한다.

정부와 언론은 어떠한 관계인가. 정부와 언론이 사회의 중요한 체계로서 의사소통한다는 것은 각자 그 사회체계(social system)가 갖는 고유한 역할을 수행하면서 상호 작용하는 관계로 표현할 수 있다. 정부를 끌어가는 정치권력은 민주 사회에서 민주적 이상을 실현해 나가야 하는 역할과 책임이 있다. 정치권력은 그 과정에서 여론을 끊임없이 수렴해야 한다. 그에 비해 언론은 그와 같은 정치 활동과 정치적 행위가 제대로 기능하는지 지켜보고 그렇지 못할 때는 그 실상을 올바르게 알리고 지적하면서 비판적인 여론을 형성한다. 정부와 언론의 관계는 결국 정부 활동에 대한 언론의 보도 내용으로 나타난다. 하지만 정부와 언론이란 두 사회체계는 그 역할과 기능이 복합적이고 미묘한 관계에 있다(최경진, 2003, pp.99-100).

정부와 언론은 기본적으로 갈등관계를 맺을 가능성이 높다. 정부와 언론 사이에 갈등이 조성될 경우 정부는 흔히 거대한 국가권력을 앞세워 언론을 통제하게 된다. 민주주의가 정착되고 언론자유가 보장된 사회에서도 정치권력은 언론을 통제하려는 의도를 포기하지 않는다. 유럽이나 미국에서도 정치권력은 권력 유지나 획득을 위해 언론을 통제하려고 한다. 다만 이들 국가는 독재국가처럼 초법적이거나 비합법적인 통제 방식 대신 은밀하면서 합법적인 방식으로 언론을 다스리거나 정치권력에 자발적으로 동의하도록 하는 이념적 통제 기제를 활용하게 된다(윤영철, 2001, pp.75-76).

2) 정부와 언론의 관계

여기서는 정부와 언론의 관계를 설명하는 대표적인 이론으로 진자 운동 모형과 Rivers의 4개 범주 등을 알아본다. 이어 정부와 언론이 어떠한 권위와 비중을 갖고 상호 작용하며, 둘 사이에 갈등이 일어나 는 구조적 요인 등 양자의 관계를 결정하는 요인들을 살펴본다.

(1) 정부와 언론의 관계 유형

먼저 진자운동 모형을 들 수 있다. 정부와 언론의 관계는 〈그림 2 -1〉과 같이 적대적 관계에서 시작해 일체적 관계까지 그 사이에서 진자운동을 한다(유재천, 이민웅, 1994, p.33)며 다음과 같이 둘의 관 계를 설명한다.

〈그림 2-1〉 정부-언론 관계의 진자운동 모형

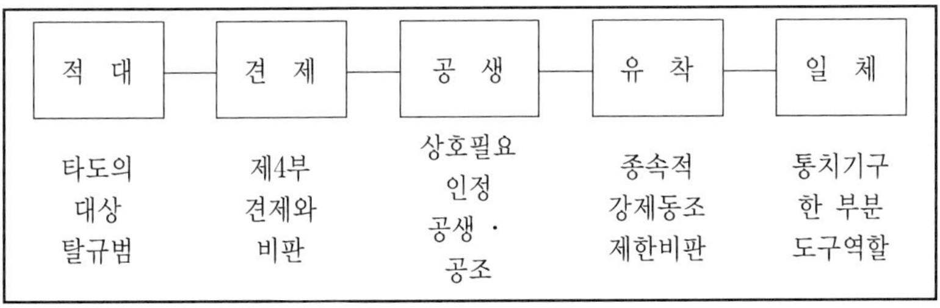

적 대	견 제	공 생	유 착	일 체
타도의 대상 탈규범	제4부 견제와 비판	상호필요 인정 공생· 공조	종속적 강제동조 제한비판	통치기구 한 부분 도구역할

● 출처: 유재천, 이민웅, 1994, p.33.

민주 사회에서 정부와 언론은 흔히 갈등하고 긴장하는 관계가 된다. 그러나 대체로 서로의 이익을 위해 공생 관계 또는 공조를 유지한다.

즉 국민으로부터 권한을 위임받은 정부는 언론을 통해 국민에게 하는 일을 알리고 여론의 지지를 끌어내려 한다. 이에 비해 언론은 국민의 알 권리를 확보하기 위해 정부가 갖고 있는 정보에 의존하지 않을 수 없게 된다.

그러면서도 한편으로 언론은 정부가 권력을 오용하거나 남용하지 않는지 또는 잘못을 은폐하기 위해 거짓말을 하지 않는지 감시한다. 반면 정부는 언론이 사실을 왜곡하여 정부를 함정에 빠뜨리지 않는지 의심을 품는다. 정부와 언론의 관계는 이처럼 늘 긴장상태에 있고 그 관계는 언제든 견제나 적대 관계로 돌아설 수 있게 된다.

〈그림 2-2〉 정부-언론 관계의 구성 모형

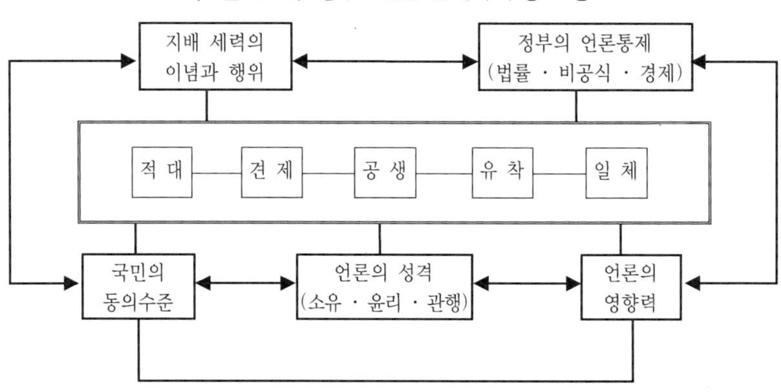

• 출처: 유재천, 이민웅, 1994, p.34.

유재천, 이민웅(1994)은 〈그림 2-1〉의 진자운동(정부와 언론의 관계)에 변화를 가져오는 5가지 요소의 영향을 그림으로 나타내면 〈그림 2-2〉와 같다고 설명한다. 이 그림을 통해 정부와 언론의 관계가 그 관계를 결정하는 요인들 사이의 복합적인 작용과 반작용 속에서 변화하게 되는 것을 알 수 있다는 것이다.

남효윤(2000)은 지방정부와 지역신문의 관계 변화를 알아보기 위해 분석대상인 매일신문과 대구일보의 사설 내용을 다섯 개 진자운동 모형별로 나누어 사설의 논조가 어느 관점에 있는가를 분석하였다. 그는 연구 결과 지방자치제 실시 전후 지방정부와 지역신문의 관계는 통계적으로 유의미한 차이는 발생하지 않았지만, 지역신문의 지방정부에 대한 사설의 논조가 견제적 관점과 공생적 관점에서 다루어졌다는 것을 알 수 있었다고 밝혔다.

Rivers, Miller, Gandy(1975, pp.217-236)는 정부와 언론의 관계를 이해하는 데 주목하였다. 이들의 연구는 ① 정부의 언론에 대한 영향력 ② 정부의 정보체계 ③ 언론의 정부에 대한 영향력 ④ 언론의 성격 등 크게 4가지로 구분해 모두 41개 변수를 제시하고 있다.

이들 가운데 노무현 정부의 언론정책인 기자실 개방 및 브리핑제 시행과 관련된 변인을 찾는다면 '정부의 언론에 대한 영향력' 중 통제기제인 규제와 통제권의 행사 방식, 통제의 영향인 취재 활동에의 영향력을 들 수 있다. 또 '정부의 정보체계' 중 공직자와 공보관의 대언론 정보 제공에 대한 태도, 업무수행 방식 등도 포함시킬 수 있을 것이다.

Rivers 등의 연구는 기존의 중요한 연구를 두루 참고해 정부와 언론의 관계에 영향을 미칠 수 있는 요인을 망라하여 제시한 것이 특징이다(유재천, 이민웅, 1994, pp.21-24). 그러나 이 연구는 영역별 요인을 평면적으로 나열하고 있을 뿐 어떤 요인이 가장 중요한 영향을 미치는지에 대해 거의 언급하지 않는다. 만약 각 요인이 영향력에서 차이가 있다면 상황에 관계없이 항상 차이를 보이는지, 아니면 상황에 따라 영향력의 순서가 바뀔 수도 있는지에 대한 논의가 빠져 있는 것이다.

Rivers 이후에도 많은 연구가 이루어졌다. Gans는 취재원과 언론 사이 '힘의 관계'가 뉴스의 선택과 처리과정에 가장 큰 영향을 미치며, 그래서 그는 뉴스를 현실의 해석과정으로 결론지었다. Fishman은 언론이 효율성을 위해 출입처 제도를 운용하는데, 이로 인해 기자가 취재하는 정보의 종류와 범위, 해석도 크게는 관료조직의 필요성에 의해 영향을 받는다고 지적하였다. 또 Lambeth는 정부와 언론의 관계를 '대립적'으로 파악한 것은 사실을 왜곡한 것이며, 취재원과의 유착에 대한 죄의식을 피하기 위한 방어수단이라고 비판한다(유재천, 이민웅, 1994에서 재인용).

고영철(1992)은 정부와 언론의 관계를 견제적 관계와 공생적 관계를 뛰어넘어 유착관계에 있다고 언급하고 있다. 그는 이 같은 현상은 지역 언론이 정부의 보도자료를 세밀히 검토하여 보도하기보다는 뉴스 가치의 비중에 관계없이 행정기관의 정보는 중요하게 취급하고, 지방행정 PR에 협조적이라는 것에서 알 수 있다고 주장하고 있다. 또 김세철(1995, pp.100−105)은 지역 언론과 지방정부는 상호보완과 견제의 관계에 있다고 보고, 지역사회 및 지방자치의 발전을 위해서는 양자가 상호관계를 재인식하고 이해를 증진시키는 데 공동으로 노력해야 할 것이라고 강조한다.

(2) 정부와 언론의 관계를 결정하는 요인

최경진(2003. p.100에서 재인용)에 따르면 정부와 언론은 양자 사이에 그 주체가 어떤 권위와 비중을 갖고 서로 작용하는가에 따라 대체로 다음과 같은 관계 모델로 구분한다.

먼저 Ronneberger의 상호의존 모델로 정부와 언론이 존립과 유지를 위해 기능적으로 서로 의존하는 경우이다. 정부는 계획하고 수행하는 행위를 언론을 통해 국민들에게 전달하며 국민의 지지와 관심을 얻기 위해 언론을 이용한다. 언론도 정책 창출 과정과 결과 등에 관한 정보를 수집하고 미디어를 통해 국민들에게 알리면서 정부와 불가분의 관계를 맺는다는 것이다.

이에 비해 Schatz는 정치권력이 언론을 지배하고 언론은 자칫 정치적 도구의 하나로 기능한다는 정치권력 우위 모델을 내세운다. 획일주의 사회에서 흔히 나타나는 현상이다. 반대로 Noelle-Neumann은 언론의 역할이 확대되고 상대적으로 정치 위상은 위축된다는 언론 우위 모델을 주장한다. 언론자유가 보장되는 민주 사회에서 나타나는 현상으로 언론이 지나치게 강조된 나머지 정치의 정체성이 침해받기까지 한다고 지적한다.

Sarcinelli는 언론과 정치를 타협하면서 공존하는 상호공생 모델로 설명한다. 한편 최용주는 언론과 정치가 공생에서 한 걸음 더 나아가 서로 침투하는 관계로 파악한다. 정치는 합법적으로 부여된 권한과 직능을 통해 언론에 영향력을 행사하고 언론 역시 역할 수행을 통해 자신의 힘을 정치적으로 도구화하려는 현상이다. 이 이론은 정치와 언론을 상호의존이 아닌 복잡한 상호침투의 관계로 이해한다.

언론이 그 나라의 정치와 어떠한 관계에 있는지를 설명하는 위와 같은 여러 모델 중 어느 한 가지 모델과 직접 연계시키는 것은 결코 쉽지 않다. 특히 우리나라는 강압적인 성격을 띤 사회가 끝나고 김영삼·김대중·노무현 정부로 이어지면서 정부와 언론의 관계도 크게 바뀌고 있다. 우리나라의 경우 정부와 언론의 관계는 대체로 정치권력 우위에서 상호공생 그리고 점차 상호침투 모델로 옮겨가는 현상을 보이고 있다(최경진, 2003, p.102).

Siebert(1949, pp.138-144)는 정부와 언론의 관계를 설명하면서 정부의 위상을 ① 구속기관으로서의 정부 ② 조정기관으로서의 정부 ③ 조성기관으로서의 정부 ④ 참여기관으로서의 정부로 구분한다. 앞서 언급한 관계가 그 주체에 대한 비중과 권위에 초점을 맞추었다면 Siebert는 정부의 역할과 기능을 갈등·규제·통합·협력의 차원에서 살펴보고 있다.3) 유의할 것은 조정기관으로서의 정부와 조성기관으로서의 정부 및 참여기관으로서의 정부라는 정부와 언론의 관계 설정은 반드시 통합과 협력관계만을 의미하는 것이 아니다. 물론 그러한 관계는 두 사회체계 사이의 상호의존적이며 보완적인 성격을 드러내는 것이지만 또한 갈등이 발생할 여지도 배제할 수 없다는 점이다.

정부와 언론은 공산주의 국가나 전체주의 국가를 제외한 대부분의 경우 대체로 다음과 같은 몇 가지 이유로 갈등관계에 놓이게 된다(유재천, 2003에서 재인용).

John, Carter, Byron, Alinski의 연구에 따르면 언론은 주변 환경을 감시하고 요소들 사이의 관계를 밝히는 등의 기능을 수행한다. 이에 따라 언론은 국민의 알 권리를 충족시킬 의무를 지닌다. 국민의 알 권리는 특히 공공의 관심사와 깊이 관련되어 있어 정부의 권력 남용이나 오용을 감시·고발하며 정부 관리의 과오와 실정을 비판하는 일에 중점을 두게 된다. 그 결과 정부와 언론은 갈등관계로 빠져들기 쉽게 된다.

또 언론은 국민의 알 권리를 내세워 되도록 많은 정보를 공개하도록 정부에 요구하는 반면, 정부는 국가이익을 위해 제한적으로 정보를 공표하려 한다. 여기서 최대 정보원인 정부와 국민의 알 권리를 지키려는 언론 사이에 갈등이 생겨난다. 그리고 정부는 대체로 법률로써

---

3) 이에 비해 유재천, 이민웅은 정부와 언론의 관계를 적대·견제·공생·유착·일체의 다섯 가지 범주로 구분했다.

언론자유를 제한하려 든다. 이 과정에서 관련 법률의 적용이나 해석상 이견 때문에 정부와 언론은 갈등하게 된다.

이와 함께 날이 갈수록 언론은 대기업화하고 있다. 언론의 산업화는 언론기업으로 하여금 정부의 금융정책·조세정책·무역정책에 더 많이 의존하게 만든다. 그 결과 정부가 언론에 군림하게 됨에 따라 두 제도 사이의 상호의존적 관계가 종속관계 내지 갈등관계로 변화될 가능성이 커지고 있다.

뉴스의 제작 관행이 언론을 정부의 영향력 아래 놓이게 하는 주요한 요인 중의 하나라는 견해도 있다(Epstein, 1973, Fishman, 1980, Gans, 1979, Tuchman, 1978). 즉 기자들은 취재 과정에서 시간의 제약을 받기 때문에 출입처의 취재원과 특별한 관계를 맺는다는 것이다. 이러한 뉴스제작 관행은 언론과 정부 간 상호협력 형태로 발전하게 된다. 더욱이 뉴스는 대부분 정부 당국의 발표, 기자회견, 보도자료 등과 같은 관행적인 채널에서 시작된다. 정부는 이러한 채널을 가동할 수 있는 많은 자원을 갖고 있기 때문에 뉴스 가치가 있는 정보를 쉽사리 지배할 수 있는 위치에 있다는 것이다.

1980년대 중반 니카라과 사태를 다룬 The New York Times의 기사와 사설 내용을 분석한 Bennett(1990, pp.103-125)는 신문의 내용이 여론보다는 정부 관리의 견해를 따라가고 있음을 밝혀냈다.

2. 정부 언론정책의 역사적 변화

정책이란 일정한 목표를 합리적으로 추구하고 실현하기 위한 국가의사의 표현 또는 국가의 실제 행동[4]으로 정의할 수 있다. 정부의 언론정책 역시 정당한 국가의사의 표현이란 의미를 갖는다.

언론정책은 주체인 정치권력의 특성과 그 언론정책을 수행하는 방법에 따라 성격을 구분 지을 수 있다. 즉 언론정책의 주체와 수단이 강압적이고 권위적인가, 또는 법과 제도에 따라 규범적인가로 나누어 볼 수 있다. 주동황(2003)은 우리나라 역대 정권의 특성을 고려하여 언론정책의 성격을 크게 두 가지로 구분해 제1공화국~제5공화국을 권위주의적 언론통제 정책, 그리고 제6공화국~김대중 정부를 규범주의적 언론규제 정책으로 규정지었다.

한편 정치권력의 언론통제(윤영철, 2001, pp.119-122)는 언론이 속한 사회의 권력 구조가 어떠한 성격을 지니는가에 따라 그 방식과 유형을 달리한다. 물론 언론의 자유가 확대될수록 노골적이고 전면적인 언론통제는 조금씩 모습을 감추겠지만, 언론통제는 권력이나 사회질서를 유지하는 데 필수적이어서 완전히 사라지기는 어려울 것이다.

1) 강압적 언론통제 기간(이승만 정부~전두환 정부)

정부가 펼치는 언론정책은 대통령의 언론관에 많은 영향을 받게 된다. 이승만 정부의 제1공화국부터 전두환 정부의 제5공화국까지 이 시기는 장면 정부의 제2공화국 때 일시 언론자유를 확보하였으나 대체로 이승만 정부와 박정희 정부, 전두환 정부 아래서 강압적이고 권위

---

4) 정치학자 Lowi(1985, pp.67-105)는 정책을 국가 의사의 표현 또는 국가의 실제 행동으로 표현한다. 그는 정책을 대상에 따라 또는 정책을 요구하는 이익집단을 중심으로 개념 정의하는 것은 별 의미가 없다고 본다. 예를 들면 정책을 대상에 따라 농업정책, 노동정책, 교육정책 등으로 분류하는 것은 농민·노동자·학부모 등이 정부에 무엇을 요구하는가는 파악할 수 있어도 그 정책을 담당하는 국가 엘리트 집단의 의사나 의도는 파악할 수 없다는 것이다.

적인 언론통제가 이루어졌다. 권위적인 언론통제는 전반적으로 언론 보도를 위축시켰다(정진석, 1992, 주동황, 2003).

이승만 정부는 1948년 9월 '언론정책 7개항'을 발표하고, 남한 단독 정부 수립에 비판적이던 신문들에 대하여 정·폐간 조치를 내렸다. 명분은 좌익지의 발호를 규제한다는 것이었다. 이어 구한말 제정된 광무신문지법과 미 군정 법령 제88호에 기초한 정기간행물 허가제와 1953년엔 형법 제307조(명예훼손), 제309조(출판물 등에 의한 명예훼손) 등 언론을 규제하는 법 조항을 공포했다. 급기야 이승만 정부는 1955년 동아일보의 1면 활자 오식(誤植)사건을 이유로 무기 정간 처분을 내려 1개월 동안 신문이 발행되지 못하게 하고, 1959년에는 '여적' 칼럼의 필화사건으로 경향신문을 폐간시키는 등 언론을 노골적으로 탄압하였다.

이와 달리 4·19 혁명 뒤 등장한 장면 정부는 언론에 대해 일체의 간섭을 배제하고 언론자유를 최고의 가치로 삼았다. 장면 정부는 1960년 7월 공포된 '신문 등의 등록에 관한 법률'에 따라 누구든지 자유롭게 신문 등을 발행할 수 있도록 하였다. 이 시기에 신문 창간은 급격히 늘어나고 언론자유는 황금기를 맞았으나, 동시에 사이비언론의 발호로 최대 혼란기가 되기도 했다(정진석, 1992).

1961년 5·16 직후 들어선 박정희 군사정권은 강압적인 언론통제를 시작하였다. 군사정권은 전국에 계엄령을 선포하여 9개 항목의 보도금지 사항을 발표하고, 곧 포고령 제11호를 발표하여 일정한 시설 기준에 미달하는 언론사는 정기간행물의 등록을 모두 취소시켜 당시 전국에서 신문 등 91%가 강제 폐간되었다.

박정희 정권의 언론관은 1962년 6월 공포된 '언론정책'과 7월에 공포된 '언론정책 시행기준'에서 구체적으로 제시되었다. 요약하면 언론

기업을 건전하게 육성하고 편집·제작 면에서 언론의 책임을 강조한 다는 내용이었다. '시행기준'의 주된 내용은 증면 실시, 재정자금 저리 융자, 언론인 후생복지 등이었다. 시행기준은 이후 박정희 정부에서 언론정책의 근간을 이루었다.

그러나 언론정책은 발표 당시와 달리 언론을 구조적으로 통제하기 시작했다. 특히 다양한 경제적 지원책은 언론의 비판 기능을 약화시켰다. 이른바 당근과 채찍의 양면적 언론통제 방식이었다.

1972년 10월 제정된 유신헌법은 국민의 기본권과 언론자유에 많은 제약을 가했다. 이와 함께 언론인을 유정회 국회의원 등 정계로 끌어들여 언론인 출신이 언론을 통제하는 방법을 쓰기도 했다.

이에 맞서 언론인들은 3선 개헌과 유신체제에 항거하며 대대적인 자유언론수호운동을 펼쳤고 박정희 정부는 다시 1974년 12월 동아일보에 광고해약 탄압으로 대응하였다. 동아일보는 광고 해약이 장기전으로 접어들자 농성하던 언론인을 강제 해산시키고 끝내 이들을 해고시켰다.

한편 전두환 정부는 강압적인 권위주의 언론통제가 극에 달한 시기였다. 1980년 7~8월 전국 언론사는 언론인 수백 명을 일거에 해직시켰다. 언론인 해직은 보안사령부의 '언론대책반'이 작성하여 언론사에 보낸 '문제 언론인' 명단을 토대로 한 것이었다. 12월에는 통폐합이 단행되었다. 여기엔 중앙일간지 정비와 지방일간지의 1도1사제, 단일 통신사 설립, 방송 공영화 등이 포함되었다. 새로운 체제를 뒷받침하는 언론기본법도 만들었다. 전두환 정부는 여기서 나아가 문화공보부에 홍보조정실을 신설한 뒤 언론사에 기사 내용은 물론 크기와 제목까지 일일이 지시하는 '보도지침'을 하달하기도 했다(정진석, 1992, 주동황, 2003).

전두환 정부는 한편으로 언론사의 소유주나 경영인을 장악하고 그들로 하여금 언론사의 내적 통제를 강화하는 전략을 취하면서 동시에 언론인에 대한 직접적인 통제의 고삐도 늦추지 않았다(윤영철, 2001, pp.79–89).

언론인을 회유하는 방법은 다양했다. 정부는 언론인의 취재수당에 대해 면세 조치를 내렸으며, 한국방송광고공사가 조성한 공익자금을 활용하여 주택매입자금 및 생활안정자금의 저리 융자, 언론인 자녀 장학금 지원, 언론인 해외연수, 그리고 관련 언론단체에 대한 재정지원 등의 명목으로 1981~1988년 약 1,036억 원을 사용하였다.

2) 자율적 언론규제 기간(노태우 정부~김대중 정부)

노태우 정부인 제6공화국 들어 물리적 힘과 강압에 의한 언론통제가 외형적으로 사라지고 대신 언론자유를 대폭 허용하는 법과 제도 등이 마련되었다. 노태우 정부가 6·29 선언에서 내세운 언론자율화는 외형적으로 상당 부분 실행되었다. 언론기본법이 폐지되고 신문 발행 자율화 조치에 따라 전국에서 신문의 창·복간이 활발하게 이루어졌다(주동황, 2003).

노태우 정부는 은밀하고도 차별적인 언론통제를 선호하였다. 보도지침과 같은 직접적이고 노골적인 언론검열은 사라졌지만 문화공보부 홍보정책실은 언론사별로 접촉 대상 언론인을 선정하여 음식점 등지에서 은밀히 만나 보도 협조를 요청하고 언론사의 주요 정보를 전달받았다.

통제 대상의 차별화는 정부가 취재 편의를 제공하는 과정에서도 나타났다. 1988년 창간된 한겨레신문은 차별적인 통제정책으로 취재과정에서 불편과 불이익을 감수해야 했다. 노태우 정부는 초기 기자단에 정식 가입하지 않은 한겨레신문 기자들에게 취재원 접근을 제한하는 반면, 기자단 소속 기자들에게는 적극적이고 공격적인 정보정책(윤영철, 2001, pp.89-100)을 펼쳐 대언론 홍보를 강화하였다. 즉 회유가 통하지 않는 반정부 성향이 강한 한겨레신문 취재기자들이 청와대나 국방부 등 정부 부처에 출입하는 것을 제한한 반면, 기자단 소속 기자들에게는 뉴스브리핑, 기자간담회, 보도자료 전달 등 각종 취재 편의와 경제적 혜택을 제공하는 차별적 포섭전략을 펼쳤다.

김영삼 정부는 신문시장 정상화에 집중했다. 정권 출범 직후 신문업계의 무한 증면 경쟁을 지켜보면서 감면과 휴간을 강력히 권고하고 나섰다. 이후 신문의 증면 경쟁 열기는 다소 수그러드는 듯했다(주동황, 2003). 김영삼 정부는 근본적으로 자유주의 이념을 지키면서 언론통제를 합법화하려는 노력을 기울였다. 그 결과 언론사에 대한 세무조사를 최초로 단행했으며 공정거래위원회는 신문시장의 부당거래와 불공정 거래행위에 대하여 강력히 단속하였다.

이와 함께 김영삼 정부는 언론인을 유인하는 수단으로 촌지보다 고급 정보를 선별적으로 제공하는 등 언론통제를 더욱 내밀화하였다. 동아일보에 따르면 김영삼 대통령은 '정직한 홍보만이 성공의 길'임을 강조하면서 정부 부처의 공보 기능을 강화하고 부처별로 정례브리핑을 실시하도록 지시했다(윤영철, 2001에서 재인용).

김대중 정부 역시 세무조사를 단행하고 신문고시를 부활하였다. 신문시장 정상화에 초점을 맞춘 언론정책은 김영삼 정부와 큰 차이가 없었다. 2001년 서울지역 언론사를 상대로 세무조사가 실시되었다. 언론계는 세무조사 시기와 규모 및 강도를 두고 언론탄압이라고 비난했고, 정부와 시민단체는 김영삼 정부에 이은 정례적인 세무조사며 정당한 법 집행이라고 주장하였다. 김대중 정부와 언론은 중앙일보 홍석현 사장의 탈세혐의 구속 사건에서 날카롭게 대립했다.

또한 김대중 정부(윤영철, 2001, pp.111-119)는 그동안 묵인되어 오던 비합법적, 비윤리적 관행을 개혁한다는 차원에서 사법적 통제수단을 적극적으로 활용하려는 의도를 내비쳤다. 대표적인 유형은 언론에 대한 명예훼손 소송이었다.

3) 정보 평등의 제도화(노무현 정부)

노무현 대통령의 언론관은 주목할 필요가 있다. 그의 언론관은 대통령이 되기 전부터 몇몇 신문과의 갈등관계에서 형성되기 시작한 것으로 보인다. 노 대통령의 언론관은 그의 언론 관련 발언에서 찾을 수 있다. 대통령에 당선되기 전 MBC와 가진 인터뷰를 먼저 소개한다.

"몇 개 언론이 특정 후보를 편파적으로 지원하고, 줄서기를 하는 것이 아닌가 싶을 만큼 공정하지 못하다."(유재천, 2003, p.186에서 재인용).

대통령에 당선된 뒤의 발언은 다음과 같다.

"정부가 깨끗해지기 위해 정부와 언론 사이엔 약간의 긴장관계가 있는 것이 좋겠다, 그렇게 생각한다. 나는 10여 년 동안 언론과 긴장관계, 일부 언론과 긴장관계를 유지해 왔다. 언론과 긴장관계를 유지해 오는 동안 스스로 몸가짐을 조심하지 않을 수 없었다. 어떻게 보면 오늘 대통령이 된 것도, 언론과의 긴장관계 덕분이 아닌가 하는 생각이 든다. 앞으로 나는 이 점에 관해서 적당하게 타협할 생각이 없다. 욕먹을 것은 먹으면서 긴장관계를 유지하면서 정부도 긴장해 나가자."(성기철, 2004, p.1에서 재인용)

"일부 언론의 시샘과 박해에서 우리 스스로를 방어해야 한다. 언론 권력을 행사하는 사람들은 국민으로부터 검증·시험·감사를 받은 적이 없다. 세습까지 하는 그 권력이 공정하기를 기대하기는 매우 어렵다."(유재천, 2003, p.186에서 재인용)

이상과 같은 발언을 보면 노 대통령의 언론관은 몇몇 언론으로부터 입은 개인적 피해의식으로 인해 신문 매체에 대한 이미지가 부정적으로 형성되어 있음을 알 수 있다. 이 같은 언론에 대한 부정적 이미지가 정부의 언론정책에 어떤 식으로든 투영되었다고 볼 수 있을 것이다.

노무현 대통령은 국민이 직접 선출한 대통령임에도 불구하고 취임 직후부터 언론과 첨예한 갈등관계를 보여 왔다. 그 원인은 노 대통령 개인과 보수언론 간 태생적 갈등에다 더 큰 원인은 노무현 정부가 언론을 개혁의 대상으로 접근하기 때문이란 분석이 지배적이다.

실제로 노 대통령은 언론을 개혁의 대상으로 규정하고 취임한 지 11개월 만인 2004년 1월 국정토론회에서 "현재 공직사회는 언론에 포위되어 있다"며 "올해 그 장벽을 뛰어넘겠다"고 말했다. 권력화한 언론에 계속 밀릴 경우 정부의 통치행위나 정책 의지에 대한 평가가 왜곡될 수 있기 때문에 이를 분명히 차단해야 한다는 생각으로 보인다.

노무현 정부의 언론정책은 이처럼 권력화해 있다고 판단하는 언론을 바로잡는 데 초점이 맞춰져 규모가 큰 보수언론과 갈등이 불가피할 것이라는 전망들이 처음부터 나왔다. 조간신문의 가판 구독 금지, 언론중재와 소송을 통한 오보 대응 등은 정부가 과거처럼 언론과 공생이나 유착을 통해 정책 목표를 달성하는 것이 아니라 기존의 규범과 새로운 제도를 통해 규제하고 문제를 풀겠다는 점을 분명히 한 것이다.

노무현 정부가 비교적 규모가 큰 언론사에 의해 폐쇄적으로 운영돼 온 기자단을 폐지하는 대신 기자실을 모든 언론사에 개방하는 한편 브리핑제5)를 도입하고, 동시에 출입처 사무실의 방문 취재를 금지시킨 것도 이런 맥락으로 볼 수 있다(성기철, 2004). 다시 말해 브리핑제는 노무현 정부가 정부와 언론의 관계를 어떻게 규정할 것인가를 고민하던 끝에 소신껏 내놓은 정책이라고 할 수 있다. 이를 통해 언론의 권력화에 따른 문제점을 어느 정도 해결하는 것은 물론 규모가 큰 언론이 정보를 독점하는 대신 인터넷언론을 포함한 군소 언론 등 모든 언론이 정보를 평등하게 접근할 수 있도록 하겠다는 뜻을 담았다고 할 것이다.

그러나 유재천(2003, pp.185 – 187)은 노무현 정부가 정부와 언론의 관계를 재정립한다는 방침에 따라 기자실 개방과 브리핑제 도입, 사무실 방문취재 금지, 취재원 실명제, 엠바고 폐지, 취재에 응한 공무원의 사후보고 등의 조치를 취한 것은 긍정적인 평가를 받을 부분도 있지만 국민의 알 권리와 관련해 취재의 자유를 제한한 조치는 문제가 아닐 수 없다고 주장한다. 그는 노무현 정부가 정부와 언론의 관계를 진정한 견제 관계로 정립하려 한다면 취재자유 제한과 같은 언론자유의 본질을 침해함으로써 국민의 알 권리를 제한하는 어떠한 정책도 시행해서는 안 된다고 강조했다.

본 논문은 노무현 정부 들어 이 같은 배경에서 시행 중인 정부 부처의 기자실 개방과 브리핑제가 기자실의 관행과 언론 보도 등에 실제로 어떤 영향을 미치고 있는지 검증하게 된다.

---

5) 기자실 개방과 브리핑제 시행을 둘러싼 논의는 뒤편에서 다시 자세하게 다룬다.

3. 출입처 제도와 취재 보도 관행에 대한 문헌 검토

앞에서 정부와 언론의 관계에 대한 기존연구를 살펴보았다. 여기서는 취재 관행의 한 요소로 활발하게 논의되고 있는 출입처 제도에 관한 기존연구를 고찰한 뒤 출입처 제도의 핵심을 이루는 기자실과 관련된 이론적 논의를 검토하고자 한다. 이어 취재의 결과물인 보도 행태와 관련된 선행연구를 통해 출입처 제도와 취재 보도를 둘러싼 이론적 논의의 근거를 마련하고자 한다.

1) 출입처 제도

출입처 제도는 취재 시스템의 주요한 부분을 차지한다. 여기서는 관행적인 측면에 주목해 출입처 제도를 살펴보려 한다. 먼저 비슷하면서도 그 의미를 달리하는 출입처와 기자실, 기자단이란 용어를 정의하고 출입처 제도의 의미와 순기능, 역기능 등을 차례로 논의하고자 한다.

(1) 용어의 정의(定義)

신문은 대체로 일정한 지면을 발행하며, 방송도 뉴스의 시간과 시각이 정해져 있다. 그러므로 언론은 규칙적으로 정해진 양의 뉴스를 생산해야 한다. 언론은 이를 위해 취재원을 네트워크화하는 경향이 있다고 한다(Fishman, 1980). 네트워크를 통해 적절한 정보를 안정적으로 공급받을 수 있기 때문이다. 제도화된 취재원의 네트워크를 '출입처(beat)'라고 한다. 그러므로 출입처란 언론인이 상주하거나 또는 정기적으로 방문해 일상적으로 접촉하면서 정보를 규칙적으로 얻는 곳이라고 할 수 있다. 정례적으로 보도자료를 제공하거나 브리핑을 실시하는 정부나 정당·대기업 등이 출입처에 해당된다(김상온, 1993, 박용규, 1996, 윤영철, 2001, 이원락, 2004, Fishman, 1980).

출입처에는 우리나라의 경우 기자들이 전화 취재를 하거나 취재원을 만나고, 또 기사를 작성해 송고할 수 있도록 만들어 놓은 '기자실'이라는 공간이 통상 마련되어 있다. 기자실에는 대개 잡무를 담당하는 여사무원 1~2명과 전화·복사기·팩시밀리 등 취재 및 기사송고를 위한 편의시설과 소파가 있다. 규모가 큰 기자실에는 언론사 별로 책상과 전화가 놓인 전용 부스(booth)가 마련돼 있기도 하다. 즉 기자실은 출입처가 언론에 대한 편의제공 측면에서 지원해 주는 사무실이다. 때로는 기자실이라는 별도 공간 없이 기자회견 등을 하는 브리핑실을 기자실과 겸하는 곳도 있다.

그리고 특정 출입처를 전담하는 기자들은 흔히 '기자단'이라는 모임 성격의 조직을 운영한다. 기자단은 외형상으로는 친목단체의 성격을 띠지만 실제로는 기자들이 고위층 취재원에 접근할 수 있는 일종의 취재체계로서 기능한다.

즉 출입기자들은 기자단이란 이름으로 자료를 요청하고 기자간담회를 요구하며, 취재원은 기자단을 대언론 창구로 이용하거나 언론을 효율적으로 관리하기 위한 메커니즘으로 활용한다. 기자단은 동종 언론사 기자들로 구성되어 동료의식과 함께 경쟁의식이 배어 있기도 하며 대체로 배타적인 성향을 나타낸다. 기자단은 일종의 이익단체로 볼 수 있다(윤영철, 2001, 이원락, 1991).

흔히 기자실을 기자단과 혼용하고 있지만 엄밀한 의미에서는 분명한 차이가 있다. 기자단은 출입처 기자들이 조직한 단체며, 기자실이란 기자단이 상주하는 물리적 공간을 지칭한다. 그러나 기자실은 글자 그대로 공간개념으로서가 아니라 경우에 따라서 기자단을 지칭하는 개념으로도 쓰인다. 이를테면 특정 사안에 대한 배경 설명이나 집단적으로 출입처에 취재 요청을 할 때 기자실 명의로 하는 경우가 있다 (박용규, 1996, 성기철, 2004).

한편 노무현 정부 들어 정부 부처 기자실이 인터넷 매체를 포함한 모든 언론에 개방되면서 배타적인 의미를 지닌 기자단은 공식적으로는 해체된 상태이다.

(2) 관행으로서의 출입처 제도

이재경(2003)은 언론 연구에서 관행적 접근의 중요성을 강조한다. 한국 언론의 전문성 부족이 출입처 중심의 취재와 일상적인 취재 관행 등에서 기인한다고 지적한다. 출입처에 지나치게 의존하는 관행은 우리나라 언론의 취재 관행 중 지난 수십 년간 가장 중요한 문제점으로 거론되어 왔다. 또한 출입처에서 기자단의 구성, 관급기사에 의존하는 취재행태, 보도자료 의존 등도 개선되어야 할 언론 관행으로 논의되고 있다. 김동규(2004, pp.4-17)는 국내 보도 현장에서 취재원이 정부와 공공기관 등과 같은 출입처 위주로 형성된 관행이 발표 저널리즘이라는 또 다른 관행을 발달시키는 이유라고 지적한다.

기자들은 사실 확인이 덜 필요한, 공신력 있는 취재원 특히 조직화된 취재원을 선호하기 마련이다(장호순, 오수정, 2001, pp.11-12). 그 과정에서 취재원을 안정적으로 확보하기 위해 다양한 관행을 만들어낸다. 예를 들어 정보 수집의 불확실성을 줄이기 위해 출입처 형식으로 취재원을 끌어들이는 전략이 발달한다. Sigal(1973, p.20)은 이러한 취재원을 '관행화된 채널(routine channel)'로 표현하고 기자들이 선호하는 채널로 소송과 청문회 · 보도자료 · 기자회견 · 연설 등을 꼽았다.

Shoemaker, Chang, Brendlinger(1987)에 따르면 언론의 관행은 언론 종사자들이 일을 하는 데 있어 일상적이며 반복되는 일과 형태다. 이것은 동시에 정보를 수집하고 가공해 뉴스를 전달하는 언론 조직이 체계적이고, 예측 가능한 방향으로 움직이도록 구성원들 사이에 내재화된 규범이나 행동 양식이기도 하다.

관행은 제한된 시간과 공간에서 정보를 가장 만족스럽게 효과적으로 수집하고 평가하는 방법을 모색하며, 종사자들이 맡은 역할을 할 수 있도록 체계화하고 제도화한다.

Sparrow(1999)와 Cook(1998)은 언론제도에 내재하는 관습과 관행·규범[6] 등이 기자와 언론사의 행동에 영향을 미친다고 주장한다. 이러한 관행은 언론사의 이해관계와 방향을 같이하기도 하고, 때로는 충돌하기도 한다. 관행은 동시에 언론의 선택 폭과 범위를 제한하기도 한다. 이를테면 뉴스 가치를 판단하는 기준이나 제작 관행, 출입처 제도 등은 언론계 내부에서 아주 유사하다. 언론인과 언론사는 제도화된 관행의 정당성과 효용성에 의문을 제기하기보다는 대체로 당연한 것으로 여기고 수용하는 측면이 강하다.

제도화된 언론 관행은 언론계 내부는 물론 다른 사회 제도에도 영향을 미친다. 특히 언론 관행은 보도 내용에 영향력을 행사하게 된다.

---

6) 언론을 하나의 제도로 이해하는 것은 사회 내의 입법, 사법, 행정 제도 등과 구분된다는 의미뿐 아니라, 언론계 내부의 관습과 관행, 규범이 언론인과 개별 회사를 넘어 공유되고, 이런 것이 직업적 그리고 의식적으로 수용돼 언론인과 언론사의 행위에 영향을 미치는 지침으로 제도화되기 때문이다. 관습(practice)은 공유된 문화적 생산물을, 관행(routine)은 표준화된 절차, 그리고 규범(norm)은 관습과 관행이 발전한 형태로, 도덕적 의무감을 포함하는 개념이다. 그러나 실제 언론 제도 내부에 존재하는 관습과 관행, 규범은 상호 밀접하게 관련돼 있어 엄격하게 구분하기는 어렵다(손영준, 2004). 따라서 본 논문에서는 편의상 '관행'으로 통칭한다.

(3) 출입처 중심의 취재

언론은 대부분 출입처를 중심으로 정보를 수집한다. 출입처 중심의 취재는 우리나라 취재 시스템의 큰 특징이기도 하다. 출입처가 어디냐에 따라 기자가 공급받는 정보가 좌우될 정도로 영향을 받는다. 그래서 취재와 보도를 다루는 저널리즘 교과서들[7]도 대부분 출입처에서 어떻게 취재할 것인가에 초점을 두고 취재를 설명하고 있다(박용규, 1996, p.92, 이원락, 2004, pp.81 -82).

출입처는 기자와 취재원의 정기적인 접촉이 공식적인 관행으로 정착된 장소며, 뉴스 가치가 있는 정보가 쉽게 기사화될 수 있게 기자에게 제공되는 곳이다. 출입처에서는 기자가 취재원으로부터 비공식적으로 정보를 얻기도 한다. 그러나 기자회견과 보도자료, 배경설명 등 공식적인 채널을 통해 정보가 제공되는 곳이다. 규모가 큰 국가기관은 대변인이나 공보관을 두어 해당기관의 언론 관계를 전담하기도 한다. 대변인은 공식적인 자료 제공과 함께 해당기관의 입장에서 사안을 설명하고, 기자들의 질문에 답하는 일을 담당한다(이상갑, 2001, p.40).

그리고 기자들은 출입처에서 제공받는 자료와 견해, 직접 취재한 것을 바탕으로 기사를 작성한다. 기자들에게 있어 출입처 제도는 정기적으로 정보를 얻을 수 있는 통로가 되며, 취재활동을 용이하게 한다. 따라서 기자에게 출입처 제도는 무엇이 뉴스가 되는지를 결정하는 과정에 있어 불확실성을 감소시키는 중요한 정보의 출처이며, 잠재적으로 뉴스 가치가 있는 사건과 생각들이 발견되는 장소로 많은 흥미로운 정보를 신속하고 적절하게 제공한다.

출입처를 통한 취재 방식은 독자층이 확대된 대중언론의 단계에 이르면 취재 영역 또한 광범위해져 기존의 인력이나 자가 취재에 의존하는

---

7) 예를 들면 Itule, Anderson(1994)과 Mencher(1994) 등이 있다.

방식으로는 독자들의 요구에 적절히 대응할 수 없게 되면서 등장했다고 한다(오택섭, 1987, p.86). 출입처 제도는 특정 기자가 정부 부처 등의 주요 출입처를 비교적 장기간에 걸쳐 전담하여 취재한다는 점에서 적은 인원으로도 효율적인 취재를 할 수 있고 또한 비교적 공신력 있는 정보를 신속하게 구할 수 있는 제도라고 인정되기도 했다(Lacy & Matustik, 1984, p.10, Tuchman, 1978, p.93). 출입처 제도에서는 편집국의 각 부서가 일정한 출입처를 전담하고 기자들의 출입처는 연공서열에 따라 배정되며 수시로 순환되고 있다. 규모가 큰 출입처는 한 신문사에서 다수의 기자가 출입하기도 하지만 규모가 작은 출입처는 한 기자가 여러 곳을 함께 맡기도 한다(박용규, 1996).

Epstein(1975, pp.23-24)에 따르면 기자들이 출입처에 의지하는 것은 기자들의 취재 관행에서 기인한다. 기자는 마감시간 안에 신뢰성을 갖춘 취재원을 선택하는 명확한 기준이 없기 때문에 누구를 믿어야 할지 불안하다. 또한, 매일 지면을 채워야 하는 중압감에 시달린다. 이 같은 불안감을 극복하기 위해 기자들은 언론사에서 배정한 출입처의 정보 제공에 의지하게 되고, 그들의 논조를 수용하게 된다. 이는 기자들이 검사나 경찰처럼 시간을 가지고 공권력을 사용하여 종합적으로 증거를 판단할 능력이 부족한 데다 마감시간에 쫓기기 때문에 권위적인 기관인 출입처의 정보에 의존하게 된다. 취재원으로서 출입처는 기자에게 제한된 시간과 비용, 노력으로 적합한 정보를 제공하며, 공신력으로 인해 그 정보를 신뢰할 수 있기 때문이다. 이동근(2001)도 기자들이 정보의 공신력과 용이한 접근성 때문에 개인보다는 정부나 기업과 같은 조직 취재원을 선호한다고 설명한다.

그러나 취재 활동을 원활하게 하기 위해 마련된 출입처가 취재에 순기능만 하지는 않는다.

출입처에서 제공하는 정보는 공신력을 지니고 있지만, 때로 사건의 본질을 왜곡시키거나 권력의 입맛에 맞는 평가를 내포하고 있기 때문에 문제가 발생하기도 한다. 이상갑(2001, pp.40-46)은 출입처 중심의 취재 시스템은 기자의 취재 활동에서 출입처의 취재원이 제공하는 정보에 의존하게 만들고, 사회 환경의 감시라는 언론 본연의 임무를 망각하게 만들었다고 주장한다. 이동근(2001)은 기자의 취재원 선택 기준이 취재의 편의성보다는 사건 본질과의 관련성에 의해 결정돼야 한다고 주장하면서 언론이 정부기관이나 대기업 등과 같은 사회의 기득권 세력이 제공하는 정보를 선호하면 할수록 언론 보도는 그들의 이익을 대변하게 되고 편향 보도의 가능성이 커진다고 경고했다.

한때 취재의 편의성과 효율성을 인정받던 출입처의 취재 방식은 최근 들어 다양하고 전문화된 독자의 정보 욕구를 충족시키는 데 한계가 있다는 비판을 받고 있다(김영석, 1994, p.16). 특히 동일한 취재원에 의존하기 때문에 기사의 획일화가 불가피하고, 출입처가 제공한 정보에 대한 의존도가 높기 때문에 특정 기관의 입장을 대변하는 보도를 하기 쉽고,[8] 소극적이고 수동적인 보도로 전문성과 심층성이 결여되는 경우가 많다는 것이다.

이처럼 출입처 제도는 긍정적인 측면보다 부정적인 측면을 더 많이 드러내 왔다. 출입처 제도의 문제점으로는 또한 기자들이 적극적인 발굴 취재보다는 출입처에서 제공하는 보도자료에 의존하는 경향이 매

---

8) 경우에 따라 출입기자들이 자기 출입처를 적극 두둔하기도 한다. 주로 출입처 사이에 갈등이 있는 경우다. 가령 사건 수사와 관련해 검찰과 경찰 사이에 의견 대립이 있다고 치면 십중팔구 검찰 출입기자는 검찰편, 경찰 출입기자는 경찰편이다. 좀더 구체적으로 국방부 출입기자는 예외 없는 병역의무의 이행을, 반면 체육회 출입기자는 운동선수들의 병역특혜 필요성을 각자의 기사에서 주장하게 된다(김상온, 1993, p.85).

우 높다는 점이 지적된다. 이 같은 제작 태도는 언론이 '행정 부처의 홍보기관'(이규환, 1980, p.129)이 되다시피 했다는 비판까지 낳았다. 나아가 출입처 제도에 대해 '관(官)이 만들어준 기자실에 안주하면서 관의 동정과 관에서 공급하는 기사만을 받아먹는 취재체계'로서 '관존민비의 유습'이라는 비판까지 있었다(주돈식, 1991, pp.66–67). 출입처 제도는 이와 같이 기사의 획일화를 초래하고, 소극적이고 수동적인 보도 자세를 조장하며, 특정 기관의 입장을 대변하는 한편 출입처 이외의 보도에 대해서는 소홀하게 만든다.[9] Dunn(1969)은 미국 위스콘신 주 의회의 경우 의회에 관한 일상적인 보도는 결국 심층보도에 제약을 가져오게 되고 기사거리가 될 만하다고 규정된 일에만 관심을 기울이게 된다고 하였다. 기사는 일어난 일들의 겉으로 드러난 부분만을 실었으며, 정부 관리에게서 기사 소재가 나왔다고 지적한다.

출입처 일변도의 기사 작성 문제는 여러 연구에서 입증되었다. 박용규(1996, p.95)는 출입처 의존적 기사 작성은 기자들로 하여금 사회에서 발생하는 혹은 내재하는 문제에 대한 적극적 발굴 취재보다는 보도자료에 의존하는 경향을 나타냈다고 설명한다. 박용규는 국내 기자들이 출입처에서 나오는 보도자료에 의존하는 비율이 80%를 넘는다면서 이로 인해 기사의 획일화, 심층성 및 전문성이 결여된 기사의 양산 등의 문제가 발생한다는 것이다.

이러한 관행은 권력기관 출입처가 대부분인 한국 상황에서 정보의 가공과 의도성을 내포시킬 수 있으며, 기자는 이를 파악하지 못하고

---

9) 김창열(1990, p.5)은 '출입처라는 거점 간 협조가 안되면 거점 간 중간지대에 허점이 생긴다'고 지적하고, 이런 경향은 부서 간 할거주의로 더욱 증폭된다고 주장했다. 이것은 출입처 관련 사건 이외의 취재를 소홀히 하는 것은 물론 여러 출입처, 특히 여러 부서 소속의 출입처가 관련된 사건의 경우에 취재가 소홀해질 수 있다는 점을 지적한 것이다.

보도할 수 있는 위험성을 내포하고 있다. 또한 환경을 감시하는 탐사 보도를 막고 일과성 형태의 보도를 조장하기가 쉬워진다.

김동규(1998, p.181)는 출입처 제도를 통해 취재 활동이 이루어질 경우, 무엇보다 정보의 편향성이 발생하기 쉽다는 점과, 제도화되어 있는 관료적인 취재원에 과도하게 의존하는 경향이 발생, 관급보도가 보도의 주류를 형성하게 된다고 주장하고 있다. 그리고 기자들은 피할 수 없이 겪게 되는 취재원 선택의 과정에서 권위적이고 힘 있는 사람들을 선택하고, 힘없고 평범한 사람들은 뉴스에서 배제시킨다는 것이다.

Tuchman(1978)은 언론사가 상업적인 속성으로 기자들을 시청자나 독자들이 흥미를 느낀다고 생각되는 합법적 조직인 경찰청·시청·법원 등에 배치하며, 기자들이 배치된 곳을 벗어나 발생하는 사건은 뉴스로 생산되지 못한다고 설명한다.

또 Tuchman은 뉴욕시청 기자실의 참여 관찰을 통해 취재원은 대개 권력을 지닌 관료나 정치인에 집중되고 사회운동가나 재야 지도자들은 거의 포함되지 않으며, 결국 기존 질서를 정당화시키는 효과를 낳는다고 주장한다. 즉 기자들은 특정 사안에 대해 자신의 견해나 입증할 수 없는 정황을 제시하는 대신 합법적 조직의 견해를 인용함으로써 신뢰성을 높이고 명예훼손 등의 문제도 해결하려는 경향이 있다는 것이다.

Fishman(1980, pp.64-65)은 이러한 출입처를 통한 뉴스 수집 과정을 통해 독자에게 현실에 존재하는 권위를 인식시키며, 그 권위를 통해 세상을 보게 한다고 말한다. 더 큰 문제는 기자들이 국가기관에서 관례적으로 제공하는 정보에만 의존해 취재원인 정부나 정치인에 의해 정보가 삭제되거나 조작될 위험성이 도사리고 있다는 데 있다.

수용자들은 뉴스 정보가 어떻게 얻어졌으며, 어떻게 보도 결정이 이루어지는지 알 길이 없다. 그러므로 출입처를 중심으로 취재원에 의존하는 경향은 수용자에게 국가권력의 주장을 전달하게 되고, 사회의 권력구조를 합법적으로 인식시키게 된다는 것이다.

여기서 나아가 출입처 제도는 취재원과의 밀착에서 연루되기 쉬운 부조리 등의 문제를 야기하기도 한다(이상우, 1995, pp.111-112). 특히 촌지 문제는 출입처 제도 속에서 배태된 부패의 전형이라고 할 수 있을 것이다.

이런 부작용에도 불구하고 기자들은 취재 현실의 문제를 들어 출입처가 필요악이라는 측면을 지적하기도 한다(박동숙, 2001). 정부가 정보 공개를 제대로 하지 않고 무조건 기자를 피하려는 현실을 감안할 때, 출입처 제도는 정부기관 등 권력기관을 가장 가까이서 지켜볼 수 있다는 점에서 국민의 알 권리를 보장하기 위한 최소한의 장치라는 지적이다. 나아가 출입처는 공무원의 정보 은폐 및 왜곡을 방지하는 권력의 감시자 역할도 한다는 것이다.

서정우, 강상현(1990, p.49)은 출입처 제도에 대한 기자들의 의식을 조사하였다. 〈표 2-1〉에서 드러난 것처럼 출입처 제도에 대한 기자들의 견해는 찬성이 83.9%로 매우 높게 나타났다.

〈표 2-1〉 출입처 배정에 대한 찬반 의사

찬반 의사	빈 도(%)	이 유 (복수응답 %)
찬 성	78(83.9)	전문성·책임취재 (47.4) 취재영역의 한정 (28.9) 정보원 확보 (23.7)
반 대	15(16.1)	취재영역의 축소 (62.5) 출입처와의 유착 (37.5)
합 계	93(100)	

● 출처: 서정우, 강상현, 1990, p.49.

여기서 찬성의 이유로 든 것은 주로 전문성과 책임취재에 도움이 된다는 것들이고, 반대의 이유로는 취재영역이 축소되고 출입처와의 유착관계로 공정보도에 저해된다는 것이다. 그러나 특정 부서에 오랫동안 출입했다는 것이 반드시 기자들의 전문성 향상에 도움을 줄 수 있는 것은 아니고[10] 오히려 한 기자가 출입처와 관련된 모든 것을 취재하기 때문에 전문성이 떨어진다고 볼 수도 있다(김영석, 1994, p.17). 즉 출입처 제도는 기자실을 지키면 낙종은 면한다는 식의 안주의식을 배태시켜 결국은 기자 전문화의 장애[11]가 된다는 지적도 있다(이한수, 1988, p.406). 또한 찬성의 이유로 든 책임취재는 안일한 취재와 보도 관행으로 비판의 대상이 돼 온 출입처 제도의 문제점이 기자들에게는 보도의 책임을 회피하는 데 필요한 것으로 받아들여지는 인식의 차이를 드러낸다.

---

10) 조용중(1970, p.22)은 기자들이 특정 정부 부처에 오래 출입했다고 이른바 전문기자연 하는 때도 있지만, 이것은 일에 대한 '전문'이 아니라 그 부서의 인사들과 '친분이 두터워졌다는 것'에 불과한 경우가 대부분이라고 지적했다. 출입처에 지나치게 밀착하다 보면 오히려 기자들이 스스로를 '출입처 소속'이라고 착각할 정도가 된다는 비판도 있다. 이재국(2003, p.38)은 취재원을 너무 잘 알게 되면 출입기자의 시각이 '보통 독자'의 수준을 넘어서게 되고 따라서 상식이 아니라 특정 출입처의 전문화된 잣대로 사안을 다루게 되는 '눈높이의 혼란'이 오게 된다고 지적한다.

11) 김상온(1993, pp.85-86)은 개인적 경험에 비추어 또 동료기자들의 경험에 비추어 어느 한 출입처를 담당하더라도 내부 사정을 알게 되기까지는 통상 빠르면 3개월, 길면 1년여가 걸린다. 내부 사정이란 부처 혹은 단체의 조직 구성, 특성, 취재원 파악, 출입처에서 하는 업무, 전문적인 업무 운용 시스템 및 기타 잡다한 사항을 포괄한다. 이러한 것들을 알아야 특정 사안에 대한 기사화 여부를 판단할 수 있고 나름대로 해설기사를 작성할 수 있게 된다. 상황이 이렇다면 출입처 제도를 폐지했을 때 기자들은 단순한 발표기사나 홍보성 해설밖에 다루지 못하는 홍보 요원으로 전락할 것이라는 주장도 상당한 설득력을 가진다고 지적한다.

따라서 위와 같은 기자들의 답변은 어떤 점에서는 출입처 제도의 현실적 불가피성을 표현한 것일 수도 있다.

기자들이 출입처 제도에 대해 문제의식을 느끼고 있다는 연구 결과도 있다. 유정아(2000, p.70)는 KBS 정치부 기자들을 대상으로 출입처 제도에 대한 심층 인터뷰를 통해 기자들이 취재원과 비공식적인 모임을 여전히 갖고 있다는 점에서 출입처 제도에 대해 문제의식을 인식하고, 이에 대한 개선 의지도 가지고 있다고 지적하였다.

(4) 취재원과 기자의 역학관계

취재 과정에서 출입기자와 취재원은 선택의 권한을 서로 공유하게 된다(이원락, 2004, pp.82−87). Gans(1980, p.81)는 이를 두고 기자와 취재원이 서로 줄다리기하는 관계라고 설명한다.[12] 기자와 취재원의 관계에서 기자는 취재원을 선택할 수 있으며, 또한 취재원이 제공한 정보의 최종 선택권을 행사할 수 있다. 이에 비해 취재원은 기자가 선택할 수 있는 범위를 제한하는 역할을 한다. 이러한 관계 속에서 양자는 뉴스에 대한 영향력을 둘러싸고 줄다리기를 하게 된다. Bennett(1993), Chibnall(1977), Molotch, Lester(1974), Sigal(1986)은 이 줄다리기에서 대체로 취재원이 이긴다고 지적한다. 출입처 제도가 기자의 선택권을 한정시키면서 취재원의 제한권을 강화하기 때문이다.

제도화한 출입처는 기자나 특정 언론사가 선택할 수 있는 것은 아니다. 그것은 이미 존재한다. 출입처는 관료 조직이며, 취재원은 해당

---

12) Gans(1980, p.80)는 원래 뉴스를 "현실의 해석에 대한 힘의 행사"라고 규정하면서 이 과정에 언론인, 취재원, 수용자가 모두 참여해 권력을 행사한다고 했다. 하지만 일상에서 언론인과 취재원은 명확하지만, 수용자는 사실상 추상적 존재다. 그러므로 일상의 취재 과정에서 줄다리기하는 것은 결국 언론인과 취재원이라고 할 수 있다.

조직의 구성원으로 이루어진다. 출입처에서 중요한 취재원은 해당 조직의 고위직이라고 할 수 있다(Gans, 1980). 따라서 출입처의 취재원 또한 기자의 의지와 무관하게 결정되어 있다. 즉 출입처와 취재원은 기자가 선택하는 것이 아니라 기자에게 결정되어 주어지는 것이라고 할 수 있다. 출입처 제도는 이처럼 기자의 취재원 선택을 극도로 제한하는 결과를 가져오게 된다.

Gans(1980)에 따르면 기자는 출입처의 정보를 대개 별도의 타당성 검증 없이 받아들인다고 한다. 반면 제도화하지 않은 취재원은 스스로 적극적인 노력을 기울여야만 기자와 접촉할 수 있으며, 그들이 제공한 정보는 항상 타당성 검증을 거쳐야 한다고 한다. 이는 언론이 출입처 제도를 통해 출입처 정보에 대한 신뢰를 갖고 있으며, 출입처는 기자에게 적합한 정보를 제공하는 능력을 길렀기 때문이라고 할 수 있다. Dimmick(1974)은 출입처 제도와 같은 전통적인 뉴스 수집 과정이, 어떤 것이 뉴스가 될 만한가를 결정하는 데 있어 불확실성을 줄이는 기능을 한다는 게이트키핑 이론을 주장한다.

출입처가 언론사 동료들이 함께 경쟁하는 장소라는 점도 기자의 정보 선택권을 제한하는 또 다른 요인이라고 할 수 있다. 영국 언론의 범죄 보도를 분석한 Chibnall(1977)은 기자가 특종을 위해 또는 경쟁 기자의 특종을 막기 위해 출입처와 좋은 관계를 유지할 필요가 있으며, 최소한 나쁜 사이가 되지 않도록 노력해야 한다고 한다. 이를 위해 기자는 출입처의 취재원이 제공하는 정보를 존중하게 된다는 것이다. 기자는 독자가 관심을 갖는 범죄 보도에 관한 정보를 얻기 위해 경찰의 범죄수사나 재판 기록, 공식발표에 의존할 수밖에 없다. 또한 취재 경쟁에서 이기기 위해 경찰조직 내부의 구성원으로부터 은밀히 정보를 얻을 길을 찾게 된다.

출입처 제도가 기자의 관점을 출입처의 관점에 동화시키는 경향(이원락, 1991)도 기자의 정보 선택권을 제한하는 요인으로 작용한다. 기자가 출입처의 구성원과 자주 접하고, 출입처가 제공하는 정보를 받고 의견을 교환하다 보면 출입처의 관점에 동화되기 쉽다는 것이다. 만약 동화되지 않는다고 해도 출입처의 논리를 이해하게 된다. 출입처로서 권력을 지닌 국가기관은 자신에게 유리한 정보를 기자에게 제공함으로써 자신의 주장을 유포시킬 수 있다. 따라서 기자는 출입처의 관점을 자연스러운 것으로 받아들여 뉴스 선택 과정에 활용하게 된다고 한다. 기자는 이렇게 제공된 정보의 진위를 파악해야 한다. 그러나 마감시간에 대한 압박과 오랜 관계 유지에서 생겨난 신뢰로 인해 이러한 검증 노력은 소홀해지고, 환경 감시를 다해야 하는 신문 본래 기능은 약화되기 쉽다(Gans, 1979, pp.121-123). 반면 제도화하지 않은 취재원의 경우 기자는 쉽게 동화되지 않아 의심하고 쉽사리 거부하게 된다.

이처럼 기자들의 정보 선택권이 제한받는다는 것은 거꾸로 보면 취재원의 기자 정보 제한권이 강화된다는 뜻이 된다. 다시 말해 언론은 대체로 출입처의 정보를 선택의 여지없이 받아들이는 수동적인 위치에 놓인다고 할 수 있다. 여기서 언론의 병폐인 떼거리 저널리즘(pack journalism)이 생겨난다. 떼거리 저널리즘이란 서로 다른 기자가 사실상 같은 기사를 쓰는(Paletz & Entman, 1981, p.19) 방식을 가리킨다. 떼거리 저널리즘은 뉴스 제작에서 흔히 나타나는 것으로 지적된다(Crouse, 1973, Fishman, 1980, Paletz & Entman, 1981). 다양한 언론사가 존재하면서도 의제가 서로 비슷하다는 것이다. 떼거리 저널리즘 개념을 처음 제시한 Crouse(1973)에 따르면 이는 기자들이 출입처에서 기자단을 이루어 서로 똑같은 정보를 얻기 때문에 발생한다고 규정한다. 그러므로 출입처가 떼거리 저널리즘을 통해 사실상 뉴스를 통제하는 셈이 된다. 출입처에서 제시한 의제가 곧 언론의 동일한 의제가 됨으로써 다른 사건이 사회적 의제가 될 가능성을 봉쇄하면서 출입처가 사실상 사회적 의제를 장악하는 것이다.

김동규(1996)는 출입처 제도가 취재의 편의를 제공하기도 하지만 보도의 본질인 객관적이고 공정한 보도 활동을 제약한다고 주장한다. 즉 출입처 테두리를 벗어나는 기사의 발굴과 보도를 억제하는 기제로 작용하며 기자들 간 담합과 자율 검열을 정당화시켜 소위 떼거리 저널리즘을 유도한다. 이런 취재 관행은 결과적으로 보도의 획일성을 조장하는 요인으로 작용한다.

그러나 출입기자와 취재원의 관계에서 기자가 수동적으로 정보를 받아들이는 방식은 구조화된 것은 아니라고 할 수 있다. 언론 환경에 따라, 출입처 여건에 따라, 의제에 따라, 그리고 기자의 능력과 성향에 따라 얼마든지 달라질 수 있는 것이다(Reese, 1991). 이를 위해 언론사는 취재원이 제공하는 정보를 수동적으로 전달하는 떼거리 저널리즘에서 벗어나 자신만의 취재원을 적극적으로 확보하고 이를 이용해 뉴스를 만들려고 시도해야 할 것이다(Cook, 1998, Reese, 1991).

언론이 출입처 제도에 지나치게 의존하는 관행을 근본적으로 개선하려는 움직임은 국내에서 그동안 다양하게 시도되어 왔다.

박용규(1996)는 출입처 제도가 언론사의 일방적인 편의에 의해서만 만들어진 것이 아니라 취재원의 입장도 반영된 것이라는 점에서 개선에 많은 어려움이 따른다[13]고 지적한다.

---

13) 미국의 경우 극히 일부를 제외하고는 기존의 출입처 제도에서 거의 완전히 벗어나서 독자들의 요구에 더욱 가까이 접근할 수 있는 새로운 취재영역을 개발하기 위한 노력이 활발히 이루어지고 있다. 이를 위해 부서의 구획이 사라지고 작업팀(working pods or clusters) 단위로 취재가

조세형(1996, p.77)은 이미 1960년대에도 기사를 출입처 중심으로 쫓아다닐 것이 아니라 기사의 성격별로 찾아다니는 이동성과 융통성이 있어야 한다며 언젠가 출입처 제도의 장벽을 뛰어넘는 시도가 있어야 한다는 지적이 있었다고 강조한다. 또한 가장 바람직한 일은 정부 부처 단위의 출입처를 없애고 문제 또는 기능별로 해당 기자를 두는 것이겠지만 현실적으로 불가능하며 출입처보다는 기능에 중점을 두고 편집국 부서별 출입처를 재조정하고 복수출입제를 실시하자는 현실적인 주장도 있었다(조용중, 1970, p.23).

그러나 안종익(1977, p.24-25)은 출입처 대신 '팀 제도'가 도입되면 정부의 한 부처에 출입기자 한 명이 아닌 전문팀의 기자들이 필요할 때 언제든지 출입하면서 취재할 수 있게 되지만 당사자인 정부가 좋아하지 않을 것이고 보다 많은 인력을 필요로 하는 언론사도 크게 환영하지 않을 것이기 때문에 전문 분야별 팀 구성은 실현 가능성이 없는 이상론에 불과하다며 비관적인 전망을 제시하였다.

기자협회는 기자들을 상대로 출입처별 취재방식과 기능 분야별 취재방식을 놓고 필요성을 묻는 설문조사를 실시하였다. 그 결과 〈표 2-2〉에서 보는 것처럼 1991년 이후 기능 분야별 취재방식이 필요하다는 기자들의 견해가 70% 가까울 정도로 전문분야별 팀제에 대한 인식이 아주 높게 나타났다. 전문분야별 팀제 도입의 필요성에 대한 인식이 높아지면서 일부 언론사는 팀제를 도입하기도 했다.

이루어지기도 한다. 특히 지역 신문의 움직임이 활발하다(Nimmer, 1993, pp.8-9, Stepp, 1995, pp.23-24). 지역 신문이 이렇게 할 수 있는 것은 지역 뉴스 이외의 것은 통신사를 통해 받을 수 있기 때문이라고 할 수 있다.

〈표 2-2〉 취재 방식에 대한 의견

단위: %

연 도 유 형	1990	1991	1993	1994
출입처별 취재방식	유지해야 한다 44.6	7.7	9.9	9.2
기능 분야별 취재방식	재고해야 한다 46.6	67.1	66.7	69.7
잘 모르겠다	6.6	24.0	20.9	19.8
무응답	2.3	1.1	2.5	1.3

● 출처: 박용규, 1996, p.115에서 재인용

촌지 사건과 부당한 담합 등 출입처 기자실의 폐해가 크고 작은 사건으로 표출될 때마다 언론계 안팎에서는 취재 시스템의 변화 요구가 뒤따랐다.[14] 일부 언론사의 기획취재팀제 도입과 전문기자제 도입, 복수출입제[15] 시도 등에도 불구하고 취재시스템의 대세는 여전히 출입처 중심에서 벗어나지 못하고 있는 실정이다.

---

14) 출입처 중심 취재 시스템을 기능 중심 취재시스템으로 바꿔야 한다는 주장은 우리 언론계의 단골 메뉴라 할 정도로 오래전부터 제기돼 왔다. '입사 이래 지겹도록 들어온 얘기 중 하나가 취재 시스템이 변해야 한다는 것'이라는 취재 기자들의 토로를 흔히 접할 수 있다(이재국, 2003).

15) 문화일보는 지난 1월부터 '부전공제(이중부서제)'를 운영하고 있다. 사회부 내 노동부 출입기자가 종교 부문 취재에도 관심이 있을 경우 문화관광부 등 관련 부처에 복수출입을 할 수 있도록 하는 방식으로 국내 언론계에 처음으로 도입되었다. 그러나 기존의 전통적 출입처(속칭 나와바리) 개념이 완강한 데다 부서 데스크의 효율적인 관리 및 회사 차원의 지원 등이 뒷받침되지 않아 실험단계에 머물러 있다(이재국, 2003).

2) 기자실의 관행

본 연구는 기자실 개방과 브리핑제 시행이라는 취재환경 변화가 기자실·기자단의 기존 관행과 언론 보도 등에 어떤 변화를 가져왔는지 실증적으로 규명하는 데 그 목적이 있다. 따라서 여기서는 폐쇄·배타적인 속성과 담합 측면의 기자실·기자단에 대한 논의, 또 브리핑제가 어떻게 시행되고 있는지 등을 살펴보고자 한다.

브리핑제를 연구하는 데 있어 기자실·기자단은 중요한 의미를 갖는다. 기자실·기자단[16]의 기존 문제점을 개선하기 위한 방안으로 노무현 정부 들어 브리핑제라는 새로운 시스템이 도입되었기 때문이다.

(1) 기자실·기자단의 속성

기자들은 대체로 국가기관이라는 출입처를 중심으로 취재 활동을 벌인다. 출입처에는 기자실이 설치되어 있어 이곳을 취재의 근거지로 삼는다.

기자실은 그 자체가 권력적인 공간이 되기도 한다(조기선, 2003, p.19). 지방자치단체 기자실의 경우 해당 지방자치단체 이외에 그 지역의 다른 기관·단체의 정보가 자연스레 모여드는 공간이 된다. 이 때문에 지방에서는 지방자치단체의 기자실을 통해 취재 활동을 펴는

---

16) 본 연구자는 여기서 '기자실·기자단'이란 표현을 많이 쓰게 된다. 기자실과 기자단은 개념이 비슷하면서 혼용되는 경우가 적지 않은 데다 어떤 속성은 두 가지 개념이 걸쳐진 경우도 있어서다. 더욱이 최근 들어 기자단을 스스로 해체하는 기자실이 확산돼 이 명칭은 잘 사용되지 않지만 일부 기자실은 아직도 기자단을 유지하고 있으며, 명칭은 쓰지 않고 사실상 기자단 기능을 하는 기자실도 남아 있어 폭넓은 개념으로 쓰려는 의도도 포함돼 있다.

기자단이 정보의 한 축을 형성한다고 볼 수 있다.

기자실은 많은 언론사 기자들이 사용하며 이들은 최근까지 기자단을 구성해 취재 편의와 친목을 도모해 왔다. 기자단은 동종의 언론사 기자들로 구성되어 동료의식과 함께 경쟁의식이 배어 있기도 하다. 기자단은 출입처에 따라 운영방식이나 활동 내용이 조금씩 달랐지만 대체로 다음과 같이 움직여 왔다.

기자단에는 대개 한 명의 간사가 있어 기자들을 대표하여 출입처 측과 취재일정·보도자료·엠바고 등의 문제를 조정한다. 출입처 측에서 기관의 장(長)과 기자들의 간담회 일정을 잡으면 간사를 통해 기자단에 통보되며, 거꾸로 기자들이 기관장의 의견을 듣고자 하면 간사가 출입처 측과 논의해 일정을 잡는다. 또 엠바고도 기자단을 중심으로 성립된다. 기자단에 들어가 있는 동료기자들은 대화나 의견교환을 통해 서로 판단을 공유하기도 한다.

윤영철(2001. p.264)은 기자단의 성격을 일종의 취재체계로 규정한다. 기자단이 외형상으로는 친목단체의 성격을 띠지만 실제로는 기자들이 고위층 취재원에 접근할 수 있는 제도적 공간을 제공하는 일종의 취재체계로서 기능한다고 설명한다. 즉 출입기자들은 기자단을 통해 자료를 요청하고 기자간담회를 요구하며, 취재원은 기자단을 대언론 창구로 이용하거나 언론을 효율적으로 관리하는 메커니즘으로 활용한다는 것이다.

그래서 박용규(1996)와 이원락(1991)은 출입처의 기자단에 가입돼 있지 않을 경우 취재에 각종 불이익이 따른다고 지적한다. 1991년 기자단에 대한 기자들의 의식을 조사한 〈표 2-3〉을 보면 기자단의 중요한 기능과 폐해를 파악할 수 있다.

<표 2-3> 기자들의 기자단에 대한 의식

단위: %

기자단의 중요한 기능 (2개 응답)		기자단의 심각한 폐해 (2개 응답)	
상호 정보교환 · 토론	54.6	보도자료 의존 등 수동적 취재 조장	57.9
취재 편의 도모	54.4	기사와 관련한 담합, 개별행동 규제	52.2
출입처의 기밀주의에 대한 공동 대응	33.0	촌지 수수 · 배분	32.0
사이비기자 접근 차단	16.3	출입처에 대한 청탁 · 압력행사	18.4
과잉 취재 경쟁 방지	15.7	기자실 출입통제 등 비가입자 취재 방해	17.7
친목 도모	12.2	출입처 기자실의 경비 전가	3.7
잘 모르겠다	3.1	잘 모르겠다	4.1

● 출처: 박용규, 1996, p.100에서 재인용

기자단의 중요한 기능에 대한 기자들의 응답을 보면 '상호정보교환 · 토론'이 54.6%, '취재 편의 도모' 54.4%, '출입처의 기밀주의에 대한 공동 대응' 33.0%로 나타났다. 반면 기자단의 심각한 폐해로는 '보도자료 의존 및 수동적 취재 조장' 57.9%, '기사와 관련한 담합, 개별행동 규제' 52.2%, '촌지 수수 · 배분' 32.0% 등으로 나타나 있다.

<표 2-3>에 나타난 것처럼 기자단의 문제점 중 가장 대표적인 것은 출입처가 제공하는 보도자료에 의존하는 수동적인 취재를 조장한다는 것이다. 즉 출입처 제도에서 불가피하게 드러나는 수동적 취재가 기자단에 의해 심화되어, 기자단을 통한 보도가 일방적으로 출입처의 입장을 대변하는 경우까지 생겨난다는 것이다. 또한 기자단의 커다란 문제점으로 담합과 배타성이 지적되기도 한다(박용규, 1996, pp.98-101). 이러한 환경에서 정보는 편향되고 기사는 획일화된다.

팽원순(1990, p.13)은 기자단을 '도착된 평등주의(perverted equality)'

를 영속시키는 제도라고 규정했다. 즉 기자단을 통해 취재원을 접하게 되면 취재원은 기자단의 구성원을 모두 평등하게 대해야 하며 기자들은 취재원과 접촉하고 뉴스를 다룸에 있어 평등의 원칙을 지켜야 한다. 그 원칙에 묶여 있는 한 특종은 있을 수 없고 취재원에 대한 비판은 생각할 수 없게 된다. 평등이라고 하지만 그것은 경쟁을 억제하고 비판 의지를 약화시키고 문제의식을 갖고 독자적으로 진실을 밝히려는 의욕을 빼앗아 버리면서 뉴스의 획일화를 가져오게 한다는 데 문제가 있다.

유재천, 이민웅(1994)은 기자단의 경우 출입처 테두리를 벗어나는 기사의 발굴과 보도를 억제하는 기제로 작용할 수 있으며, 회원들의 기사 담합과 자율검열을 정당화시켜 떼거리 저널리즘을 유도하기도 하며, 출입처의 기사 조작에 취약점을 노출하기도 한다고 지적했다.

Berkowitz, Terkeurs(1999)는 기자단에 들어가 있는 기자들은 공동으로 또는 서로 역할을 나누어 취재하는 과정에서, 그리고 정보를 제공하는 취재원과의 빈번한 접촉을 통해 일종의 '해석적 공동체(interpretive community)'를 형성한다고 규정한다.

또 기자단은 카르텔 체제를 통해 유력 언론사가 정보를 독점하도록 만든다. 대다수 출입처에서는 중앙 일간지와 유력 방송사, 통신사 중심으로 기자실이 운영돼 왔으며 기자회견이나 브리핑의 참가 범위도 이들을 중심으로 진행된다. 이에 따라 신설 매체나 소규모 언론사는 불공평한 취재를 감수해야 했고, 고급 정보 접근도 차단되었다(성기철, 2004, pp.24-29).

권혁남(2002a, p.275)은 기자단이 다수의 다양한 언론 매체를 총괄 관리할 수 있게 한다는 점에서 출입처의 입장에서는 확실히 편리하고 효율적인 제도지만 반대로 독자는 떼거리 저널리즘, 기사의 획일화, 촌지 수수, 정보 유통의 왜곡 등 비정상적 언론 행태에 직면하게 된다

고 지적했다. 이처럼 기자실·기자단은 그 폐쇄성과 배타성·독점성
·유착성 등의 문제점이 꾸준히 제기되어 왔다(강준만, 2001, pp.520
-523).

이민웅(1994, pp.22-24)과 팽원순(1988, pp.37-38)은 그러나 기자
단에 몇 가지 순기능이 있음을 상기시킨다. 기자단은 취재원과 긴밀한
관계를 맺고 접촉이 용이해져 취재 활동이 원활해지며, 개별 기자나 1
개 언론사로는 기대하기 어려운 브리핑이나 배경 설명, 간담회 등과 같
은 취재 관련 모임이나 행사 등을 마련하기 쉽다는 것이다. 또한 기자
단은 기자단에 소속된 다른 기자들과 접촉·대화·정보교환 등을 통
해 관련 분야의 전문화가 쉽게 이루어지는 이점도 있다는 것이다.

윤영철(2001, p.266)은 정부의 정보공개 제도가 제대로 지켜지지 않
는 풍토에서 기자단이 존재했기 때문에 정부 부처로부터 정보공개를
요구하며 그나마 정보를 얻을 수 있었다고 주장한다. 또 기자단이 있
기 때문에 언론사 간 과열경쟁을 막은 것도 이점이라는 것이다. 기사
담합이라는 나쁜 측면도 있지만 기자단이 확인되지 않은 기사를 남발
하는 부작용을 어느 정도 막는 기제로도 작용하기 때문이다. 이와 함
께 송정민(1992)은 기자단의 장점으로 다양한 취재원과 취재 대상에
대한 접근의 용이, 관료들의 정보 은폐에 대한 집단적 대응 등을 들었다.

결국 기자단은 긍정적인 역할에도 불구하고 '자신들의 행동반경이
나 상상력은 기자실과 기자단에 스스로 올가미를 씌워 놓고 있다'는
지적을 받을 정도로(손광식, 1988, p.65) 문제점을 노출하고 있는 것이다.

기자단을 놓고 언론학자와 언론인은 대체로 상반된 평가를 내리고
있다(성기철, 2004). 언론학자는 기자단의 부작용에 초점을 맞춰 대체
로 부정적인 반면 언론인은 기자단의 효율성을 현실적으로 인정해야
한다는 의견이 적지 않은 편이다.

58

김정기 등(1999)이 1997년 현직 언론인을 대상으로 기자단의 필요성 여부를 조사한 바에 따르면 근무경력이 10년 미만인 언론인의 경우 57.3%가 '필요하다', 42.7%가 '필요없다'고 응답했다. 10년 이상 언론인은 43.7%가 '필요하다', 56.3%가 '필요없다'고 응답했다.[17] 김정기 등은 기자단의 문제점 지적에도 불구하고 근무경력이 짧은 언론인이 기자단의 필요성을 더 많이 느끼고 있다는 점에 주목, 기자단 중심의 취재 관행이 가까운 장래에 사라지지 않을 것으로 예측했다. 이 때문에 그동안 기자단을 전면 폐지하기보다는 개선해야 한다는 의견이 주류를 이루었다. 즉 출입처 제도는 근본적으로 변화가 없고 기자들의 의식이나 취재 관행에도 큰 변화가 없는 상태에서 기자단 해체는 실효성이 없다[18]는 것이다(박인규, 1990, pp.91-92). 그래서 나온 대안이 노무현 정부 출범과 함께 본격 도입된 기자실 개방과 브리핑제라고 할 수 있다.

전체적으로 보면 기자단은 긍정적인 측면보다 부정적인 측면이 더 크기 때문에 비판적으로 보는 사람이 많다.

장호순(2003)은 기득권 언론에만 주어지는 출입기자 제도는 폐지하고, 굳이 기자실이 필요하다면 특정 언론사 기자들의 독점적 공간이 아니라 모든 언론인에 공개되는 열린 공간으로 바뀌어야 한다고 주장했다. 박동숙 등(2001)은 출입처에 대한 참여관찰을 통해 '출입기자들의 공적 업무 수행을 위한 사적 친분고리'의 문제점을 지적하면서 이를 제도적 개선과 기자와 공무원의 의식개혁을 통해 해결해야 한다고

---

17) 전국의 언론인 455명을 면접 설문 조사한 것이며, 표본오차는 95% 신뢰 수준에 ±5%다.

18) 실제로 1988년 5월 한국은행 기자단과, 1989년 11월 보건사회부 기자단이 해체된 적이 있고, 특히 1991년 '보사부 촌지사건'으로 상당수 기자단이 해체된 적이 있었다. 그러나 시간이 흐르면서 슬그머니 기자단이 부활되는 곳이 있는가 하면 비공식적이기는 하지만 사실상 기자단 체제로 기자실이 운영되는 곳이 생겨났다(김상온, 1993, pp.81-82).

강조하였다.

(2) 기자실·기자단의 폐쇄성 논의: 한국·일본·미국·독일의 현황

본 연구에서는 출입처가 마련한 공간인 기자실에서 취재 활동을 벌이는 기자들을 주요 인터뷰 대상으로 삼게 된다. 여기서는 기자실·기자단의 속성 중 폐쇄성의 측면에 초점을 맞추어 살펴보도록 하겠다.

앞에서도 언급했듯이 기자실은 취재의 편의를 제공하는 공간이고, 기자단은 그 공간을 활용하여 취재 활동을 하기 위해 출입기자들이 구성한 자발적인 조직이다. 기자실·기자단은 비단 국내만이 아니라 주요 선진국에서도 비슷한 제도가 운영되고 있다. 국가별로 상이한 점은 '기자실 이용이 특정 기자단 회원사에만 제한되는 폐쇄성을 갖고 있는가' 그리고 '폐쇄된 공간 속에서 취재 기회나 불법적인 특혜 제공 등이 주어지고 있는가'라는 측면이다. 대체로 한국과 일본의 기자실은 폐쇄적이며, 정보 독점 등의 특혜를 누리지만, 미국의 기자실은 개방적이며 기자단에 해당하는 프레스 클럽(press club)은 직업상 순수한 사교 모임이지 취재와 관련성이 적으며 정보 독점 같은 현저한 특권이 작동하지 않는다고 평가되고 있다.

국가별로 기자실 운영 형태가 폐쇄적 또는 개방적이라는 차이는 있지만, 어느 경우나 현시적 또는 암묵적으로 '영향력이 있는 언론'이 주요 취재원에 접근할 수 있는 가능성이 상대적으로 높은 것은 부인할 수 없는 사실이다. 폐쇄적 기자실은 이것이 제도적인 기구를 통해 현시적으로 표출되는 반면, 개방적 기자실에서는 비공식적 또는 암묵적인 형태로 차별이 일어나고 있다. 여기서는 한국·일본·미국·독일의 기자실을 살펴보면서, 형태는 다를지라도 '영향력이 있는 언론'이 특권적인 지위를 누리는 구체적인 모습을 조명해 보겠다.

국내 기자들은 국민의 알 권리 확보라는 공익적 차원에서 일하기 때문에 대부분 정부나 지방자치단체의 자체 예산[19]으로 마련된 기자실에서 전화나 팩시밀리 등 편의시설을 이용하도록 배려받고 있다. 또 기자실 운영에 도움을 주기 위해 공보실 직원이 수시로 보도자료를 배포하기도 하고 때로는 식사 대접을 하기도 한다.

한국에서는 기자실에 고정적으로 출입하는 기자들을 묶어서 기자단이라고 한다. 최근에는 잘 사용하지 않는 명칭이지만, 경찰출입기자단이 있는가 하면 국회출입기자단·청와대출입기자단·법원출입기자단 등이 있거나 있었다. 기자단은 통상 중앙 일간지와 방송사 기자를 편의상 한 묶음으로 하여 중앙기자단으로 구분하고, 지방지 기자들은 따로 지방기자단을 형성한다.

원래 기자단은 출입기자들끼리 정보를 교환하고 우의를 도모하는 것으로 규정되었으나 기자들에게 특혜가 주어지면서 폐쇄적 운영 형태를 띠기 시작했다. 일제 식민지시대 일본의 기자구락부에서 파생된 국내 기자단은 초기 기자구락부의 배타적 운영에 따른 폐단을 고스란히 물려받았다(김정기, 1990, pp.60-64, 팽원순, 1988, p.33).

한국 언론에 악습을 물려준 일본은 이런 폐단을 극복했지만 한국은 시대가 바뀌어도 여전히 잘못된 관행에서 벗어나지 못하고 있었다(김남석, 2001, p.186). 그래서 기자단은 이미 1960년대부터 여러 가지 폐단으로 인해 폐지의 필요성이 제기되었다(이규환, 1980, p.130).

기자실의 필요성은 기자들에게 취재 편의를 도모해 국민의 알 권리를 충족시킨다는 것이다. 또 취재원의 입장에서도 한꺼번에 효과적으

---

19) 기자실 운영 예산은 지방자치단체의 경우 최저 월 100만 원, 중앙 부처는 월 330만 원 이상이 소요되는 것으로 한 조사 결과 밝혀졌다(이영종, 2003).

로 정보를 전달하고 수시로 취재에 나서는 기자들의 사무실 진입을 최소화할 수 있다. 기자실은 또 국가기관에 대한 감시자 역할을 하는 데 기여한다. 기자실이 국가기관 청사에 설치·운영된다는 사실 자체가 무언의 압박으로 작용해 국가기관이 공정하고 투명한 행정을 하도록 하는 기제로 작용한다는 것이다.

이에 비해 역기능은 취재원과 기자단의 유착문제다(김광호, 2003, p.13). 취재원과 기자단은 항상 일정거리를 유지하며 어느 정도 긴장관계를 유지하는 것이 바람직하다. 그래야 언론 본연의 감시기능이 공정하고 정확하게 행사될 수 있기 때문이다.

국내 기자단은 영향력 있는 언론사 기자로 구성되기 때문에 그동안 크고 작은 불상사가 많이 발생하여 오명으로 점철된 길을 걸어왔다고 해도 과언이 아니다. 특히 기자실의 배타적 운영과 역기능 등을 놓고 언론계 안팎에서 끊임없이 비판이 제기돼 왔다. 배타성의 문제는 정보접근의 과점적인 체제를 유지하려는 기존 언론사의 독단적 행동을 통해 나타날 뿐만 아니라 한 언론사의 부서 사이의 협조, 즉 한 사건을 두고 관련된 여러 부서 기자들이 협조하여 취재할 수 있는 가능성도 제약하는 경우가 생겨난다(김길홍, 1977, p.27, 조용중, 1977, p.18).

신생 또는 군소 언론사에 대한 폐쇄성도 끊임없이 지적되고 있다. 권혁남(2002a, p.2)과 박인규(1990)는 과거에는 해당 국가기관에 출입하는 모든 기자들이 자연스레 기자단의 구성원으로 인식되었으나 최근엔 신생 언론사가 많이 등장하면서 이들 언론사 기자들에게 문호를 개방하지 않는 경우가 자주 발생한다고 지적한다. 이러한 일은 새로 생긴 언론사 기자들의 자질이 떨어지고 활동이 불성실해 기자단의 품위를 유지하기 위해 배제하는 수도 있으나 부당한 우월감이나 기득권 고수 차원에서 배제하는 경우도 흔하다는 것이다. 기자 수가 너무 많으면 간

담화 등을 할 때 밀착 취재가 어렵다는 점 등 취재 불편도 거절 이유 중 하나다.

김주언(2001, pp.204-205)은 기자실의 배타적 운영이 기자들의 권력화와 귀족화를 부추긴다고 진단했다. 기자들이 이미 특권층에 편입되어 있다고 보는 김주언은 이것이 새로운 형태의 언론 발전을 제약한다고 주장한다. 전통적으로 언론사는 신문사와 방송사·통신사로 구분되어 있다. 그러나 이제는 그 경계선이 무너질 뿐만 아니라 인터넷신문이나 인터넷방송이라는 새로운 매체가 속속 등장하고 있다. 새로운 매체는 소수의 엘리트 기자가 정보를 공급하던 행태에서 벗어나 일반시민도 기자가 되어 노트북 컴퓨터나 동영상 장비를 들고 취재현장을 누비고 있다. 이들이 실시간으로 인터넷에 올리는 기사는 국민의 알 권리를 충족시키고 있다. 이들 매체는 기자와 독자의 구별을 파괴하면서 정보 민주주의를 실현해 나가고 있다. 그런데 기자단을 중심으로 한 기존 언론의 관행은 신생 매체의 진입을 어렵게 할 뿐 아니라 새로운 언론의 출현을 가로막는다는 것이다.

김택수(2001)는 기자단이 기자실을 배타적으로 사용하는 문제를 위헌 혹은 위법 여부 측면에서 진단하고 있다. 그는 합리적인 이유 없이 매체에 따라 기자들의 출입을 선별적으로 제한하는 것은 위헌적 행정 행위에 해당된다고 주장했다.

기자단의 또 다른 문제점은 기자들이 출입처로부터 촌지나 금품을 수수하거나 향응을 제공받음으로써 언론의 감시기능을 상실할 가능성이다(윤영철, 2001, p.265). 국내 언론계에서 촌지는 1960년대와 1970년대부터 관례화된 비공식 거래 관행의 하나로 이어졌으며 언론인의 부패를 낳는 직접적인 원인으로 지적되어 왔다. 기본적으로 기자단을 중심으로 이루어지는 촌지 거래는 곧 정보의 비공식 거래로 연결되어 자유롭고 공개적인 정보 유통을 가로막아 객관적이고 공정한 보도를 제한하게 된다(김동규, 1996, p.7). 대표적으로 1991년 보건사회부 기자단의 거액 촌지 수수와 해외유람사건[20]은 언론사가 개별 윤리강령을 제정하는 계기를 만들기도 했다. 사건 직후 기자들은 기자단을 탈퇴하는 가시적인 선언행사를 잇따라 벌일 정도였다(김창룡, 2001, p.210).

출입처로부터 금품이나 향응을 받는 기자가 출입처를 비판하는 기사를 쓰는 것은 현실적으로 어려울 수밖에 없을 것이다. 시대가 바뀌면서 이 점은 많이 개선돼 정부 부처 출입처로부터 직접 금품이나 향응을 받는 경우는 점차 사라지고 있다. 하지만 해외여행·식사 등의 편의 제공은 일부 출입처에서 계속되고 있어 기자들의 '출입처 봐 주기식' 기사 생산은 완전 차단되기 어려워 보인다.

인터넷 시대가 도래하면서 기자실은 변화를 요구받고 있다.[21] 인터넷 언론에 기자실을 개방하는 사례도 늘어나고 있으며, 특히 노무현

---

[20] 보건사회부에 출입하던 기자단이 1991년 추석을 전후해 제약회사와 제과·화장품 등 업계와 단체, 대우재단, 현대아산재단 등으로부터 추석 떡값과 해외여행비 명목으로 8850여만 원을 거두어 나눠 쓴 사건이다(김주언, 2001, p.201). 이 과정에서 늦게 기자단에 가입한 신생 언론사를 포함한 일부 매체의 출입기자들에게 '여비'를 차등 지급했다(김상온, 1993, p.86).

[21] 장호순(2003)은 한국 언론은 기자실을 큰 기득권으로 여기지만 아이러니컬하게도 기자실 체제를 고집하는 중앙 일간지나 지방 일간지는 어려움을 겪고 있고, 기자실 진입을 거부당한 신생 언론은 빠르게 성장하고 있다고 주장한다. 전국적으로 오마이뉴스나 프레시안과 같은 인터넷 언론이 순식간에 기존 언론과 대비될 정도의 영향력을 쌓았고, 지역에서는 고사 직전의 지방 일간지를 제치고 지역 주간지가 약진하고 있다. 기자실 출입을 차단당한 이들 언론사는 보도자료나 기자회견보다 현장취재를 강화하고, 독자들은 이러한 취재 방식을 통해 제공되는 뉴스를 선호했기 때문이다. 기자실이 한국 언론에 득보다 실이 훨씬 많다는 것을 여실히 보여주는 것이다.

정부는 폐쇄적인 기자실의 개방을 주요 언론정책으로 표방하고 변화를 주도하고 있다.

<표 2-4> 주요 국가의 정부 부처 기자실 · 기자단 운영 형태

	한 국	일 본	미 국	독 일	영 국
기자실 유형	기자실 개방+브리핑제	출입기자단 형식의 기자클럽	기자실 + 브리핑실	브리핑제 (연방기자회견 협회 운영)	브리핑제
폐쇄성 유무	등록제로 출입	클럽 회원에 한해 기자실 이용	브리핑 참석은 개방형. 기자실 상주는 폐쇄형	연방기자회견 협회에 외신 등 930여 명 등록	영국 주요 언론과 외신 등 20여 명 출입
대통령 (수상) 기자실	청와대 기자실 (등록제)	간테이(官邸) 클럽(총리실) 101사 448명 가입, 매일 2회 기자회견	백악관 브리핑실(60여 석), 매일 정례 브리핑	매년 3~4회 연방기자회견 협회서 총리 기자회견 (총리실에 별도 브리핑실)	관저 접견실서 총리 월1회 정례 브리핑, 대변인 매일 2회 브리핑
출입처 사무실 방문취재	제한	국장급 이상 사전약속으로	제한. 사전약속 필수	금지	부처 자료 요구 시 공보실 경유 의무화

● 출처: 국정홍보처(2003)의 책을 참고해 연구자가 구성

국내 기자단의 원형이 된 일본의 기자클럽은 1890년 제국의회가 최초로 문을 열었을 때 언론에 개방되지 않은 의회에 대해 일부 언론사 기자들이 '의회출입기자단'을 조직하여 힘을 모아 취재를 요구한 것이 그 시초다. 이를 계기로 중앙 관청을 취재하는 기자들의 집단 움직임이 확산되어 1910년 이후(박주현, 2003, p.27) 대부분의 관청에 기자클럽이 조직되었다. 탄생 계기는 비밀주의를 고수하는 정부와 각 관청에 대해 상대적으로 힘이 약한 신문이 공동전선을 형성, 단결 · 교섭해서 정보를 얻어내는 공간이었으며 또 취재현장에 있으면서 본사와 연락

기지를 확보하기 위해 기자클럽을 조직한 것이다. 그러나 한편으로 일찍부터 기자들의 부패문제, 관청이나 기업과의 유착 등 기자윤리가 의문시되는 사건들이 불거져 적지 않은 문제점을 동시에 갖고 출발했다(前坂俊之, 1996).

태평양전쟁 시기에는 일본 정부가 정보의 흐름을 통제하는 주요 수단으로 기자클럽을 활용하였다. 전쟁 후 미 군정에 의해 특정 중앙지만이 아니라 지방지도 가입하는 개방된 기자클럽으로 조직이 개편되고, 친목단체로 규정되는 일대 변신을 겪었다. 그 후에도 일정기간 친목단체로 규정되었지만 취재현장에서 서서히 취재에 관여하게 됨에 따라 1970년대 중반 일본신문협회에서 취재기관으로 인정하는 규정을 제정하여 사실상 취재보도에 절대적인 위치를 차지하는 현재의 기자클럽으로 모습을 갖추게 된다(강준만, 2001, p.524). 현재 중앙 관청은 물론 각 지방자치단체 및 공공기관 등을 중심으로 도쿄에 약 100개의 기자클럽이 있고 전국적으로는 700~1000개가 있을 것으로 추정된다. 출입기자의 수는 출입처마다 다른데, 적게는 10명에서 많게는 총리실처럼 300여 명이 출입하기도 한다. 그리고 기자클럽에 소속된 기자들은 하루 종일 출입처와 관리・정책 등을 취재한다(김무곤, 2001, pp.228-235, 한영학, 2002, pp.118-120).

일본의 각 출입처 기자클럽은 일본신문협회에 가입한 신문사와 통신사 그리고 TV방송으로 구성되지만, 중앙 언론사가 중심이 된다. 기자클럽의 기자실은 '관계자 이외에는 출입금지'라는 글이 붙어 있을 정도로 극히 폐쇄적이다. 해당 출입처의 기자클럽 기자가 아닐 경우에는 같은 언론사의 기자라도 출입처의 취재원에게 인터뷰 등을 요청하는 것 자체가 힘들 정도로 폐쇄성을 지니고 있다(木村文, 1999).

일본 기자클럽의 이러한 폐쇄성은 정보의 독점 및 내부 담합을 초래하고 있다. 내부 담합으로 정보를 제공하는 해당 부처와 협의하여 보도를 자제하는 잠정적인 조치인 '보도협정'과 '칠판협정'이 관행적으로 작동하고 있다. 보도협정은 정확히 표현하면 보도자숙협정으로 언론사가 해당 부처로부터 일찍 정보를 제공받고 내용을 검토한 뒤 보도를 자제하기로 결정하는데, 이때 반드시 편집 책임자의 승인을 받고 협정을 맺게 된다. 하지만 칠판협정은 주로 뉴스 해금 일시를 정하는 것인데, 언론사조차 기자클럽 단위에서 보도시기를 결정하는 칠판협정을 인정하지 않는다는 견해를 공식 천명하고 있지만, 해당 기자클럽 내부의 결정으로 이러한 관행이 행해지고 있다. 취재원이 칠판협정을 뉴스의 보도시기를 조정하기 위해 악용하는 경우도 종종 발생하고 있다.

또한 한국과 유사하게 기자단이 취재 활동을 벌이는 기자실은 출입처의 공간을 점유하고 있으며, 언론사별로 지정석이 마련되어 있고, 출입처의 부담으로 각종 편의시설이 제공된다. 일부 출입처에서 전화요금이나 복사를 유료로 하려는 시도가 있기는 했으나 기자단이 거부하여, 시민단체를 중심으로 공공시설의 무단점거 및 세금의 사유화라고 비난을 받기도 한다(吉外井戶, 1998).[22]

최근에는 언론노동조합을 중심으로 기자클럽 가입 여부를 떠나 모든 언론사 기자가 평등하게 취재할 수 있는 개방된 조직으로 변화를 요구하는 움직임이 이는 등 일본 기자클럽에도 개혁의 바람이 밀어닥치고 있다(伊田浩之, 2002). 일본의 지방자치단체 기자실(조기선, 2003, p.34,

---

22) 자동차·철강·전력·무역 등 주요 업계도 관련 단체에 기자클럽을 설치하고 있다. 그러나 최근 들어 전기·기계업계를 비롯해 섬유업계 등이 기자클럽을 해체했다. 일본 경제의 장기불황으로 업계 측이 부담하는 기자클럽 사무실 임대료 등을 줄이기 위해서다. 또 기업체는 요즘 특정 회원사만 취재할 수 있는 기자클럽에서 중요 사안을 발표하기보다 호텔 등에 회견장을 마련하고 기자클럽 회원사뿐만 아니라 업계 신문 및 잡지 기자도 참가해 회견하는 경우가 늘고 있다(富田共和, 2003).

한영학, 2002, pp.118-120)은 2001년 나가노현(長野縣) 지사가 기자실을 일반 현민에게도 개방하는 것 등을 골자로 한 '탈(脫) 기자클럽'을 선언하고, 시즈오카현(靜岡縣) 이와타(磐田)시가 기자클럽 회원사 이외에도 기자실을 개방하는 등 기자실을 둘러싼 문제가 고개를 들기 시작했다.

미국에는 한국과 일본의 기자단에 해당하는 제도는 없고, 프레스클럽은 친목단체에 지나지 않는다. 미국은 기자실과 브리핑실이 엄격히 구별되어 있다(이도선, 2003). 기자실은 출입처에 책상을 들여 놓고 기자가 상주하면서 원고를 쓰거나 송신하는 작업 공간이며, 브리핑실은 출입처가 발행한 출입증을 가진 기자에게 모두 개방된다. 출입처의 정보는 주로 브리핑실에서 회견을 통해 기자들에게 전달된다. 브리핑실에서 이루어지는 공식·비공식 브리핑에 출입증을 가진 기자는 모두 참가할 수 있다. 외국기자를 포함해 누구나 허용된다.

기자실에는 지정석이 배정되지만, 매일 기자회견에 참가하고 해당 기관에서 상시적으로 취재활동을 하고 있는 언론사의 담당기자에게 배정되는 것이 일반적이다.[23] 그리고 지정석을 배당받은 기자도 출입이 뜸해지면 이러한 특권을 잃게 된다. 이러한 점에서 대부분의 언론에 대한 출입처의 대응이 대체로 공정하다고 평가할 수 있을 것이다.

하지만 개방된 브리핑실, 그리고 기자실이 합리적으로 지정석을 운영한다고 하더라도 정보의 흐름에서 개별 언론사가 지니고 있는 사회

---

23) 미국 백악관 기자실은 상주 기자가 세계 유수 언론사의 특파원을 포함해 50명 남짓이며, 의회가 100여 명, 국무부와 국방부는 각각 30여 명에 지나지 않는다. 브리핑실은 출입증을 받으면 언제든지 들어갈 수 있지만 기자실은 아무나 출입할 수 있는 곳이 아니라고 한다. 25명 안팎의 한국 특파원단에서 이들 기자실에 고유 부스를 갖고 있는 언론사는 하나도 없는 실정이다(이도선, 2003).

적 영향력의 차이로 인한 차별이 전혀 없다고 할 수는 없다. 기자들의 일상적인 취재는 회견실의 브리핑만으로 끝나는 게 아니다. 기자는 누구나 개인적인 취재원을 개척하여 독자적인 정보를 입수하려고 한다. 한편 취재원은 언론을 통해 자신에게 유리하고 효과적으로 보도하려고 한다. 취재원은 당연히 보다 사회적 영향력이 큰 언론사, 목적에 적합한 언론사의 기자를 선택하려고 한다. 이러한 이유로 미국에서도 정보 제공을 우선적으로 받는 언론사와 그렇지 못한 언론사가 존재한다.

미국의 정부 당국자나 정치인이 가장 많이 활용하는 언론사로 3대 TV 네트워크 · CNN, 신문으로 The New York Times · The Washington Post · The Wall Street Journal, 주간지로 TIME · Newsweek · U.S. News & World Report, 그리고 AP · UPI가 1그룹을 형성한다. 2그룹은 Los Angeles Times 등 유력 지방지와 일부 TV방송사 및 라디오 방송, 주간지로 구성되어 있다. 그 외는 3그룹으로 분류된다(日本新聞協會研究所, 1995, p.162).

1그룹에 속하는 언론사는 다른 그룹에 비해 취재원으로부터 특별 취급을 받는다.[24] 미국에서도 정보는 기자회견을 통해서만 제공되는 것이 아니라, 공식 · 비공식적인 자리를 통해 배경 정보 등의 주요 정보가 전달되는데 1그룹에 속하는 언론사를 중심으로 이런 자리가 마련된다. 그리고 전화취재나 인터뷰를 요청받은 담당자의 대응도 1그룹 언론사 중심으로 이루어지는 것은 당연하다. 나아가 유력 언론사의 기

---

24) 미국 국무부는 정례 브리핑을 할 때 메이저 언론의 고참(기자실장 격으로 50대 후반의 AP통신 국무부 반장이 몇 년째 계속 맡고 있음)이 첫 질문을 던지는 것으로 시작된다. 실장이 "Mr. Boucher(국무부 대변인의 이름)" 또는 "Dick(대변인의 애칭)" 하고 부르면 브리핑이 시작되고 그가 "Thank you" 하면 그것으로 브리핑이 끝난다. 기자실 서열이 엄격하기는 백악관이나 국방부 등도 마찬가지다(이도선, 2003).

자들이 매일 출입처에 나와 취재하므로 위에서 언급한 기자실의 지정
석도 대부분 이들에게 배정된다. 이러한 점에서 언론사에 대한 출입처
의 차별은 적지 않게 존재한다고 볼 수 있다.

독일에는 한국과 같은 형태의 정부 부처 기자실이 설치되어 있지 않
다(박주현, 2003, pp.29-30, 조기선, 2003, p.35). 독일의 정부 및 의회
기자단은 파견 언론사가 공동출자를 통해 연방기자회견협회[25]를 설립
하고 자체적으로 협회 건물을 건설하여 1층 중앙에 연방기자회견장을
설치, 운영하고 있다. 연방기자회견장은 정부 부처의 대변인이나 장관
들이 주요 정책을 발표하고 기자들의 질문에 답변하는 장소로 사용된
다(심영섭, 2002, pp.121-123). 연방기자회견장 이외에 주요 기관과 협
회는 별도의 공간을 지정하여 기자회견을 실시하고 있다. 그러나 이러
한 기자회견장은 상설 운영되는 것이 아니라 필요에 따라 유동적으로
운영되는 것이 특징이다. 그러나 독일 연방정부가 베를린으로 이전한
이후에 연방 총리실과 외무부 등 대부분의 정부 부처는 별도로 브리핑
실을 설치하여 출입기자들에게 정책 현안을 알리는 공간으로 사용하고
있다(심영섭, 2003).[26] 연방기자회견협회 이외에 독일의 연방 16개 주
에 주 기자회견협회가, 연방헌법재판소가 있는 칼스루헤에는 법원기자

---

25) 현재의 연방기자회견협회는 2000년 베를린에 새로 완공된 지상 8층 지
하 1층의 신축 건물에 입주해 있으며, 이곳엔 연방기자회견장과 독일 언
론사의 의회 및 정부 기자실과 AP · AFP 등 외국 언론사의 특파원 사
무실 등 150개 언론사가 입주해 있다(심영섭, 2002).

26) 프랑크푸르터 알게마이너 차이퉁(FAZ)의 Karl Feldmeyer 기자는 최근
들어 대다수 지방 일간신문들이 베를린지국을 폐쇄하고 정부 출입기자
단을 철수시키고 있다고 한다. 이러한 현상은 독일이 수도를 베를린으로
옮긴 직후 80여 개 신문사가 정부 출입기자단을 파견했던 것과는 대조
적인 것이다. 그는 고급 의견지와 일부 방송을 제외하고 재정적인 이유
로 제대로 구성된 정부출입기자단을 파견할 수 없기 때문이라고 설명한
다(심영섭, 2003).

회견협회가 설립돼 있다. 이들 대부분의 주 기자회견협회는 자체적인 기자회견장을 갖고 있지 않으며 주 정부와 주요 기관의 기자회견 일정을 조정하여 회원들에게 통보하는 역할을 주로 맡는다. 독일 언론사는 의회 및 정부 출입기자단을 구성하여 대변인을 자신들의 협회로 불러들여 보도자료를 배포하고 기자회견을 열도록 만든다. 이를 통해 정부 부처와 의회가 취재증 발급을 이유로 출입기자의 자격을 심사함으로써 사전에 취재원을 봉쇄하는 언론의 자유제한 행위를 못하도록 하고 있다. 독일의 언론사는 공동으로 출자하여 연방기자회견장을 운영한다. 말하자면 독일의 기자실은 폐쇄성 논란에서 비껴나 있는 셈이다. 주목할 만한 점은 연방기자회견협회와 각 언론인협회의 운영은 철저하게 자비를 부담하여 운영함으로써 언론인으로서 자유롭고 객관적인 보도를 수행하기 위한 기본적인 조건을 확보하고 있다.

지금까지 한국·일본·미국·독일의 출입처 기자실을 폐쇄성과 개방성이라는 측면을 중심으로 살펴보았다. 일본은 기자단을 중심으로 폐쇄적인 기자실을 운영하고 있어 정보의 평등한 접근에 큰 장애가 되고 있음을 알 수 있다. 반면에 브리핑제도를 운영 중인 미국에서는 기자와 취재원의 관계가 개방적이며 모든 언론에 평등한 취재가 적어도 표면적으로는 보장되어 있다.

이러한 차이점은 있지만 한편으로 그 사회의 영향력 있는 언론이 정보 접근에서 특별한 취급을 받는다는 것은 부정할 수 없는 사실이다. 각 언론이 사회적 영향력에 차이가 있는 이상, 정보에 대한 접근 가능성에 차이가 나타나는 현상은 저널리즘 현장에서는 피할 수 없는 한계인 것이다.

국내 출입처 기자실의 폐단으로 한동안 지적돼 온 폐쇄성도 각 언론의 사회적인 영향력의 차이에서 시작되는 현상일 것이다. 주요 언론이 사회적인 영향력을 근거로 군소 언론을 배제하고, 출입처 또한 주요 언론과 친밀한 관계를 유지할 필요성 때문에 이러한 차별이 조장돼 왔다고 볼 수 있다. 물론 국내 출입처 기자실은 여기서 멈추지 않고 때때로 도덕적으로 용납될 수 없는 비공식적 거래가 발생했기 때문에 더욱 비난을 받았었다.

(3) 국내 기자실·기자단의 변천 과정

우리나라의 기자실·기자단 시스템은 일제시대에 그 뿌리를 두고 있다. 그 성격이나 운영방식은 이후 큰 변화가 있었지만 골격은 최근까지도 유지되어 왔다.

1922년 3월 31일 경제부 기자들이 처음으로 간친회(懇親會)란 기자단을 결성했다. 1923년 12월에는 체신국 출입기자들이 체신국 관리들과 공동으로 광화구락부를 결성했다. 1924년 5월에는 이왕직(李王職)27) 출입기자들이 이화구락부를, 같은 해 11월에는 사회부 기자들이 철필구락부를 결성했고, 연예부 기자들은 1927년 찬영회라는 친목단체를 조직했다. 일제시대 기자단 결성은 당시 일본 언론의 취재 시스템을 어느 정도 반영했다고 할 수 있다(강준만, 2000, 김남석, 2001, pp.186-187, 정진석, 1992, pp.43-44).

해방 직후에는 미 군정의 각 기관을 담당하는 기자들끼리 기자단을 조직했다. 1948년 제헌국회 제18차 본회의를 시작하면서 당시 신익희 국회부의장은 국회기자단 결성 사실을 보고했다. 이후 1950년대까지는 그다지 큰 변화가 없었다. 다만 4·19 이후 언론자유가 팽배해지고 언론사와 기자들이 엄청나게 불어나면서 기자실·기자단이 새로운 환경과 맞아떨어지지 않고 또 이전의 부정적인 측면들이 불거지면서

---

27) 일제강점기에 궁내부에 소속돼 조선 왕실의 일을 맡아 보던 관청.

새로운 단계로 접어들게 된다.

그러다 박정희 정부가 들어서면서 큰 변화를 겪게 되었다. 박 전 대통령은 5·16으로 정권을 잡자마자 4·19 이후 취재 보도의 자유를 구가하던 언론을 사실상 부패집단으로 규정하면서 강력하게 통제하고 나섰다. 당시 정부가 지적한 부패와 언론 불신풍조는 사이비기자 문제와 함께 출입기자단의 부패에서 비롯된 것이었다. 박정희 정권의 언론탄압을 계기로 기자단의 문제점이 처음으로 사회에 처음 노출되었다. 이것은 동시에 오늘날 기자실·기자단에 대한 부정적 인식의 한 출발점이기도 하다(유재천, 1968).

김남석(2001)은 박정희 정부가 기자실·기자단에 대한 관심이 남달랐다고 주장한다. 청와대에 처음으로 출입기자실이 마련되었으며, 출입기자 선임에 대해 청와대가 승인하는 이른바 '아그레망' 제도를 관행화시켰다는 것이다. 기자단·기자실을 통하지 않고는 별다른 취재 수단이 없는 언론은 정부 부처 대변인과 기자단의 접촉으로 기사를 취재하는 일이 관행화되고 1967년 정부가 각 부처에 공보관 제도를 공식적으로 두기에 이르렀다. 1970년대 들어 정부의 언론통제는 더욱 심해지고, 기자단도 그 직접적인 통제 대상이 되었다. 1971년 12월 프레스카드 제도를 도입, 기자 신분에 대한 규정을 정부 통제 아래 두도록 했다. 정부는 프레스카드 발급을 제한하면서 기자단과 기자 수를 대폭 줄였다. 프레스카드 발급이 일단락된 이듬해 3월 문화공보부는 다시 정부 부처 기자실과 기자 수를 대폭 제한하는 '정부출입기자대책'[28]을 발표했다(정

---

28) 이 대책을 발표할 당시 문화공보부가 집계한 자료에 의하면 중앙의 행정 부처에는 47개 기자실이 있었고 여기에 출입하는 기자는 790여 명이었는데 이 중 29개 기자실을 폐쇄 또는 통합하여 19개로 줄이고 출입기자를 제한하여 465명만 출입하도록 조정한다는 것이었다. 기자실의 축소와 출입기자의 인원 감축은 3년 뒤인 1975년 6월에도 한 차례 더 있었

진석, 1992, pp.61−63). 1975년 6월에는 경찰서 기자실을 폐쇄해 서울시 내 17개 일선 경찰서에 출입하던 기자 80여 명이 철수하기도 했다(경창호, 1979, 정진석, 1992, p.63). 이처럼 기자실·기자단 제도는 박정희 정부를 거치면서 정권에 순치되는 틀이 잡힌다.

전두환 정부에서는 기자단의 부정적 이미지가 더욱 부각되었다. 정부가 이른바 보도지침에 따라 더 큰 틀에서 언론을 통제하기 때문에 기자단의 긍정적인 역할을 전혀 기대할 수 없었다. 언론에 대한 정부의 특혜와 지원도 과거와 달리 공공연하게 이루어져 채찍과 당근 정책이 두루 사용되었다. 전두환 정부 기간 경제적 호황과 규모의 증대에도 불구하고 7년간 신문면수 12면의 변화가 없고 월 2,700원이라는 가격도 변화가 없는 이른바 신문카르텔 아래 기자실·기자단이 취재체계로서 긍정적인 역할을 할 여지는 없었다(서정우, 1988). 특히 대규모 언론통폐합(신문 14개사, 방송 27개사, 통신 7개사 통폐합)으로 언론사끼리도 크게 취재 경쟁을 벌일 필요가 없어졌고 정권 차원에서 경쟁은 가급적 배제되도록 유도되었다. 이러한 상황에서 기자실·기자단은 취재체계로서 유명무실해졌고 오히려 각종 특혜를 공유하는 배타적 조직으로 자라날 수 있는 객관적 조건을 갖추어 나갔다.

출입처는 언론인에게 촌지를 제공하고 기자와 취재원 사이엔 공생관계가 형성되었다. 출입처는 또 보도자료를 기자단 소속 기자들에게만 배포하면서 기자단의 정보 독점을 묵인하고 그들을 포섭해 나갔다. 당시 정부 부처는 기자단 회원사인 6개 중앙 일간지 소속 기자들에게만 자료를 제공하고 지방 신문이나 잡지 기자들에겐 기자실 출입을 제한했다. 더구나 촌지가 간사를 통해 기자단 소속 기자들에게만 전달되는 것이 관행이었으므로 배타적인 기자단은 기사의 보도시기, 내용

다(정진석, 1992, p.62).

및 방식에 관해 담합하는 경향을 보였다(윤영철, 2001, pp.87 −88).

그러나 1988년 직선제로 대통령에 당선된 노태우 정부가 출범하면서 기자단은 점차 취재체계로서 기능하기 시작했다. 창간과 복간을 통해 언론계가 급팽창하고 언론이 자유경쟁시대로 접어들면서 기자실·기자단 문제가 본격 거론되기 시작했고 기자단도 변신하지 않으면 안되었다. 기자실·기자단 문제는 시민사회 전체가 '권언유착'으로 비난하는 상황에서 개혁을 요구하는 주요 의제의 하나가 되었다.

한국은행 기자단이 처음으로 기자실 공개를 선언하고 나섰고 주요 정당 출입기자와 경찰 출입기자들이 잇따라 기자단 해체를 선언했다. 이 상황에서 과거에는 규모가 훨씬 크면서도 드러나지 않던 기자들의 촌지나 향응이 사회에 널리 알려지게 되었다. 특히 1991년 보건사회부 촌지사건을 계기로 언론계에는 자정운동이 대대적으로 전개되었고 그 과정에서 기자실과 기자단이 눈에 띄게 정화되었다.

뒤이어 김영삼·김대중 정부가 들어선 이후 촌지 수수는 크게 줄어들었다. 일부 기업 등을 제외하고 정부 부처 차원의 촌지 제공은 거의 사라졌다. 또한 이 시기에는 그동안 기자단에 눌려 지내왔던 취재원들, 그중에서도 지방자치단체가 기자실을 폐쇄하는 초유의 사태를 빚으면서 기자실·기자단 문제에 대한 사회적 관심을 환기시켰다. 아울러 새로 등장하는 언론들, 1980년대 말의 창·복간 신문들, 그리고 1990년대 말 나타난 새로운 형태의 언론들, 즉 특수지나 인터넷 방송·신문 등이 출입처 제도에 참여하려고 하면서 기득권을 가진 언론과 갈등을 빚는 경우가 종종 발생했다.

노무현 정부 들어서는 정부와 언론이 팽팽한 긴장관계를 형성함에 따라 특혜를 받는 기자단이란 상상조차 할 수 없게 되었다. 결국 기자단은 하나하나 해체되고, 기자실은 취재 공간으로 자리 잡기 시작했다.

(4) 기자실 개방과 브리핑제 운영 실태

노무현 정부는 그동안 일부 언론에 제한됐던 취재와 정보 독점을 해소하기 위해 폐쇄적으로 운영된 기자실을 개방하고 모든 언론이 정보에 공평하게 접근할 수 있는 브리핑제[29]를 시행하고 있다(이영태, 2004, pp.119-123). 여기엔 이른바 '언론과의 건강한 긴장관계 유지'를 위해 뿌리 깊은 권언유착 관행을 바로잡겠다는 의지도 포함되어 있다.

노무현 정부가 출범한 2003년 2월 이후 청와대에서 시작된 기자실 개방과 브리핑제 도입은 문화관광부와 기획예산처·기상청·국세청·정보통신부 등이 잇따라 브리핑실을 개소하면서 본격화하기 시작했다(허원순, 2003). 2003년 9월에는 세종로 정부중앙청사, 대전 정부청사, 금융감독위원회가 기자실 개방 대열에 합류했다. 10월에는 국방부가 기자실을 개방했으며 2004년 1월부터는 정부 과천청사의 재정경제부와 산업자원부·농림부·공정거래위원회 등 4개 경제 부처가 통합 브리핑실을 열었다. 또 건설교통부는 별도의 브리핑실을 2003년 9월부터 운영 중이다.

'출입기자 등록제' 즉 브리핑 중심의 개방형 기자실 시스템을 실시한 노무현 정부가 등록 기자 요건으로 제시한 기준은 한국신문협회·한국방송협회·한국기자협회·인터넷신문협회·인터넷기자협회·한국사진기자협회·한국TV카메라기자협회·한국온라인신문협회·

---

29) 노무현 정부 들어 주요 부처의 기자실은 폐쇄형에서 누구든지 등록만 하면 출입할 수 있는 개방형으로 전환되었으며, 취재 방식은 기자들이 사무실을 방문 취재하는 대신 브리핑제를 채택했다. 이를테면 기자실 개방과 브리핑제 시행은 동전의 양면처럼 기존의 기자실·기자단의 문제점을 개선한 핵심 시스템이다. 이 두 가지를 통틀어 '개방형 브리핑제'라 부르기도 하고 더 줄여 '브리핑제'라 쓰기도 한다. 본 연구자도 '개방형 브리핑제'와 '브리핑제'란 표현을 필요에 따라 혼용하게 된다.

서울외신기자클럽 등의 회원사이거나 정부 부처의 공보관 등이 출입을 허락하는 언론사 등이다.

정부 부처 브리핑실 중 정부중앙청사의 경우 세종로 청사는 5층과 10층에 각각 합동브리핑실과 총리브리핑실을 마련했다. 5층에 위치한 합동브리핑실은 교육인적자원부와 통일부·행정자치부·여성부·소방방재청이 사용하며, 10층의 총리브리핑실은 국무총리실과 국무조정실·국정홍보처·감사원·부패방지위원회·법제처가 이용한다. 국정홍보처에 따르면 5층 합동브리핑실에는 총 224평 규모에 119석의 기사송고실과 인터뷰 등을 위한 접견실, 휴게실·행정실이 마련돼 있으며 이용 부처가 4곳인 점을 감안해 2개의 브리핑실을 만들었다. 제1 브리핑실은 45석이 마련돼 있고 제2브리핑실은 36석 규모다. 이에 비해 10층 총리브리핑실은 총 80평 규모로 50석의 기사송고실과 32석 규모의 브리핑실이 있다. 국정홍보처는 또 늘어나는 언론사와 출입기자 규모를 감안해 정부중앙청사 19층에 31평의 TV카메라 기자실을 마련해 편집이 가능한 컴퓨터와 장비보관실 등을 갖추었다. 정부 주요 부처의 브리핑실 현황은 〈표 2-5〉와 같다.

국정홍보처가 밝힌 정부중앙청사의 매체별 신규등록 신청 현황에 따르면 기존 49개사 201명의 출입기자 규모가 등록제 실시를 고지한 뒤 2003년 6월 30일 마감한 결과 모두 102개사에 출입기자는 382명으로 늘어났다(이영태, 2004).

정부 부처에 앞서 2003년 6월 개방형 등록제로 전환한 청와대 춘추관은 1층 상주 기자실이 기사송고실로, 2층 대회견장은 브리핑실로 바뀌었다. 1층 기사송고실엔 56석의 중앙기자실과 39석의 지방기자실, 31석의 TV·사진기자실이 자리 잡았다. 기사송고실에는 액정 모니터를 설치해 브리핑을 지켜볼 수 있도록 했으며 사실상 지정석을 인

정하는 28개 중앙언론사 등의 전화선은 그대로 두었다. 2층 브리핑실에는 145석의 기사송고 탁자와 3대의 카메라가 배치되었으며, 지정석은 폐지되었다. 청와대는 이에 앞서 2003년 3월 언론사를 상대로 출입기자 등록 신청을 받았으며, 기자실 개방 이후 총 164개사 275명의 기자가 취재를 할 수 있게 되었다.

〈표 2-5〉 정부 주요 부처의 브리핑실 운영 현황

구 분	브리핑실 (개소 일시)	시설 규모	사용 부처	소요 예산
중앙 청사	총리 브리핑실 (03. 9. 1)	80평(10층)＝브리핑실(25평), 기사송고실(37평), 휴게실(13평), 행정실(5평)	총리실·국조실 홍보처·감사원 부방위·법제처	2억 800만 원
	합동 브리핑실 (〃)	224평(5층)＝브리핑실 2개 (36평, 30평), 기사송고실(96평), 휴게실(30평), 행정실(10평), 접견실 3개(22평)	교육부·통일부 행자부·여성부 소방방재청	6억 400만 원
	TV 카메라 기자실(〃)	31평(19층)＝편집실, 장비실 등	전 부처	3800만 원
	외교부 브리핑실(〃)	52평(2층)＝기사송고실(22평), 브리핑실 (30평)	외교부	기존시설 (500만원)
과천 청사	경제부처 브리핑실 (03. 12. 29)	222평(1동 1층)＝브리핑실 3, 기사송고실, 휴게실	재경부·산자부 농림부·공정위 (법무부)	
	사회부처 브리핑실 (04. 5. 24)	161평(2동 1층)＝브리핑실, 기사송고실, 휴게실	환경부·노동부 복지부·과기부	
	건교부 브리핑실 (03. 9. 1)	44평(4동 1층)＝브리핑실 3, 기사송고실, 휴게실	건교부	
대전 청사	합 동 브리핑실 (03. 9. 1)	67평(1층)	관세·조달·통계 병무·문화재 산림·중기·특허 철도청 등 9개	2000만 원 (관세청 부담)

구 분	브리핑실 (개소 일시)	시설 규모	사용 부처	소요 예산
독립 청사 (13개)	기획예산처 (03. 4. 30)	44평(8층)	기획예산처	5000만 원
	국방부 (03. 10. 1)	30평(1층)	국방부	신청사 입주
	정보통신부 (03. 5. 30)	50평(13층)	정보통신부	2200만 원
	문화관광부 (03. 4. 16)	27평(7층)	문화관광부	8000만 원
	해양수산부 (03. 9. 1)	40평(7층)	해양수산부	2000만 원
	금감위(03. 9. 1)	20평(9층)	금융감독위	2000만 원
	국세청 (03. 5. 10)	35평(1층)	국세청	600만 원
	대검찰청	33평(별관 1층)	대검찰청	
	경찰청 (04. 6. 15)	30평(2층)	경찰청	치안연구소 이주
	기상청 (03. 4. 30)	6평(1층)	기상청	기존시설 (500만 원)
	농촌진흥청	6평(1층)	농촌진흥청	
	해양경찰청	8평(1층)	해양경찰청	
	식약청(03. 9. 1)	12평(1층)	식약청	

• 출처: 국정홍보처 제공 자료(설치 당시 기준)

청와대는 춘추관 개방 조치에 앞서 노무현 정부가 출범한 2월 25일부터 오전·오후 정례 브리핑을 실시했으며, 춘추관과 떨어져 본관에 위치한 비서실의 방문취재를 금지시켰다. 개별 취재는 대변인실을 통해 '인터뷰 취재 요청서'를 사전에 작성한 뒤 춘추관에서 관계자를 만나도록 조치했다(김상철, 2003).

노무현 정부는 브리핑제 시행과 함께 2005년 4월 전 부처에 대한 직제 개편을 통해 기획관리실과 공보관실을 폐지하고 이를 통합한 '정책홍보관리실'을 설치했다. 개편 방향은 〈그림 2-3〉과 같다.

〈그림 2-3〉 정부 부처 정책홍보관리실의 직제 개편

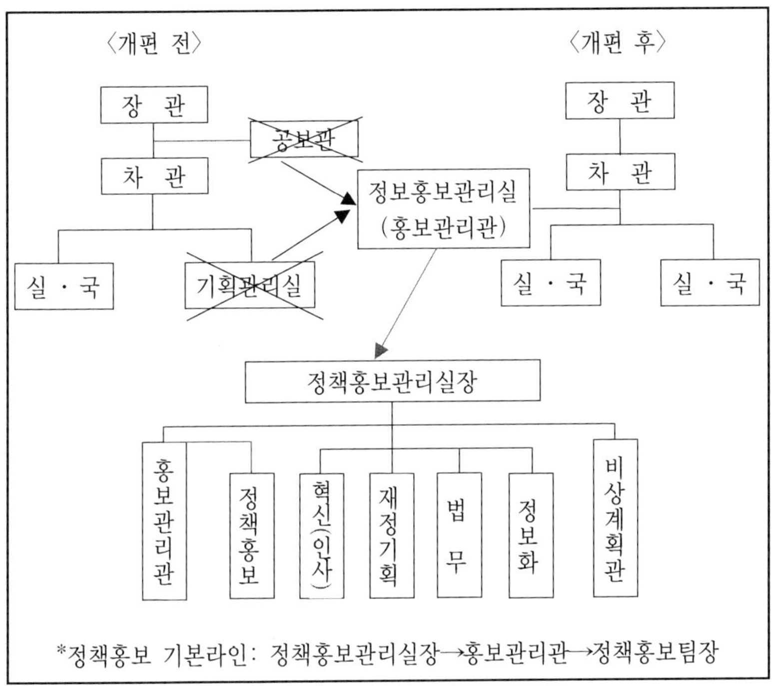

● 출처: 최강, 2005

바뀐 직제에서 정책홍보관리실장은 차관보급(1급)으로 정책 홍보의 책임을 맡고 있다. 주로 장관의 동정이나 단순 보도자료 등을 배포해 온 공보관실과 달리 정책홍보관리실은 주요 정책의 입안 단계부터 대국민 홍보계획을 수립하고 집행하며 사후 관리까지 모든 정책 홍보를 관리한다. 이 같은 직제 개편에 이어 국정홍보처는 2005년 하반기 들어 〈부록 1〉과 같이 '정책홍보 업무 처리에 관한 기준'을 마련해 각 부처에 보냈다. 이 기준은 노무현 정부의 초기보다 한 단계 진화된 브리핑제의 시행 지침이라고 할 수 있다. 브리핑제의 핵심을 이루는 12가지 기준 가운데 주요 내용은 다음과 같다.

먼저 언론 홍보는 개방·공평·정보 공개의 원칙에 따라 시행하고 국민의 알 권리 증진을 도모한다는 것이다. 또 정부기관은 정례 브리핑 계획을 수립하여 실시하고 수시 브리핑을 통해 정부 정책을 소상히 알린다. 취재와 관련해서는 정당할 경우 공평하게 취재 기회를 제공하며, 취재 지원과 자료 제공은 원칙적으로 정책홍보관리실을 통해 이루어져야 한다고 규정하고 있다.

출입기자 등록은 각 부처가 등록에 관한 기준을 정하며, 이 경우 특정 언론사를 차별하는 내용이 포함되어서는 아니 된다. 또 사무실 방문취재는 원칙적으로 제한하며, 필요할 경우 정책홍보관리실과 협의를 거쳐 접견실 등 특정한 장소에서 실시한다는 것이다.

이와 함께 사실과 다른 보도에 대해서는 해명자료 배포, 언론중재 신청, 손해배상 청구 등 행정적·법적 절차에 따라 대응한다고 명시하고 있다. 또 정부 정책을 악의적으로 왜곡하거나 사실과 다른 보도를 지속하는 매체에 대해서는 공평한 정보 제공 이상의 특별회견·기고·협찬 등 별도의 요청에 응하지 않는다는 것이다. 이밖에 접대와 향응·외유 등 과도한 편의 제공을 하지 말 것과 가판을 구독하지 않는다는 기준도 포함되어 있다.

브리핑제의 연원은 청와대 춘추관으로 거슬러 올라간다. 청와대 출입기자는 1988년 2월 노태우 정부가 출범할 때만 해도 기자실이 비서실 건물에 있었기 때문에 대통령 집무실이 있는 본관과 대통령 숙소인 관저를 제외한 대부분의 비서관 사무실을 마음대로 드나들며 취재할 수 있었다. 그러나 1990년 9월 청와대에 프레스센터인 춘추관이 들어서면서 취재 환경은 일대 전환기를 맞았다. 춘추관은 기자실과 기자회견장·TV영상실 등을 갖춘 지하 1층, 지상 3층 건물로 청와대 동편 입구에 위치해 있다. 춘추관은 청와대 경내에 있지만 본관·관저

· 신관 등과 멀리 떨어져 있어 대통령과 비서관을 취재하는 걸림돌로 작용하기 시작했다.

청와대는 춘추관 개관 이후 기자실의 비서실 방문취재 봉쇄를 여러 차례 시도했다(성기철, 2004). 첫 시도는 춘추관을 개관한 직후인 1990년 말에 이루어졌다. 그러나 기자들의 반발로 무산되자 청와대는 브리핑제를 도입해 당국자 브리핑을 활성화시켰다. 브리핑제의 시작이었다.

1993년 2월 출범한 김영삼 정부도 비서실 방문취재 봉쇄를 시도했다. 그러나 출입기자들은 3개월 뒤 집단면회를 신청해 일단 비서실 안으로 들어간 뒤 사무실을 찾아다니는 방식으로 시위를 벌여 청와대가 결국 비서실 방문을 허용할 수밖에 없었다(성한용, 1998).

1998년 2월 김대중 정부가 출범하자 당시 김중권 비서실장과 박지원 대변인은 브리핑 활성화와 비서실 방문취재 금지를 골자로 하는 브리핑 시스템을 보다 적극적으로 시도했다. 이는 김영삼 정부가 청와대 업무를 인계하면서 이 제도의 도입을 권유한 데 따른 것이다. 이에 따라 박지원 대변인은 정례 브리핑 이외에도 대통령이 참석하는 각종 행사 결과를 상세히 브리핑했고 나머지 5명의 수석비서관들이 돌아가면서 주1회 브리핑에 나서는 대신 비서실 방문취재를 금지시켰다. 출입기자들은 '취재 제한'이라며 강력 반발했다. 청와대는 다시 방문취재를 허용하되 춘추관에서 비서실 쪽으로 통하는 출입문을 오전과 오후 한 시간씩 두 차례로 제한하고 비서실장과 수석비서관 사무실만 방문토록 했다. 출입기자들은 이후 일반 비서관과 행정관을 접촉하지 않는 것으로 신사협정이 이루어졌지만 잘 지켜지지 않았다(성한용, 1998).

노무현 정부는 김대중 정부가 관철하지 못한 브리핑제를 2003년 2월 출범 직후 강력하게 추진한 것이다.

학계에서도 노무현 정부 이전부터 기자단의 문제점을 해결하기 위해 브리핑제 시행의 필요성이 논의돼 왔다. 오일환(1998)은 국민의 알 권리를 보장하고 열린 정부를 지향하기 위해서는 모든 내외신 기자들에게 춘추관을 개방하고 일일 정례 브리핑제를 도입해야 한다고 주장했다. 오보를 막기 위해 해당 비서실은 면밀하게 검토한 뒤 공식 보도 자료를 제공하고 대신 청와대의 보안을 위해 출입기자들의 비서실 출입은 엄격히 제한해야 한다고 지적했다.

강동훈(2002)은 청와대 기자단의 문제점으로 청와대 측 기밀주의와 기자단의 엠바고 양산, 운영의 폐쇄성 등을 지적하면서 기자실 개방, 풀(pool) 기자단의 지방지 확대, 엠바고와 오프 더 레코드 축소를 제시했다. 하지만 그는 김대중 정부 초기 브리핑 시스템의 실패를 거울삼아 기존 기자단을 유지하면서 정례 브리핑이나 특별한 사안에 대한 브리핑만 백악관처럼 모든 언론사에 개방하는 부분적 브리핑제 도입을 제안하였다.

김광호(2003)는 브리핑제에 담긴 핵심 정신은 인터넷 매체가 급성장하는 언론 환경의 변화에 맞춰 정보의 독점을 폐지하고 적극적으로 정보를 공개해 모든 언론사에 공평하게 정보 접근권을 보장하는 것이라고 규정하고 있다. 그는 기자들이 청와대와 정부 부처 기자실의 개방과 브리핑제 도입을 대체로 찬성하고 있다면서 그 당위성을 지적한다.

한국리서치가 2003년 3월 전국의 신문·방송·통신사 기자 713명을 대상으로 '2003 언론인 의식조사'를 실시한 결과 응답자의 58.7%가 기자실 개방에 찬성한 반면 반대는 10.6%에 그쳤다. 특히 지방 일간지(69.8%), 지방 방송사(60.9%), 특수 방송(66.6%) 소속 응답자가 상대적으로 찬성 비율이 높았다. 브리핑제 도입에 대해서도 찬성하는 의견(40.3%)이 반대하는 의견(24.6%)에 비해 훨씬 많았다. 김동규, 김경호(2005)는 이 같은 기자들의 여론과 관련해 노무현 정부 출범 이후 기자단 폐지와 브리핑제 도입 등이 장차 취재보도 시스템을 바꿔 나갈 주요한 변수로 떠오르고 있음을 강조했다.

이 밖에 박미영(2003)은 브리핑제의 사무실 출입 제한은 브리핑이 충실하게 이뤄지고 전화 취재가 원활하게 이뤄지는 것을 전제로 한 것이라며, 현재로서는 브리핑제 준비가 덜 되어 있고 공무원들이 전화 취재를 꺼리는 상황이라고 비판했다. 그는 브리핑제를 유지하기 위해서는 브리핑의 내실화가 반드시 뒷받침돼야 한다고 지적했다.

한국리서치(2004)는 2004년 7월 21개 정부 부처를 대상으로 브리핑제 시행 실태를 조사[30]했다. 이 보고서에 따르면 21개 정부 부처의 1주일 평균 브리핑 횟수는 2.5회로 나타났다.

<표 2-6> 정부 부처별 1주일 평균 브리핑 횟수

소속 브리핑실	응답 수	평균(회)
중앙청사 합동 브리핑실	7	1.3
과천청사 경제부처 브리핑실	8	2.6
과천청사 사회부처 브리핑실	9	2.4
독립청사	16	3.0
전　　체	40	2.5

● 출처: 한국리서치(2004)

부처별 브리핑 횟수는 <표 2-6>처럼 독립청사가 평균 3.0회로 가장 많았고 중앙청사 합동브리핑실이 1.3회로 가장 적게 나타났다.

---

30) 조사는 21개 장관급 부처의 공보담당자 41명과 정부기관 출입 등록 기자 10명, 언론단체관계자·대학교수 등 전문가 4명 등 3개 집단을 대상으로 방문 면접조사와 심층 면접조사, e메일 조사 등을 병행했다. 조사는 7월 5일부터 9일까지 5일간 실시됐다.

또 누가 브리핑을 하는 것이 가장 효과적인가에 대한 물음에는 공
보담당자의 경우 국장이나 실장(75.6%)이라는 응답이 가장 높았고 다
음으로 장관이나 차관(12.2%), 공보관(12.2%)의 순으로 나타났다. 반
면 공보담당자들이 예측하는 기자들의 선호 브리핑 담당자는 〈표 2-
7〉처럼 장관이나 차관(73.2%)이라는 응답이 가장 높았다.

<표 2-7> 효과적인 브리핑 담당자

단위: %

	응답 수	장관이나 차관	국장이나 실장	공보관
공보담당자의 의견	41	12.2	75.6	12.2
공보담당자의 기자에 대한 예상	41	73.2	26.8	0

● 출처: 한국리서치(2004)

한편 기자들은 책임 있는 발언을 할 수 있다는 측면에서 장관이나
차관의 브리핑을 선호하는 것이 사실이지만 실무적인 내용을 충분히
전달할 수 있는 실·국장과 과장 등 실무담당자의 브리핑이 좋았다
는 응답도 다수로 조사되었다.

출입기자들은 이 조사에서 최근 브리핑 중 잘한 브리핑으로 외교부
브리핑을 꼽았다. 관료로는 재정경제부의 이헌재 부총리, 통일부의 정
세현 장관, 외교통상부의 이수혁 차관보, 조태용 북핵외교기획단장 등
의 브리핑을 잘한 브리핑으로 꼽았다. 사안별로는 통일부의 개성공업
단지 관련 브리핑, 행정자치부의 백지신탁 관련 브리핑, 보건복지부의
병원파업 관련 브리핑 등을 잘한 브리핑으로 기억하고 있었다. 이들
브리핑이 잘되었다고 생각하는 이유로는 실무진에 의한 구체적인 추
가 설명과 답변, 기자들이 요구하는 관점에서 이루어진 브리핑, 장·

차관에 의한 책임 있는 발언, 다양하고 풍부한 배경자료 제시, 충분한 일문일답 기회 부여 등을 들었다.

반면 최근 브리핑 중 잘못한 브리핑으로는 외교통상부의 김선일 피살 관련 브리핑, 행정자치부의 지방자치단체 평가 관련 브리핑을 지적하는 의견이 있었으나 다수의 기자들은 대부분의 브리핑이 잘못 진행되고 있다는 의견을 보였다. 이들 브리핑이 잘못되었다고 생각하는 이유로는 피상적인 답변, 소극적인 브리핑 진행, 책임을 두려워하는 브리핑 태도, 형식적인 브리핑 등을 꼽았다.

또 국민의 알 권리와 관련해 공보담당자들은 〈표 2-8〉과 같이 70.7%가 국민의 알 권리 신장이라는 브리핑제의 취지가 잘 실현되고 있다고 긍정적으로 응답한 반면 29.3%는 잘 실현되지 않는다고 답했다.

〈표 2-8〉 국민의 알 권리 신장 여부

단위: %

	응답 수	매우 잘 실현되고 있다	대체로 잘 실현되고 있다	별로 잘 실현 되지 않고 있다	전혀 잘 실현 되지 않고 있다
전 체	41	4.9	65.9	29.3	0.0

● 출처: 한국리서치(2004)

이에 비해 국민의 알 권리 보장이라는 브리핑제의 기본 취지에 대해 대부분의 기자들은 소극적인 브리핑 운영, 언론의 감시기능 수행 제한, 정보 공개에 소극적인 정부 태도 등을 이유로 부정적으로 평가했다.

이영태(2004)도 브리핑제 실시 이후 기자들이 가장 불만을 토로하는 부분이 사무실 출입금지 조치라고 주장한다. 그는 기자들이 정보 제공자인 정부 부처 관계자들이 자신들이 필요할 때만 나오고 막상 기자들이 요청하는 경우에는 바쁘다는 핑계로 나오지 않는 경우가 많다고 지적한다. 정보 수요자인 독자와 시청자, 언론사가 들으려 하는 얘기는 들을 수 없고 공급자인 정부 편의에 따른 정보만 제공되고 있다는 것이다. 그는 브리핑제의 주요한 전제 중 하나가 행정기관의 주요 정보가 시민들에게 투명하게 공개되는 것이라고 강조한다.

3) 보도 행태

앞에서 정부와 언론의 관계, 출입처 제도, 기자실 등에 대한 기존연구들을 살펴보고 브리핑제를 둘러싼 논의와 현황 등을 알아보았다. 여기에서는 보도와 관련된 기존연구들을 뉴스의 생산 과정인 기사의 수집과 선택, 보도의 3단계로 나누어 살펴본 뒤 보도와 관련된 알 권리 논의도 고찰해 보고자 한다.

(1) 뉴스의 수집

취재는 세상에서 발생한 주요한 사건을 인지해서 정보를 수집한 뒤 기사를 작성하는 과정이다. Fishman(1980, p.16)은 취재 과정을 ① 발생 사건을 탐지하고 ② 그 사건을 의미 있는 사건으로 해석하며 ③ 각 사건의 사실적 특징을 탐사하고 ④ 그것들을 기사 속에 조립하는 4단계로 나누었다.

취재의 첫 단계는 탐지다. 뉴스 생산은 세상에 어떤 사건이 일어났는지 탐지하는 데서 시작된다고 할 수 있다. 하지만 세상에 사건은 무수히 많이 발생하는데 기자의 인지 활동은 지극히 제한돼 있다. 언론이 시민을 대신해 사회를 매개하지만 대부분의 사건을 기자가 직접 보고 경험하여 전달하는 것은 아니라고 할 수 있다(Gans, 1980).

Fishman(1980)은 언론이 사건을 탐지하기 위해 취재망이라는 네트워크를 구축하여 활용한다고 지적한다. 그러므로 언론의 사건 탐지는 기본적으로 취재망이 인지한 범위 안에서 이루어진다고 할 수 있다.

기자가 사건을 탐지했다고 해도 그 사건에 관한 정보는 아직 충분하지 않은 경우가 대부분이다. 따라서 사건에 대한 더 많은 사실과 의견을 수집하는 것이 필요하다. 사건에 관한 정보는 관련된 다수의 사람들에게 분산되어 있다고 할 수 있다. 하지만 기자가 관련된 모든 사람으로부터 정보를 구하기란 사실상 불가능하다. 기자는 정보를 가진 사람들 중 일부를 취재원으로 선택해야 한다. 취재 현장에서 기자는 다시 사건의 기초 정보를 제공한 취재망이라는 네트워크에 의존하는 경우가 일반적이라고 한다(Fishman, 1980, Itule & Anderson, 1994, Mencher, 1994).

일반적으로 기자는 뉴스의 바탕이 되는 정보를 얻기 위해 다양한 출처를 접하며 이것들은 때로 조직적, 제도적인 형식을 취하고 때로는 개인적, 일상적 형식을 띠기도 한다.

Sigal(1973, p.20)은 기자들이 뉴스를 수집하는 채널을 관행상의 채널, 비공식적인 채널, 기획 채널 등으로 구분하고 있다. 공식적인 관행 채널은 보도자료와 기자회견, 연설·기념회 등이다. 또 비공식적인 채널은 배경 브리핑, 의도적인 정보 흘리기, 전문인협회, 다른 뉴스 조직의 기사 등이 포함되며 기획 채널은 인터뷰, 직접 목격, 독자적인 조사, 언론인 자신의 분석 등을 들 수 있다. 그는 The New York Times와 The Washington Post 등의 유력지가 뉴스 수집을 관행적인 채널에 의존하고 있음을 확인했다.

언론 조직은 제한된 시간과 공간에서 가장 만족스러운 뉴스를 가장 효과적으로 수용자들에게 전달하는 데 중점을 둔다. 정해진 마감시간

(deadline)까지 세상에서 일어나는 사건을 모두 처리하기란 현실적으로 불가능하다. 그래서 이들 사건 중 뉴스로서 가치가 있는 것을 골라내며, 조직은 효율성을 높이기 위해 작업을 관행화시킨다(Shoemaker & Reese, 1996, Tuchman, 1973, Turow, 1992).

따라서 뉴스 가치란 무엇인가에서부터 기사화 방식, 나아가 정보를 얻는 방법에 이르기까지 제반 과정에 나름의 관행을 발달시킨다. 예를 들면 뉴스 가치가 있는 사건이 발생할 만한 기관이나 지역을 선정하고 여기에 기자를 파견하는 뉴스 망을 형성하고 여기에 적합한 체계를 운영한다. 출입처 제도 등이 여기에 해당한다.

김동규, 김경호(2005)는 주요 신문사의 취재보도 현장을 대상으로 한 심층 면접조사를 통해 위계 중심의 수직적인 취재 조직 구조와 여기서 기인한 폐쇄적인 작업 관행들이 온존하고 있으며 그 같은 부정적 측면들이 신문에 대한 신뢰를 위태롭게 하는 주 원인으로 밝혀내고 있다. 이들은 이어 위계적인 조직 구조를 수평적인 분업체계로 전환할 것을 대안으로 제시하고 있다.

그러나 이 연구의 결론은 현실과는 다소 동떨어진 느낌을 주고 있다. 현재 신문이 봉착한 위기의 근본적인 원인은 수직적인 취재조직 등의 문제이기보다 인터넷의 등장 등 언론을 둘러싼 외부 환경의 변화가 더 본질적이라고 할 수 있을 것이다.

김재협(1999)과 김창룡(1995, p.25)은 뉴스 수집과정에서 위법적이거나 비정상적인 취재방식의 문제점을 지적하고 있다. 여기엔 위장이나 속임수에 의한 취재(신분 사칭과 허위 인터뷰 등), 매수나 유혹에 의한 취재, 도청장치나 숨겨진 카메라를 이용한 취재, 주거 침입, 문서 절취, 허위기사 유포 등이 포함된다. 대체로 이러한 불법적인 취재는 몇 가지 방법이 동시에 동원된다. 신분 위장과 숨겨진 카메라 이용,

신분 위장과 주거 침입, 문서 절취 등의 행위가 거의 복합적으로 이뤄
진다는 것이다.

기자들의 위법한 취재 관행은 기자들의 윤리의식 부재라는 내재적
이며 개인적인 탓도 있으나 보다 근원적으로는 밀실수사, 밀실행정,
언론기관의 지나친 상업주의, 특종 욕심, 취재 강요 등 외부적이고 제
도적인 요인이 강하게 작용한 때문이라고 보는 시각도 있다.

(2) 뉴스의 선택

언론이 사건을 탐지한다고 해도 모든 것이 뉴스가 되지는 않는다. 신
문은 지면을 통해 방송은 전파를 통해 뉴스를 전달하므로 언론이 전달
하는 뉴스의 양은 제한되기 때문이다. 그러므로 Patterson(1993)은 기
자가 탐지한 사건들 가운데 일부는 뉴스로 생산되지만 나머지는 사건
의 탐지에서 그치게 된다고 지적한다. 이른바 게이트키핑(gatekeeping)
과정이다.

게이트키핑이란 용어를 처음 사용한 학자는 식품이 산지에서 가정
의 식탁까지 도달하는 경로를 회로이론(channel theory)으로 설명한
사회학자 Lewin이다. 그는 식품을 구매하는 결정권을 가진 주부를 게
이트키퍼(gatekeeper)로 지칭하면서, 식품이 회로를 따라 이동하는 것
은 식품 자체에 의한 것이 아니라 회로상의 여러 관문(gate)에서 작
용하는 게이트키퍼의 결정에 따른 것이라고 설명한다. Lewin(1951,
p.186)은 이러한 메커니즘이 집단이나 조직 커뮤니케이션 과정 속에서
도 적용된다고 보았다.

커뮤니케이션 연구에서 일반적으로 게이트키핑은 매체 조직 안에서
기사의 취사선택과 관련된 제반 활동을 지칭하는 개념이며, 뉴스 제작
의 흐름에 있는 기자 · 부장 · 국장 등이 각각 게이트키퍼로서 뉴스

결정행위를 하는 것으로 범주화되었다(이강수, 1977, p.158). 그러나 연구가 진행됨에 따라 매체 소유주와 경영진·정부·자본·규제기관·경쟁매체·광고·독자 등이 게이트키퍼에 포함되는 것으로 간주되고 있으며, 특히 오늘날 연구에서는 신문 매체의 소유주와 경영진의 내적 게이트키핑 개념이 중요시되고 있다.

(3) 뉴스의 보도

보도의 첫 단계는 기사(news story)의 작성이라고 할 수 있다. 수집한 정보를 '조립하는' 기사 작성은 취재한 정보를 토대로 뉴스 메시지를 구성하는 행위라고 규정된다. Patterson(1993)은 기자가 기사를 작성하기 위해서는 먼저 취재된 정보를 바탕으로 사건에 대한 전체적인 윤곽을 머릿속에 설정한다고 한다. 이 윤곽에 따라 기사의 형태와 내용이 결정되면 이어 정보의 배치 순서, 배치 방식의 구도를 결정하고 그 구도에 따라 정보를 배치하여 기사를 작성한다는 것이다. 이 단계에서 뉴스는 사건과 관련한 어떤 정보를 제공하고 사건에 어떤 의미를 부여할지 결정된다.

기사를 신문에 싣거나 방송에 내보내는 보도 단계에서 이루어지는 대표적인 관행은 객관성을 유지하려 한다는 점이다.

한국 신문기자의 객관성에 대한 인식을 비교·유형화한 연구를 보면 간부급 기자와 일반 기자 사이에 인식 차이가 있음을 밝히고 있다. 최광범(1996, pp.73-74)은 이 연구에서 일반 기자들은 탐사보도에 큰 비중을 두고 있으며, 간부급 기자들은 속보 지향적인 객관보도를 우선적으로 인식한다고 밝히고 있다. 기자의 가치관에도 차이가 있었다. 간부급 기자들은 객관성과 가치중립에 비중을 두고 있으며, 일반 기자는 기자 개인의 가치가 기사에 개입되는 것은 불가피하며, 따라서 객관적 사실보도만으로는 언론인의 역할이 불충분하다는 것이다.

Tuchman(1972)은 언론인이 기사를 작성할 때 상사로부터 질책과 같은 직업적 위험으로부터 자신을 보호하기 위해 입증할 수 있는 자료에 의존하고, 가능하면 많은 사람의 말을 인용하며, 양쪽의 의견을 모두 싣는다고 보았다.

(4) 보도의 내용과 관련된 기존연구

언론은 누구를 다루며, 언론에 등장한 사람들의 특징은 무엇인가. Shoemaker와 Reese(1997)는 언론의 내용은 다음과 같은 몇 가지 유형으로 나타난다고 설명한다. 정치의 경우 대부분 당파성과 정치적 편견을 다룬다는 것이다. 편견은 그동안 가장 많은 관심을 끌어온 분야의 하나라고 한다.

McQuail은 편견이 공개되어 있는가 은폐되어 있는가, 또는 의도적인가 의도적이지 않은가에 따라 당파성과 선전, 무의식적 편견, 이데올로기 등 4가지 뉴스 유형을 제시하고 있다. Robinson은 TV의 선거보도가 어떤 정당에 편견을 가지고 있는 것은 아니며, 당선이 유력한 후보와 현직 후보자에 대해 다소 부정적일 뿐이라고 주장한다. 이 연구에 따르면 1980년 미국 Howard Baker 전 상원의원이 그랬듯이 후보자가 선거전에서 밀려날수록 호의적으로 보도된다는 것이다.

한국의 16대 대통령 선거와 관련된 보도를 분석한 이성헌(2005, pp.22-31)은 언론의 보도 태도가 과거에 비해 여당에 대한 편파성이 감소한 측면이 있다고 주장한다. 그는 그러나 여전히 선거 관련 정보에 대한 공정하고 진실한 보도는 이뤄지지 않은 것으로 나타났다며, 선거보도가 갖추어야 할 가장 중요한 요건은 객관성이라고 규정한다.

권혁남(2002b, pp.280-297)은 한국 언론의 선거보도 특성과 문제점에 대해, 흑색선전을 확인하지 않고 그대로 유포하는 경우가 많고, 선거보도를 정당의 수뇌부에 집중시키는 경우와 지역감정의 조장을 지적한다. 그는 또 과거 우리 언론이 선거기간 동안 여당에 편파적인 보도를 해왔다는 것을 문제점으로 들기도 했다(권혁남, 1999, p.10).

언론에 묘사된 행위 중 가장 많이 나타나는 것은 공격성이다. 범죄행위 보도에서 폭력은 아주 보편적인 장면이라고 할 수 있다. 실제로 뉴스는 어떤 유형보다도 폭력범죄를 선호한다. 사람에 대한 범죄행위(Ammonns, Dimmick, & Pilotta)나 폭력적 범죄(Antunes & Hurley)는 재산이나 비폭력적 범죄보다 보도될 확률이 높은 것으로 나타났다. 또 Combs와 Slovic은 폭력에 의한 사망이 질병에 의한 사망보다 더 많이 보도된다는 것이다.

또 일탈 행위는 정상적인 것이 무엇인지를 언론이 알려주는 방법의 하나로 활용된다. Cohen의 연구에 의하면 일탈집단을 다룰 때 영국 언론은 폭력과 그 피해 등을 과장해 보도하는 것으로 나타났다(Shoemaker & Reese, 1997에서 재인용).

Gans(1979)는 CBS, NBC, Newsweek, TIME을 분석한 뒤 뉴스는 이미 유명 인사가 차지해 버렸다고 발표했다. 유명 인사는 대통령과 대통령 후보, 고위 관리, 유명 인사의 위법이나 정치 스캔들에 휘말린 사람 등이었다. 전체 보도의 5분의 1에 지나지 않는 무명 인사는 시위자와 피해자, 위법자, 유권자, 조사대상자, 그 밖의 군중 등이었다.

고영신(2005)의 연구도 같은 맥락이다. 그는 군사정권 종식 이후 역동적인 변화를 겪고 있는 김영삼·김대중·노무현 정권에서 동일하게 발생한 유명 인사에 해당하는 대통령 친인척 비리사건을 조선일보와 한겨레가 어떤 뉴스프레임으로 보도했는지를 분석, 정치변동과 언론 보도의 함수관계를 실증적으로 밝혀냈다. 그는 한국 언론이 보수

· 진보를 막론하고 군사정권 종식 이후 괄목할 정도로 자율성이 신장되었지만 실제 언론 보도는 개별 언론의 정치적 성향 및 특정 정치권력과의 이념적 유사성을 바탕으로 한 친소관계에 따라 크게 영향을 받은 것으로 결론지었다.

취재권역의 지리적 거리와 어느 나라에서 사건이 발생했느냐를 비교하는 것도 보도 내용에서 주목할 만한 대상이다. Graber는 미국 태평양 연안과 북동부는 과대 취재되는 반면, 중서부는 인구 비례로 볼 때 과소 취재되고 있음을 확인했다. 또 각 나라는 그들을 다룬 보도가 다른 나라에 어떻게 인식되는가에 촉각을 곤두세운다. 특히 후진국에서 이러한 현상이 두드러진다. Larson은 1972년부터 10년간 네트워크 뉴스를 분석했다. TV 네트워크가 제3세계를 다룬 내용은 선진국과 달리 폭동, 전쟁·테러리즘·범죄·쿠데타·암살, 재난 등 위기와 관련된 것이 27%를 차지하였다. 세계 인구의 14%를 차지하는 16개 선진국은 전체 보도의 35%를 차지했으나 사회주의 국가와 제3세계는 상대적으로 적게 보도되고 있었다(Shoemaker & Reese, 1997에서 재인용).

윤영철(1998)은 한국과 일본의 독도영유권 분쟁에 대한 양국 신문의 보도 틀을 살펴본 연구에서 한국과 일본의 신문 보도를 비교하고 양국 안의 신문 보도를 비교하였다. 내용분석 결과 한국과 일본 신문은 독도와 관련한 분쟁을 보도하는 데 있어 상당히 다른 구조를 유지하고 있었다. 또 두 나라의 신문들 사이에서도 이념적 특성에 따라 서로 다른 태도를 보였다. 한국 신문의 보도 틀은 반일정서를 전제한다는 점에서는 같았지만 가장 적극적으로 일본을 비판하는 신문은 조선일보였으며, 상대적으로 비판이 약한 신문은 한겨레였다. 일본 신문은 산케이신문이 가장 강경하고 보수적인 보도 틀을, 그리고 마이니치가 가장 온건하고 한국에 우호적인 보도 틀을, 그 사이에 아사히와 요미우리가 자리 잡고 있었다.

이와는 달리 보도의 질적 수준을 한 단계 끌어올리기 위해 고쳐야 할 국내 취재보도 관행도 연구되고 있다.

송정민(1992, pp.271-272)은 국내 언론에 일상화되어 있는 몇 가지 보도 관행을 지적한다. 먼저 대상에 대한 지식과 논리의 부족으로 사실을 잘못 보도하거나 가치판단이 우선하는 태도이다. 또 취재원을 '고위 당국자에 따르면…' 등으로 숨기거나 익명으로 처리하기 일쑤라고 한다. 그리고 나열식 보도와 양시, 양비론적 보도가 빈번하다. 이 밖에 사회가 안고 있는 구조적인 문제나 역사성보다는 사실 자체에 초점을 맞추거나 문제 해결은 결국 개인의 능력에 달려 있다는 식으로 보도되는 경향 등을 들고 있다.

김동규(1996)는 한국 언론의 보도 담론에 나타나고 있는 여러 가지 특성을 취재와 보도 관행을 중심으로 살피고 있다. 특히 취재가 이루어지는 과정 그리고 기사화되는 과정에서 일상적으로 나타나는 언어적 관행과 그 의미를 분석해 이념적 목록을 재생산하고 유지시켜 나가는 관행을 지적한다.

(5) 보도와 알 권리

알 권리란 일반 시민과 언론기관이 취재원으로부터 정보를 자유롭게 얻을 수 있는 권리(한병구, 2000, p.65), 또는 국가의 간섭을 받지 않고 정보를 수집하는 동시에 국가기관이 보유한 정보의 공개를 요구할 수 있는 이행 청구의 실현 권리라고 할 수 있다. 이는 국민 개개인이 중요한 결정을 내리거나 자신의 복지를 위해 충분한 정보를 이용할 수 있어야 한다는 논리를 기본 바탕으로 한다.[31] 다시 말해 알 권리는 시민자치(self-government)와 복지(public good)를 위한 기본적 권리로서 다른 경제적 자유보다 우월한 지위를 누리며, 언론·출판 자유의 한 부분을 이루는 것으로 이해되어 왔다.

Wiggins(1964, pp.3-4)는 국민의 알 권리를 ① 정보를 입수하는 권리 ② 사전 억제 없이 인쇄 또는 방송하는 권리 ③ 보복당할지 모른다는 두려움 없이 인쇄 또는 방송하는 권리 ④ 커뮤니케이션에 필수적인 시설과 자료에 접근, 이용할 수 있는 권리 ⑤ 위헌적으로 법을 악용하는 정부나 법을 무시하고 행동하는 시민에 의하여 방해됨이 없이 정보를 전달하는 권리 등 다섯 가지 영역을 포괄하는 것으로 정의한다.

이재진(2003, pp.215-240)은 1980년대 후반 이후 시민단체를 중심으로 한 정보공개운동에 편승하여 알 권리는 국민들의 법적 권리로 인정받았으며, 알 권리 실현의 장치로서 1996년 법률 5242호로 '공공기관의 정보공개 등에 관한 법률'(이하 정보공개법)이 제정되었고, 그 결과 모든 국민은 기밀이나 인사에 관한 사항 등 특별한 경우를 제외하고는 국가기관이 보관하고 있는 문서의 열람과 복사를 청구할 수 있게 되었다고 지적한다. 한국의 정보공개법은 공공정보의 공개를 통해 국정에 대한 국민의 참여도를 높이고 국정 운영의 투명성을 확보하는 것을 그 목적으로 하고 있다.

즉 이 법은 알 권리에서 '정보공개'라는 청구권적 성격을 특별히 법제화한 것으로 제1조는 '국민의 알 권리를 보장하고 국정에 대한 국민

---

31) 제퍼슨은 미국인의 신념체계에서 지식의 소중함을 생각하였다. 즉 지식은 미국 시민이 자신의 헌법적 역할을 수행하는 데 필요한 원자재를 공급한다고 본 것이다. 이러한 지식을 얻기 위해 시민은 정부가 하는 일을 알 수 있는 적극적인 권리를 가지고 있어야 한다(Altschull, 1990/2001, p.462).

의 참여와 국정 운영의 투명성을 확보하기 위하여…'라고 입법 취지를 밝히고 있고, 국민은 누구나(제6조 제1항), 공공기관이 직무상 작성 또는 취득하여 관리하고 있는 정보를(제2조 제1호), 국가·지방자치단체 등의 공공기관에 청구할 수 있도록 하여(제2조 제3호) 정보공개법은 국가 사회의 민주화 및 국민의 알 권리 실현이 목적임을 밝히고 있다(이재진, 2003).

그러나 정보공개법은 많은 제한점을 내포하고 있어 실제 적용에서 문제점을 드러내고 있다. 예를 들면 정보공개법 제7조의 경우 다른 법률에 의해 비밀로 지정된 것을 그대로 인정하는 규정을 내포하고 있으며, 국가안보·통일·외교관계 등 국가의 중대한 이익을 해칠 우려가 있는 것, 그리고 국민의 생명과 신체·재산에 피해를 주는 사항에 대한 정보는 공개에서 예외를 인정함으로써 공공기관이 독선적으로 정보 가치를 판단할 여지를 남겨 두었다. 또한 정보의 공개 여부에 대한 판단이 늦어진다는 것도 정보공개제도의 미비점으로 지적되고 있다. 즉 심의·결정 기간이 너무 길어 실제로 국민이 필요한 정보를 제때 얻지 못하여 국민들의 반응을 정책에 적절히 수용하지 못하는 실정이다.

국가로서 정보의 제공과 비닉(秘匿)이라는 모순은 어느 국가나 후자를 우선시하는 관행 때문에 숨겨져 왔다(清水英夫, 1979, p.16). 그러나 이념적 관점에서 본다면 국가의 운명에 관계되는 정보를 국민에게 제시하지 않는 것은 결국 국민 주권 및 민주주의의 부정 또는 공동화(空洞化)로 연결되기 쉽다. 언론의 자유가 얼핏 보장되어 있는 것처럼 보여도, 지극히 중요한 정보를 입수하는 것이 곤란하다면 그 자유는 장식물에 불과할 것이다. 이러한 상황에서 정보 입수의 어려움을 극복하고 공공에 관한 많은 정보를 얻음으로써 올바른 정치적 의사를 형성하여 민주적 정치과정에 적극적으로 참여하려는 움직임이 알 권리의 개념을 태동시킨 중요한 원인이라고 할 수 있다.

박철언(1989, pp.18-26)은 국민이 주권자로서 선거를 통해 그 대표자를 정부기구에 보내는 권한을 가진다고 주장한다. 이 권한을 적절하게 행사하기 위해서라도 국민은 항상 국정에 관한 정보를 남김없이 얻을 수 있는 기회를 가져야 한다. 그러나 몇 년에 한 번씩 찾아오는 투표권을 행사하는 것만이 아니고 보통 때도 국정을 감시하고 여러 가지 수단을 통해 국정에 관해 발언하고 그 방향이나 내용에 대해 일정한 영향력을 끼치도록 노력하는 것도 주권자로서의 권한이자 책무이다. 이때 국정을 인식하고 여기에 의견을 표명하는 전제로서 국민에게 정보가 주어지지 않으면 안 된다. 이처럼 국민 주권의 원리는 국정에 관해 국민이 알 권리를 가지고 있다는 것을 당연한 전제로 하고 있다.

(6) 국내의 최근 연구 경향

뉴스의 수집과 선택, 보도라는 구성 요소를 제외하고도 보도와 관련된 연구는 다양한 관점에서 이루어지고 있다. 여기서는 보도와 관련해 새로운 연구 관점을 제시하거나 시대의 흐름을 반영한 연구를 중심으로 살펴보겠다.

이민웅(1994)은 사회 변화에 맞추어 언론의 취재보도 구조가 개편될 필요성이 제기되고 있다며 그 방향을 제시하고 있다. 즉 문제 중심으로 취재영역을 계열화하고 계열화된 취재영역을 복수의 기자들이 공동으로 취재할 수 있도록 취재영역을 개방하고, 언론사 내부적으로는 부(部) 단위 대신 전문분야별 담당제로 전환하는 것 등이다.

박용규(1996)는 급변하는 언론환경 속에서 편집국 조직과 출입처 제도, 기자단, 편집과 지면구성 등 신문들이 진행해 온 취재보도 체제의 변화과정을 분석했다. 그는 분석에 이어 개선 방향을 제시하고 있다. 독자들의 전문화되고 다원화된 요구를 수용하고 반영하자는 것이다. 박용규는 취재보도 체제의 전반적인 개선을 위해서는 이들 네 가지 분야 중 어느 하나의 개선만으로는 실효성이 있을 수 없다는 데 어려움이 있다고 밝히고 있다.

박준영(1997)은 편집국의 참여관찰을 통해 한국 신문의 뉴스 결정과정의 역학관계를 뉴스 제작 경험을 바탕으로 밝히고 있다. 특히 비구조적인 관찰법을 선택함으로써 자연스런 상태에서 신문의 뉴스 결정구조를 관찰할 수 있어 그 구조에 숨은 관행들을 밝혀내고 있다. 그러나 이 연구는 뉴스 결정과정에 많은 영향을 주는 것으로 판단되는 취재원에 대한 직접적인 연구가 이뤄지지 못해 아쉬움이 남는다. 취재원이 어떤 정보를 알려주거나 흘려 줄 때 그 의도, 목적, 동원된 수단을 정확히 아는 것은 당사자들뿐인데 이들을 일일이 만나 확인하는 데 한계가 있었기 때문이라고 연구자는 밝히고 있다.

이상갑(2001)은 한국 신문이 사회 환경 감시자로서 제대로 역할을 수행하지 못한다고 진단하면서 그 원인은 단순히 한두 가지 사안의 개선을 통해 해결될 문제가 아니라 언론의 소유 구조부터 내적 통제 구조, 취재 구조, 인적 구조에 이르기까지 복합적인 문제 해결이 필요해서라고 밝힌다.

이들 연구는 대체로 취재 시스템의 개선을 통해 언론이 급속한 사회 변화를 수용해야 한다는 주장을 담고 있다. 이에 비해 보도 쪽이나 취재보도와 연계해 살펴본 연구들도 있다.

같은 뉴스라도 미디어의 성격이 신문이냐 방송이냐에 따라 보도는 달라지게 마련이다. 정희선(2002)은 신문과 방송은 정보가 수용자에게 전달되기 위해 꾸러미로 만들어지는 방법에서 차이가 난다고 지적한다. 즉 두 미디어는 공간적, 시간적 요소에서 아주 달라 정보가 어떻게 제공되고 정보의 구조와 양이 어떻게 전달되는가에 영향을 미친다. 신문은 정보 전달에 있어 시간적 요소에 제한받지 않기 때문에 심층적인 정보를 전달할 수 있고 방송에 비해 많은 정보를 포함할 수 있다. 반면 TV는 영상 기능이 있고 생방송이 가능해 더 즉시적이고 긴급하게 전달할 수 있다. 정희선은 방송 뉴스가 신문에 비해 인간적인 면을 강조하는 등 보다 쉽게 관심을 끌 수 있는 보도를 하는 경향이 있다고 주장한다.

예를 들면 테러리즘에 대한 묘사는 신문의 경우 뉴스 요약, 개요, 첫째 날 기사 등의 형태로 이루어진다. 이에 비해 방송은 뉴스 특보, 임시 긴급뉴스, 정규 뉴스 등을 주로 이용한다.

이같이 기존의 국내 연구들은 대부분 해방 이후 50여 년간 이미 틀지어진 조직 체계의 특성과 그 안에 내재하는 관행을 밝히려는 것이 특징이다. 아울러 최근 들어 현장에 대한 관찰이나 심층면접과 같은 질적 분석의 필요성이 부쩍 강조되고 있다(김동규, 김경호, 2005). 하지만 이들 연구가 신문 조직이 당면한 최근의 급격한 환경 변화와 이에 대한 조직적 차원의 대응 등을 포함하고 있지는 않다. 즉 신문 광고시장의 급속한 위축과 포털에 기반을 둔 새로운 뉴스 매체의 출현, 마감시간이 사라진 실시간 경쟁 체제, 특정 매체의 공정보도 시비, 독자 신뢰의 하락 등과 맞물려 전환기를 맞고 있다.

특히 노무현 정부 출범 이후 기자실 개방과 브리핑제의 도입 등은 조직과 취재 시스템에 변화를 가져올 새로운 변수로 떠오르고 있다. 따라서 이러한 변화의 시도들이 기존의 취재 체계와 관행에 어떤 영향을 주고 있는지는 새로운 연구과제로 대두되고 있다.

100

이들 연구과제 중 여기서는 기자실 폐지나 개방 등이 가져온 출입처 등의 급속한 취재 환경 변화에 주목한 연구를 살펴본다.

박주현(2003)은 전북도청을 비롯해 전북도교육청, 전북지방경찰청 등의 출입기자들과 이들 기관의 공무원직장협의회, 공보실 소속 직원 등을 대상으로 설문조사를 실시해 지방자치단체 기자실 존폐 논쟁이 취재 및 보도 시스템에 어떤 변화와 대안을 요구하는지 실증적으로 고찰하였다. 조사 결과 공무원 응답자의 67.3%는 현행 기자실이 불필요한 제도라고 지적했다. 이 논문은 논쟁 중인 주제를 다루었다는 시의성은 돋보이나 기자실 존폐 논쟁의 핵심에 있는 출입기자들의 행태가 잘 드러나지 않는 것이 약점으로 남아 있다.

조기선(2003)은 전남 순천시 사례를 통해 지방자치단체의 기자실이 행정홍보에 미치는 영향을 검증했다. 연구 결과 순청시청 관련 보도를 기자실 존속의 전후로 나누어 분석한 결과 이른바 '기자실 효과'가 있는 것으로 나타났다. 그러나 이 연구는 순천시 단일 사례만을 분석 대상으로 삼은 데다 내용분석은 기초자치단체를 대상으로 하면서 설문조사는 광역자치단체를 대상으로 조사한 점 등이 문제점으로 남아 있다.

한편 성기철(2004)은 중앙 일간지에 등장한 청와대 기사를 비교해 개방형 브리핑제가 취재 및 보도에 미치는 영향을 분석했다. 연구 결과 브리핑제가 시행된 뒤 언론 보도는 양적인 측면에서 일부 활성화된 것으로 밝히고 있다. 관련 기사의 수가 늘고 취재원의 종류도 다양해졌다. 그러나 단독성 기사는 눈에 띄게 줄어든 것으로 나타났다. 이 연구는 분석 대상 신문이 중앙 일간지에 국한돼 브리핑제의 본래 취지인 지방 일간지와 인터넷신문 등 군소 신문의 차별 없는 취재가 어떤 결과를 낳고 있는지 등을 가늠하기 어렵다.

본 연구자는 기자실 개방과 브리핑제가 가져온 보도의 변화를 뉴스의 수집과 선택, 보도는 물론 정부와 언론의 관계 등 관련된 기존연구와 이론을 토대로 논리를 전개해 이러한 한계점을 극복해 보고자 한다.

4) 출입처 제도와 기자실 관행

기자실의 관행을 다루는 연구는 그동안 꾸준히 있어 왔다. 대부분 배타적이고 폐쇄적인 국내 기자실의 문제점을 지적하는 연구들이다.

김관규, 송의호(2004, pp.38-75)는 그동안 취재 시스템의 가장 큰 문제점으로 지적돼 온 출입처 기자실의 폐쇄성이 브리핑제 시행 이후에도 온존하는지를 분석했다. 즉 특정 언론사의 지정석이 있는지의 여부와 기존 출입처의 기자실·기자단에 의한 신규 진입장벽이 있는지의 여부를 폐쇄성을 판단하는 기준으로 설정하여 조사를 벌였다. 그 결과 국내 기자실은 '준폐쇄형' '개방형' '이원화형' '동의중시형' 등 4가지 유형이 있으며 기자실도 환경 변화에 따라 다양한 운영 형태를 모색 중임을 밝혀냈다. 즉 기자실 개방 이후에도 일부 출입처에서 언론사 간 차별이 여전히 남아 있음을 보여주고 있다.

박동숙 등(2001, pp.367-396)은 기자실의 유착 관행을 다루고 있다. 박동숙 등은 지방자치단체 한 곳과 정부 부처 한 곳을 선정하여 취재원인 해당 직원들과 출입기자를 대상으로 참여관찰과 인터뷰를 통해 출입처에서 취재원과 기자의 상호작용을 탐구했다. 이들은 출입처가 취재의 편리함뿐만 아니라 민원청탁이나 인사청탁 등 상호 간 사적 이해관계에 따라 양자 사이에 공생관계가 유지되고 있다는 것을 확인했다. 즉 출입기자들의 공적 업무 수행을 위한 사적 친분 고리의 문제점을 지적하면서 제도적 개선은 물론 기자와 공무원의 의식개혁을 통해 이를 해결해야 한다고 강조했다.

기자실의 또 다른 관행은 담합이었다. 김동규, 김경호(2005)는 브리핑제 시행 이후 정부 부처 출입기자들의 심층면접을 통해 새로운 제도 아래서도 기존 출입기자들의 배타적인 정보 담합구조가 잔존하고 있다고 밝혔다. 즉 '보이지 않는 기자실'의 메커니즘이 여전히 작동하면서 오히려 기자와 취재원의 공생 거래가 은밀하고 내면적으로 강하게 작동한다고 주장하였다.

촌지 관행도 빼놓을 수 없다. 이효성(1992, pp.110-112)은 출입처는 기사 작성을 위한 정보 제공처일 뿐만 아니라, 촌지 제공처라는 극단적인 표현을 쓰고 있다. 국내 언론계에서 촌지는 1960년대와 1970년대부터 관례화된 비공식 거래 관행의 하나로 이어졌으며 언론인의 부패를 낳는 직접적인 원인으로 지적되어 왔다. 김동규(1996, p.7)는 기본적으로 기자단을 중심으로 이루어지는 촌지 거래는 곧 정보의 비공식 거래로 연결되어 자유롭고 공개적인 정보 유통을 가로막아 객관적이고 공정한 보도를 제한하게 된다고 밝혔다. 권혁남(2002a, p.275)은 기자단이 다수의 다양한 언론 매체를 총괄 관리할 수 있게 한다는 점에서 출입처 쪽에서는 확실히 편리하고 효율적인 제도지만 반대로 독자는 떼거리 저널리즘, 기사의 획일화, 촌지 수수, 정보 유통의 왜곡 등 비정상적인 언론 행태에 직면하게 된다고 지적했다.

기자실 개방과 브리핑제 시행으로 기자실이 과거 관행을 탈피하면서 새로 생겨나는 문제들도 있다. 출입처 사무실의 방문취재 제한으로 출입기자들은 취재에 어려움을 호소하고 있으며, 과거 기자단이 합의해 이루어지던 엠바고도 새로운 환경을 맞고 있다.

이영태(2004)는 브리핑제 실시 이후 기자들이 가장 불만을 토로하는 부분이 사무실 출입금지 조치라고 주장한다. 그는 정보 제공자인 정부 부처 관계자들이 자신들이 필요할 때만 브리핑에 나오고 막상 기자들이 요청하는 경우에는 바쁘다는 핑계로 나오지 않는 경우가 많다고 지적한다. 정보 수요자인 독자와 시청자, 언론사가 정작 들으려 하는 얘기는 들을 수 없고 공급자인 정부 편의에 따른 정보만 제공되고 있다는 것이다.

성기철(2004)은 브리핑제를 시행한 뒤 청와대 기사에서 단독성 기사가 눈에 띄게 줄어든 것으로 분석했다. 그는 그 원인을 비서실 방문 취재를 금지했기 때문이라며 브리핑제가 기자의 독자적인 취재를 어렵게 만든다고 주장한다.

한편 엠바고(embargo)는 '보도시점 유예' 또는 '시한부 보도중지'를 뜻하는 보도 관행이다. 즉 특정 사안을 놓고 출입처와 기자단 사이에 혹은 기자단 내부에서 일정 시점까지 보도하지 않기로 하는 약속이다.

이원락(1991)에 따르면 출입처와 기자단 사이의 엠바고는 언론에 보도되면 업무수행에 차질이 우려되는 사안에 대해 출입처에서 보도를 자제해 줄 것을 요청하여 성립하는 경우가 일반적이다. 엠바고는 원칙적으로 출입기자가 한 사람이라도 반대하는 한 출입처의 일방적인 요구에 의한 엠바고는 불가능하다는 점에서 엠바고 문제는 기자단 문제와 맞물려 있을 수밖에 없다(김상온, 1993, p.87). 다시 말해 엠바고는 기자단이 담합해서 나온 결과인 것이다.

출입처 기자실에 엠바고가 걸리면 그에 따라 기사를 작성하는 것이 일반화돼 있는 편이다. 엠바고가 기자실·기자단의 중요한 관행으로 자리 잡은 것이다.

엠바고는 언론사의 부주의나 실수로 깨어지는 경우가 발생하기도 하며 더 나아가서는 취재원이나 기자들의 편의에 의해서 남발되는 경우도 발생한다. 언론학자들은 엠바고가 파기되는 이유를 다음과 같이 지적한다. 무엇보다 언론사 간 경쟁이 파기의 가장 큰 요인이라고 본다. 다시 말해 특종과 신속한 보도 욕심 때문이다. 또 기자와 취재원 사이의 엠바고 협약이 너무 남발되고 엠바고의 의미나 중요성에 대한 인식이 언론인들마다 다르기 때문에 파기된다. 과거와 달리 현재는 기자단이라는 존재가 합리적인 조절능력이 없다는 것도 원인이 되고 있다. 마지막으로 최근 들어 인터넷의 광범한 보급으로 인터넷을 통한 뉴스의 발굴이나 전달이 늘어나면서 파기되는 경우가 늘어난다.[32] 브리핑제 시행으로 기자단이 해체되면서 국익 등이 걸린 엠바고는 전혀 다른 환경을 맞고 있는 셈이다.

노무현 정부 들어 모든 언론에 기자실이 차별 없이 개방된 이후 배타적이고 폐쇄적이던 기자실의 관행은 그동안 어떤 식으로든 변화가 있었을 것으로 짐작된다. 또한 잘못된 관행을 바로잡기 위해 받아들인 제도가 또 다른 문제점을 빚을 가능성도 예상해 볼 수 있을 것이다.

5) 출입처 제도와 보도 행태

새로운 정책의 시행은 그 정책을 시행하기 이전과 이후에 분야별로 차이가 있을 것으로 예상할 수 있다. 기자실 개방과 브리핑제 시행은 출입처를 둘러싼 취재 환경의 새로운 변화라고 할 수 있다.

성기철(2004)은 이 정책 시행을 전후로 언론의 보도 행태를 비교 연구하였다. 그는 연구문제로 '브리핑제 시행으로 언론 보도가 활성화

---

32) 대법원 출입기자단은 최근 엠바고 운용 방식을 다소 변경했다. 원칙적으로 판결문이 나오면 자율적으로 기사화하는 것을 허용하되 출입기자단이 스크린해 기사화할 만한 판결문 중 하루에 전부 소화하기 어렵거나 속보를 요하지 않을 경우 기자단이 정한 보도 시점에 맞추도록 한다는 것이다. 법률 전문 격주간지 법률신문이 최근 들어 인터넷 포털 사이트에 뉴스를 제공하면서 기자단이 합의한 시점보다 앞서 인터넷에 판결문을 올리기 때문이다(조현호, 2005, p.128).

되었는가, 위축되었는가'를 설정하고, 브리핑제가 시행된 전후시기인 1998년과 2003년 3개 중앙 일간지의 청와대 출입기자가 쓴 기사를 비교 분석하였다. 보도의 활성화는 기사의 건수와 취재원의 수, 취재원의 종류, 기사의 형식, 단독기사 등 5가지 요소의 변화로 측정하였다. 연구 결과 성기철은 브리핑제 시행 이후 1면 기사의 건수가 조선일보는 2003년 6~12월 106건에서 9건이 늘어나 8.5% 증가했고 한겨레는 2.4% 늘어났으며 국민일보는 131건에서 9건이 줄어들어 6.9% 감소했다고 밝혔다.

성기철의 연구는 이 정책을 추진한 노무현 정부와 언론사의 관계 등 보도에 중요한 영향을 미칠 수 있는 다른 변인들을 간과하고 있다. 그럼에도 불구하고 이 연구는 기자실 개방과 브리핑제가 보도에 영향을 미칠 수 있다는 점을 착안한 첫 번째 연구 시도였다는 점에서 그 의의를 찾을 수 있을 것이다.

성기철을 제외하고 이 정책이 보도에 미치는 효과를 다룬 본격적인 연구는 드문 편이다. 그렇지만 통찰력을 제공하는 연구들은 있다. 비록 연구 배경이 다른 해외 사례긴 하지만 시간의 흐름에 따른 보도의 변화를 주목한 Sigal(1973)의 연구 등은 출입처별로 보도 행태에 차이가 있음을 보여주고 있다. Sigal은 1949년부터 1969년 사이 The New York Times와 The Washington Post의 1면에 등장한 기사의 취재원을 비교 분석하였다. Brown, Bybee, Wearden, Straughan(1987, pp.45−54)은 10년 뒤 Sigal의 연구를 확인하는 방법으로 같은 연구를 수행하였다. 즉 이들은 1979, 1980년 The New York Times와 The Washington Post에 더해 미국 노스캐롤라이나 지방 신문 4개를 추가하여 1면 기사를 분석하였다. 그 결과 취재원의 50% 이상이 국가기관 소속이고 일반시민은 4%에 불과한 것으로 나타났다고 밝혔다.

이성헌(2005, pp.22-31)은 한국의 16대 대통령 선거와 관련된 보도를 분석한 연구에서 언론의 보도 태도가 과거에 비해 여당에 대한 편파성이 감소한 측면이 있다며 시간의 흐름에 따른 변화를 분석하였다.

기자실 개방과 브리핑제 시행 이후 국가기관과 관련된 언론의 보도 행태는 기자실을 개방한 노무현 정부가 집권 3년째를 맞은 2005년과 기자실 개방이 이뤄지지 않은 김대중 정부 3년째인 2000년을 비교하면 차이가 있을 것으로 예상할 수 있다.

한편 정부와 언론은 앞에서 살펴본 것처럼 속성상 흔히 갈등과 긴장 관계를 형성한다. 언론사가 정부와 어떤 관계를 맺고 있느냐에 따라 보도가 달라질 수 있음을 보여주는 연구는 가끔씩 있어 왔다. 정부와 언론사의 관계를 다룬 국내 연구는 대체로 보수와 진보[33]로 대별되는 언론사의 이념적 성향에 근거를 두고 있다.

우리나라의 경우 '조·중·동(조선일보·중앙일보·동아일보)'이란 약어로 표현되는 규모와 영향력이 큰 신문사가 대부분 기득권을 가진 보수언론으로 분류되고 있다. 때문에 이들 3개 신문사는 진보 성향의 노무현 정부와 '불편한 관계'에 놓여 있는 실정이다. 즉 국내에서

---

33) 우리나라에서 진보와 보수 개념은 보수-진보, 보수-혁신, 우파-좌파 등의 개념이 혼용되고 있으며 서방세계에서 통용되는 진보, 보수라기보다는 정치, 사회적 상황에 따라 변질된 개념이다. 즉 보수, 진보라는 개념 자체가 사회 각층의 이념적 성향을 대변하기보다는 정치적 편의에 따라 임의로 쓰이거나 왜곡되면서 자리를 잡아 온 특수성을 갖고 있다 (강정인, 1993). 서양에서는 진보가 합리주의와 계몽주의의 산물로 생겨나 300여 년 동안 보수와 발전적 논쟁을 벌이며 뿌리를 내렸다. 그러나 진보가 정치적 의도에 따라 생겨난 우리 사회에서는 보수와 진보가 서로 상대방을 용납하지 않으면서 갈등을 빚고 있다. 이런 현실은 언론 환경에도 지대한 영향을 미쳐 오늘날 조선일보와 한겨레신문이 이념의 양극단에서 치열하게 대립하고 있는 것도 이런 배경을 안고 있다(전남식, 2004에서 재인용).

는 보수 성향을 띤 신문이 대체로 시장점유율이 높고 정부와 불편한 관계인 편이다. 따라서 결국 이념적 성향이나 신문의 영향력 또는 시장점유율이 노무현 정부와 언론사의 관계를 규정하는 한 기준이 된다고 할 수 있다.

유재천(2003, pp.185-187)은 노무현 정부의 언론정책을 분석하면서 노무현 정부가 정부와 언론의 관계를 재정립한다는 방침에 따라 기자실 개방, 브리핑제 도입, 사무실 방문취재 금지, 취재원 실명제, 취재에 응한 공무원의 사후보고 등의 조치를 취했다고 결론 내렸다. 또 이원락(2004)은 민주화 이후 권력기구화한 국내 진보 신문과 보수 신문의 내용분석을 통해 뉴스 생산 관행이 변하고 있으며 시간이 흐를수록 권력기구화가 강화된다는 사실을 밝혀냈다.

고영신(2005, pp.172-175)은 군사정권 종식 이후 역동적인 변화를 겪고 있는 김영삼·김대중·노무현 정권에서 동일하게 발생한 대통령 친인척 비리사건을 조선일보와 한겨레가 어떤 뉴스프레임으로 보도했는지를 분석한 뒤 정치변동과 언론 보도의 함수관계를 실증적으로 밝히고 있다. 그는 한국 언론이 보수와 진보를 막론하고 군사정권 종식 이후 괄목할 정도로 자율성이 신장되었지만 실제 언론 보도는 특정 정치권력과의 이념적 유사성을 바탕으로 한 친소 관계와 개별 언론의 정치적 성향에 따라 크게 영향을 받은 것으로 결론지었다.

이들 연구는 대체로 이념적 성향을 기준으로 정부와 언론사의 관계를 주목하고 있다. 이와 달리 정부와 언론의 관계를 설명하는 진자운동 모형 이론에 근거를 두거나 시장점유율 즉 언론사의 규모나 영향력에 초점을 맞춘 연구들도 있다.

고영철(1992)은 정부와 언론의 관계가 견제적 관계와 공생적 관계를 뛰어넘어 유착관계에 있다고 주장한다. 그는 이 같은 현상은 지역 언론이 정부의 보도자료를 세밀히 검토하여 보도하기보다는 뉴스 가치의 비중에 관계없이 행정기관의 정보는 중요하게 취급하고, 지방행정 PR에 협조적이라는 것에서 알 수 있다고 설명한다. 또 김세철(1995, pp.100-105)은 지역 언론과 지방정부는 상호보완과 견제의 관계에 있다고 규정한다.

Edelstein, Schulz(1963, pp.565-575)는 신문이 정치·경제 권력과 관련되어 있지 않으면, 지역 뉴스 보도에 더욱 공격적인 태도를 보이게 된다는 사실을 밝혀냈다. 그러나 Hvistendhl(1968, pp.472-478)은 지역 사회의 정치·경제 권력구조와 관련되어 있지 않은 신문이 오히려 공격적인 태도를 보이지 않는다며 앞의 연구와 반대되는 결과를 내놓았다.

한편 Stempel(1962, pp.88-91)은 기사 취재와 관련한 연구에서 신문사 간 기사 취재에 관련된 중요한 요인으로 판매 부수를 제기하고 있다. 판매 부수는 곧 신문의 영향력이 된다. 그는 판매 부수에 따른 신문사의 시장점유율이 뉴스 취재보도에 많은 영향을 미치고 있음을 밝히고 있다. 시장점유율이 비슷한 신문사는 편집자들의 뉴스 판단도 유사한 반면, 시장점유율 차이로 작업 환경이 다른 편집자들은 뉴스 판단도 상이함을 보여주고 있다.

Martin, Singletary(1981, pp.93-96)는 주 정부 보도자료의 기사화 빈도에 대한 연구를 통해 발행 부수가 적은 신문일수록 주 정부 보도자료에 더 높게 의존하고 있음을 밝혔다.

정부 부처와 관련된 언론의 보도 행태는 정부와 언론의 관계가 한 요인으로 작용할 수 있다. 정부와 언론사의 관계는 대통령 중심제 국가에서 집권한 대통령이 어떤 언론정책을 펴느냐에 따라 보도에 많은 영향을 미친다고 할 수 있을 것이다. 노무현 대통령은 취임 이후 몇 차례에 걸쳐 이른바 시장점유율이 높은 보수언론으로부터 입은 개인적 피해를 밝히면서 이들 언론사에 대한 이미지가 부정적임을 드러냈다. 개별 언론사와 대통령의 이 같은 친소 관계는 취재와 보도 등에 직・간접으로 영향을 미치게 된다. 예를 들면 대통령과 관계가 원만한 언론사 기자들은 상대적으로 관계가 불편한 언론사 기자들보다 청와대나 정부 부처의 취재원들과 상호작용이 더 활발할 수 있다. 지금까지 소개한 실증적 연구결과들은 정부와 언론사의 관계에 따라 보도 행태에서 차이가 발생할 수 있음을 뒷받침하고 있다.

언론이 뉴스를 만들면서 출입처별로 보도에 어떠한 차이를 보이는지에 대한 연구도 자주 있어 왔다. 대부분의 연구는 출입처가 국가기관을 중심으로 운영되는 점을 지적하고 있다. 그러나 국가기관을 다시 정부 부처별로 나누어 보도 행태가 어떻게 나타나고 있는지 구분한 연구는 많지 않은 편이다.

Sigal(1973)은 1949년부터 20년간 The New York Times와 The Washington Post의 1면에 등장하는 기사의 취재원을 분석하였다. 그는 취재원을 크게 미국 연방정부, 지방자치단체, 외국 정부, 그 밖의 뉴스 조직, 비정부 미국인 등으로 나누었다. 그 결과 연방정부를 취재원으로 하는 기사가 46.5%, 지방자치단체를 취재원으로 하는 기사가 4.1%로 둘을 합치면 무려 50.6%에 이르렀다. Sigal이 분류한 미국 연방정부라는 취재원의 개념 속에는 정부의 개별 부처들이 하나로 묶여 들어가 있다. 즉 다수의 출입처가 미국 연방정부라는 이름으로 군집화된 셈이다.

Sigal은 시간의 흐름에 따른 취재원의 변화는 큰 차이를 발견할 수 없었다고 밝혔다. 그러나 1950년부터 2000년 사이 The New York Times와 LA타임스・시카고트리뷴 등 3개 신문의 1면 취재원을 분석한

Shim(2002)은 50년이 지난 뒤 국가기관 취재원의 비율은 66.5%에서 56.5%로 줄어들었다며 Sigal과 다소 상반된 결과를 내놓았다.

Fishman(1980, pp.43-51)은 언론이 시간상의 고려, 경제적인 고려 등 정보 입수의 효율성을 위해 출입처 제도를 운용하고 있는데 이러한 취재 관행은 관료 중심인 취재원의 구조에 언론이 편입되도록 만들며, 이로 인해 기자가 취재하는 정보의 종류와 범위 그리고 해석의 방향도 크게는 관료조직의 필요성에 의해 영향을 받는다고 지적하였다.

성해용(1999, pp.29-74)은 삼성전자와 대우전자, 산업자원부, 한나라당이 제공한 보도자료의 기사화 비율을 조사한 결과, 한나라당·산업자원부·대우전자·삼성전자의 순으로 나타났다고 밝혔다. 이는 국내 신문의 가장 중요한 부서로 취급되고 있는 정치부의 위상을 입증함과 동시에 신문 지면 구성에 있어서도 정치면이 가장 많은 면을 할애받고 있음을 뒷받침하였다.

이원락(1991)은 국내 일간지 6개의 정치·경제·사회면 기사를 분석한 결과 행정부·사법부·입법부·정당 등을 포함한 국가기관을 취재원으로 하는 기사가 80.0%로 나타났다. 정치 기사가 97.8%로 가장 두드러졌고, 경제와 사회 기사는 76.5%, 75.5%로 비슷했다. 장호순, 오수정(2001)은 2001년의 신문을 분석한 결과 국가기관 취재원이 57.7%를 차지했다.

대부분의 연구는 이처럼 뉴스 취재원인 출입처가 국가기관에 집중되어 있음을 보여주고 있다. 즉 국가기관 출입처가 언론 보도에 절대적인 영향력을 행사한다고 할 수 있다.

석인호(1987, p.97)는 1987년 1월 5일부터 31일까지 23일간 3개 신문의 1면에 실린 정치 기사의 비율을 조사한 연구에서 각각 70.4%, 57.4%, 59.6%가 정치 기사이고 다음으로는 외신 기사가 차지했다고 밝혔다. 이동신(1989, p.58)은 1988년 9월 13일부터 23일까지 조선일보 1면에 실린 기사 중 80%가 정치 기사였다고 분석했다. 이처럼 출입처 제도의 산물이라고 할 수 있는 뉴스 가치의 획일성은 한동안 보도에 있어서 정치 기사의 절대 우위로 나타나기도 했다.

이들 연구에서 자주 나타나는 국가기관 취재원은 사실상 출입처의 확대 개념이라고 할 수 있다. 우리나라의 대표적인 국가기관 가운데는 청와대와 재정경제부·경북도청 등을 들 수 있다. 이들 중 청와대와 재정경제부는 중앙 부처이며, 경북도청은 지방자치단체로 구분된다. 지금까지의 연구 결과를 종합하면 정치부 기자의 출입처인 청와대, 경제부 기자의 출입처인 재정경제부, 사회부 기자의 출입처인 경북도 등도 각각 뉴스 취급의 중요도는 물론 관련된 보도에 있어서 차이가 있을 것으로 예상된다.

Ⅲ 연구문제 및 연구방법

1. 연구문제

지금까지 기자실이나 언론 보도에 대한 연구는 많이 있어 왔다. 하지만 기존연구에서 살펴보았듯이, 이들 대부분은 기자실이나 또는 언론 보도라는 한 분야에 한정되어 있다. 즉 취재가 이루어지는 기자실과 취재의 결과물인 언론 보도 두 분야를 연계시켜 함께 아우른 연구는 많지 않다.

기자실과 관련된 연구는 대부분 오랜 기간 답습돼 온 출입처 기자실의 운영 실태와 내부 관행 등에 초점이 맞추어지고 있다. 특히 국내 기자실은 폐쇄성과 배타성이 그동안 문제점으로 많이 지적되어 왔다. 이에 비해 언론 보도와 관련된 연구는 보도의 내용에 영향을 미치는 요인이나 뉴스프레임 등에 초점을 맞추어 주로 진행되어 왔다.

노무현 정부 들어 청와대를 비롯한 정부 주요 부처와 지방자치단체의 기자실은 그 이전과 크게 달라졌다. 기자실의 형태도 달라지고 운영 방식도 바뀌었다. 그동안 중앙 일간지와 지상파 방송 등 비교적 영향력이 큰 언론을 중심으로 출입이 허용돼 온 정부 부처 기자실은 지방 신문과 인터넷 매체 등 군소 언론매체까지 차별 없이 문호가 개방되었다. 그러나 노무현 정부는 폐쇄된 기자실을 개방하고 브리핑제를 새로 시행하면서 출입기자가 출입처 사무실을 개별적으로 방문해 취재하는 것은 제한하고 있다. 기자가 취재를 이유로 관련 공무원이 일하는 사무실에 자유롭게 들어가 이야기를 들을 수 없게 된 것이다. 궁금한 게 있으면 브리핑이 이루어질 때 묻고 해결하라는 방식이다. 정부 부처를 중심으로 기자들의 출입처 취재 환경이 바뀌어가고 있는 것이다. 이 같은 변화는 노무현 정부가 역점을 두고 추진해 온 언론정책이기도 하다.

그러나 기자실과 취재 환경 변화를 둘러싸고 이루어지는 평가는 크게 엇갈리고 있다. 제도적인 폐단과 잘못된 취재 관행을 바로잡을 수 있다는 긍정적인 평가가 있는가 하면, 정부의 새로운 언론정책이 취재와 보도의 자유를 침해할 수 있다는 부정적인 평가도 나오고 있다. 그렇지만 이러한 엇갈리는 평가나 논란에서 무엇보다 기준으로 삼아야 할 것은 '국민의 알 권리'란 주장이 설득력을 얻고 있다. 이재진(2003, pp.216-217)은 그 이유를 알 권리는 정부와 언론의 관계 설정에서 가장 핵심적인 논거가 되며, 언론이 국민을 위해 무엇을 해야 하는지를 결정하는 요인이기 때문이라고 설명한다.

언론 보도는 알 권리가 어떻게 구현되고 있는지 들여다볼 수 있는 결과물이라고 할 수 있다. 출입처의 취재 환경 변화가 국민의 알 권리와 관련해 취재의 자유를 제한한 조치(유재천, 2003, pp.185-187)라는 지적에도 불구하고 제도 시행의 주요한 목적이었던 기자실의 관행이 이후 어떻게 바뀌었는지에 대한 연구는 빈약한 실정이며, 지금까지 기자실 개방에 따른 언론의 보도 행태도 거의 연구가 이루어지지 않고 있다.

기자실 개방과 브리핑제 시행이 올해로 4년째를 맞으면서 출입처의 취재 환경 변화로 언론 보도 행태는 어떤 식으로든 변화가 있을 것으로 짐작된다. 언론이 출입처에서 발생하는 정보를 기사화하는 데 있어 모든 신문이 같은 기준과 원칙을 정해 놓은 것은 아닐 것이다. 노무현 정부와 관계가 불편해진 많은 독자를 두고 있는 유력 신문사와 상대적으로 노무현 정부와 관계가 우호적인 신문사 사이에는 보도 행태에 있어 차이가 발생할 수 있을 것이다.

또 출입처가 대통령이 집무하는 청와대냐 부총리나 도지사가 정점에 있는 기관이냐에 따라서도 보도 행태에 있어 차이가 발생할 것으로 보인다. 즉 같은 국가기관이라도 출입처마다 뉴스의 중요도가 다른 데다 기자실 개방이나 브리핑제의 운영 방식을 조금씩 달리할 수 있기 때문이다.

이에 대한 체계적인 접근을 위해 본 연구의 전체 구조를 도식화하면 〈그림 3-1〉과 같은 모형이 나온다. 이 연구 모형에서 보듯 본 연구에서는 기자실 개방과 브리핑제라는 새로운 취재 환경 요인이 기자실의 관행과 보도 행태에 미치는 각각의 영향을 고찰하고자 한다.

<그림 3-1> 출입처 제도의 변화가 취재 관행과
보도에 미치는 영향의 모형

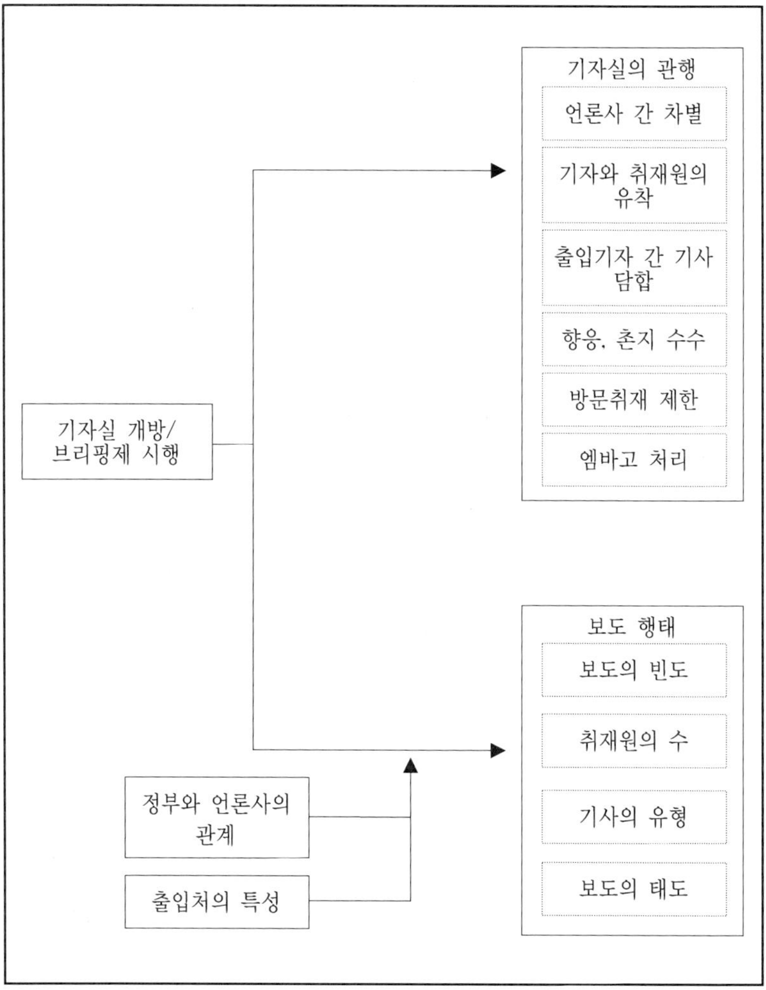

본 연구의 첫 번째 큰 갈래는 기자실 개방과 브리핑제 시행이 정부
부처 기자실의 관행을 어떻게 바꾸고 있는지에 관해 탐색하는 것이다.
기자실을 둘러싼 취재 환경의 변화는 기자실에 전해 내려오는 여러

가지 관행에 변화를 가져왔을 것으로 예상된다. 첫 번째 갈래의 이 연구문제를 도식화하면 〈그림 3-1〉의 윗부분과 같다.

　노무현 정부는 출범 직후 청와대를 중심으로 모든 언론사에 차별 없이 출입처의 기자실을 개방하고 브리핑제를 시행했다. 이후 정부가 기자실을 브리핑실 등으로 개조하면서 과거 군소 언론에 출입을 제한해 온 배타적이고 폐쇄적인 기자실은 서서히 자취를 감춰 가고 있다. 노무현 정부는 기자실을 개방하는 목적이 공평한 정보의 제공과 함께 폐쇄된 기자실에 그동안 전해 내려오던 잘못된 관행을 바로잡기 위해서라고 밝혔었다.

　노무현 정부 들어 모든 언론에 기자실이 차별 없이 개방된 이후 배타적이고 폐쇄적이던 기자실의 관행은 그동안 어떤 식으로든 변화가 있었을 것으로 짐작된다. 또한 잘못된 관행을 바로잡기 위해 받아들인 제도가 또 다른 문제점을 빚을 가능성도 예상해 볼 수 있을 것이다.

　앞 장에서 논의된 선행연구를 근거로 다음과 같은 연구문제를 설정하였다.

〈연구문제 1〉 기자실 개방과 브리핑제 시행에 따라 기자실의 관행은 어떻게 바뀌었나?

〈연구문제 1-1〉 기자실에서 언론사 간 차별은 어떻게 변화되었는가?
〈연구문제 1-2〉 출입기자와 취재원의 유착 관계는 개선되었는가?
〈연구문제 1-3〉 출입기자 간 기사 담합은 개선되었는가?
〈연구문제 1-4〉 출입처로부터 외유성 취재나 향응, 촌지 등을 받는 관행은 변화되었는가?
〈연구문제 1-5〉 출입기자의 출입처 사무실 방문취재 제한은 어느 정도인가?

〈연구문제 1-6〉 과거 기자단이 운영한 국익 등이 걸린 엠바고는
어떻게 처리되고 있는가?

본 연구의 두 번째 큰 갈래는 전체 연구 모형인 〈그림 3-1〉의 아
랫부분에서 보듯이 두개의 종속변인 중 하나인 보도 행태와 관련하여,
보다 구체적으로는 기자실 개방과 브리핑제 시행이 보도의 빈도, 기사
에 사용된 취재원의 수, 기사의 유형, 보도의 태도 등에 미치는 영향
을 계량적으로 분석하는 것이다.

노무현 정부는 출범 직후 청와대를 중심으로 모든 언론사에 차별
없이 출입처의 기자실을 개방하고 브리핑제를 시행했다. 이후 정부 부
처의 출입기자 수는 제도 시행 이전과 비교해 기하급수적으로 늘어나
는 등 큰 변화를 맞았다. 노무현 정부는 그동안 기자실을 개방하는 목
적을 여러 경로를 통해 밝혀 왔다. 인터넷 매체의 급성장 등 언론 환
경의 변화에 맞추어 특정 언론사의 정보 독점을 폐지하고 정보를 적
극적으로 공개해 모든 언론에 공평한 정보 접근권을 보장하겠다는 것
이 그중 하나였다. 이를테면 정보 평등의 제도화인 셈이다.

새로운 제도의 시행은 그 제도를 시행하기 이전과 이후에 분야별로
차이가 있을 것으로 예상할 수 있다. 기자실 개방과 브리핑제 시행은
출입처를 둘러싼 취재 환경의 새로운 변화라고 할 수 있다.

정부 부처의 기자실 개방과 브리핑제 시행 이후 이들 출입처와 관
련된 언론의 보도 행태는 기자실을 개방한 노무현 정부가 집권 3년째
를 맞은 2005년과 기자실 개방이 이루어지지 않은 김대중 정부 3년째
인 2000년을 비교하면 차이가 있을 것으로 예상할 수 있다. 앞에서 살
펴본 기존연구들을 근거로 다음과 같은 연구문제를 설정하였다.

〈연구문제 2〉 기자실 개방과 브리핑제 시행 전후시기에 따라 보도 행태에 차이가 있는가?

〈연구문제 2〉는 정부와 언론사의 관계, 출입처의 특성이라는 두 가지 요인에 따라 다시 〈연구문제 2-1〉〈연구문제 2-2〉로 나뉘게 된다.

정부 부처와 관련된 언론의 보도 행태는 정부와 언론의 관계가 한 요인으로 작용할 수 있다. 정부와 언론의 관계는 대통령 중심제 국가에서 집권한 대통령이 어떤 언론정책을 펴느냐에 따라 절대적인 영향을 미친다고 할 수 있을 것이다. 진보 성향의 노무현 대통령은 취임 이후 몇 차례에 걸쳐 이른바 시장점유율이 높은 보수언론으로부터 입은 개인적 피해를 솔직히 밝히면서 이들 언론사에 대한 이미지가 부정적임을 드러냈다. 개별 언론사와 대통령의 이 같은 친소 관계는 취재와 보도 등에 직·간접으로 영향을 미치게 된다. 예를 들면 대통령과 관계가 원만한 언론사 기자들은 상대적으로 관계가 불편한 언론사 기자들보다 청와대나 정부 부처의 취재원들과 상호작용이 더 활발할 수 있다. 정부와 언론사의 관계에 따라 보도 행태에 차이가 발생한다는 주장은 앞에서 소개한 실증적 연구결과들에 의해 지지될 수 있을 것이다.

따라서 정부와 언론사의 관계는 정부 부처와 관련된 기사 보도에 영향을 미치는 매개변인으로 작용할 것으로 보인다.

앞에서 논의된 선행연구를 근거로 다음과 같은 〈연구문제 2〉의 하부 연구문제를 설정하였다.

〈연구문제 2-1〉 기자실 개방과 브리핑제 시행이 보도 행태에 미친 영향은 정부와 언론사의 관계에 따라 차이가 있는가?

〈연구문제 2-1-1〉 기자실 개방과 브리핑제 시행이 보도의 빈도에 미친 영향은 정부와 언론사의 관계에 따라 차이가 있는가?

〈연구문제 2-1-2〉 기자실 개방과 브리핑제 시행이 취재원의 수에 미친 영향은 정부와 언론사의 관계에 따라 차이가 있는가?

〈연구문제 2-1-3〉 기자실 개방과 브리핑제 시행이 기사의 유형에 미친 영향은 정부와 언론사의 관계에 따라 차이가 있는가?

〈연구문제 2-1-4〉 기자실 개방과 브리핑제 시행이 보도의 태도에 미친 영향은 정부와 언론사의 관계에 따라 차이가 있는가?

여기서 고찰하려는 네 가지 종속변인 중 보도의 빈도와 취재원의 수, 기사의 유형 중 분석·해설과 기획·특집, 인터뷰, 화제, 칼럼 등 다른 신문과 차별화되는 기사의 수 등은 국민의 알 권리와 상관성을 지닌 변인들이다. 즉 본 연구가 독립변인으로 설정한 노무현 정부의 기자실 개방과 브리핑제 시행이라는 새로운 제도가 해당 출입처의 관련 기사를 더 많이 더 자세하게 알 수 있도록 하는 데 기여하고 있는지 측정할 수 있는 도구들이다. 해당 국가기관과 관련된 보도의 빈도가 높아지면 그만큼 관련 정보의 양이 늘어날 것이며, 취재원의 수도 많을수록 더 깊은 정보가 될 것이다. 보도자료 등을 토대로 여러 신문이 공통적으로 싣는 스트레이트 유형보다는 특정 신문만이 기획·취재해 게재하는 차별성 기사인 분석·해설, 기획·특집, 인터뷰, 화제, 칼럼 등을 통해 독자는 다양한 기사를 접하면서 뉴스의 이면을 이해하게 될 것이다. 이러한 변인들은 성기철(2004)과 남효윤(2005) 등의 연구를 참고해 구성했다.

〈연구문제 2-1〉에 이어 이번엔 선행연구를 근거로 〈연구문제 2-2〉를 설정하고자 한다.

언론이 뉴스를 만들면서 출입처별로 보도에 어떠한 차이를 보이는지에 대한 연구는 많이 있어 왔다. 대부분의 연구는 출입처가 국가기관을 중심으로 운영되는 점을 지적하고 있다. 그러나 국가기관을 다시 정부 부처별로 세분해 보도 행태가 어떻게 나타나고 있는지에 대한 연구는 많지 않은 편이다.

기존연구에서 자주 나타나는 국가기관 취재원은 사실상 출입처의 확대 개념이라고 할 수 있다. 청와대와 재정경제부·경북도청도 대표적인 국가기관이다. 지금까지의 연구 결과를 종합하면 정치부 기자의 출입처인 청와대, 경제부 기자의 출입처인 재정경제부, 사회부 기자의 출입처인 지방자치단체 등 출입처에 따라 뉴스 취급의 중요도에 있어서 차이가 있을 것으로 예상된다.

앞에서 살펴본 선행연구를 근거로 출입처의 특성이 보도 행태에 차이를 초래할 수 있는 매개변인으로 보고 다음과 같은 〈연구문제 2〉의 하부 연구문제를 설정하였다.

〈연구문제 2-2〉 기자실 개방과 브리핑제 시행이 보도 행태에 미친 영향은 출입처에 따라 차이가 있는가?

〈연구문제 2-2-1〉 기자실 개방과 브리핑제 시행이 보도의 빈도에 미친 영향은 출입처에 따라 차이가 있는가?

〈연구문제 2-2-2〉 기자실 개방과 브리핑제 시행이 취재원의 수에 미친 영향은 출입처에 따라 차이가 있는가?

〈연구문제 2-2-3〉 기자실 개방과 브리핑제 시행이 기사의 유형에
미친 영향은 출입처에 따라 차이가 있는가?
〈연구문제 2-2-4〉 기자실 개방과 브리핑제 시행이 보도의 태도에
미친 영향은 출입처에 따라 차이가 있는가?

2. 주요 개념의 정의

본 연구의 연구문제에서 제기된 주요 개념들을 개념화 혹은 조작적
으로 정의 내리면 다음과 같다.

1) 정부와 언론의 관계

관계라는 말은 상대적인 것이다. 정부와 언론사의 관계에 있어서도
마찬가지다. 관계가 원만하다, 불편하다는 것은 동일한 부류에서 상대
적으로 비교 가능할 때 사용할 수 있다.

고영신(2005, pp.48-58)은 정권별 권·언 관계를 규정하면서 진
보, 좌파 성향의 노무현 정권은 출범 초부터 조·중·동 등 보수언
론과 적대 관계를 감수하고, 대통령 당선자 시절에는 맨 먼저 한겨레
신문사를 방문하는 등 신문에 대한 선호를 짐작케 한다고 규정하였다.

노무현 정부와 불편한 관계에 놓인 보수언론은 발행 부수 등에서
'빅3' 또는 '메이저'라는 말을 들을 만큼 규모가 큰 공통점을 갖고 있
기도 하다. 국내 언론의 경우 보수는 언론사의 규모와도 맥을 같이한
다고 할 수 있다. 정상윤(1995, p.74)은 신문의 규모를 자본금 규모,
종사자 수, 연간 광고 게재량, 주 발행 지면 수, 지방 보급망을 기준으

로 상대적으로 구분하기도 했다.

여기서는 고영신 등의 개념 정의를 따라 조·중·동을 노무현 정부와 '불편한 관계'로 한겨레를 '우호적 관계', 노무현 정부가 육성과 지원책을 펴고 있는 지방 신문을 '중립적 관계'로 분류하였다.

2) 출입처

언론인이 상주하거나 또는 정기적으로 방문해 일상적으로 접촉하면서 정보를 규칙적으로 얻는 곳이 출입처이다. 보도자료를 정례적으로 제공하거나 브리핑을 실시하는 정부나 정당·대기업 등이 출입처에 해당된다. 출입처는 기자실과 더불어 취재 시스템의 핵심을 이룬다. 여기서는 연구 목적에 따라 출입처의 범위를 국가기관인 정부 부처와 지방자치단체로 한정한다.

이원락(1991)은 국내 일간지 6개의 정치·경제·사회면 기사를 분석한 결과 행정부·사법부·입법부·정당 등을 포함한 국가기관을 취재원으로 하는 기사가 80.0%로 나타났다. 정치 기사가 97.8%로 가장 두드러졌고, 경제와 사회 기사는 76.5%, 75.5%로 비슷했다고 밝혔다. 본 논문은 이원락의 분류를 참고해 정치와 경제·사회 분야를 대표할 국가기관을 감안해 출입처를 선정했다. 출입처로 청와대를 선정한 것은 청와대에서 발생하는 정보가 주로 정치 기사로 연결되기 쉬운 데다 대통령의 언론정책을 기획하고 확산시키는 역할을 하는 국가 최고기관이기 때문이다.

재정경제부와 경북도청은 각각 경제 분야와 사회 분야 출입처로서 대표성을 부여하였다. 경북도청은 또한 정부 부처와 달리 지방자치단체이자 지방에 위치한 기관이란 상징성도 염두에 두었다.

3) 보도 행태

보도 행태는 성기철(2004), 남효윤(2005) 등의 연구에서 사용된 보도의 빈도, 취재원의 수, 기사의 유형, 보도의 태도 등으로 측정하고자 한다.

(1) 보도의 빈도

보도의 빈도란 해당 출입처의 출입기자가 자신의 이름으로 신문에 실제로 게재한 기사의 건수를 의미한다. 기사의 단수 또는 몇 면에 게재되었는지에 상관없이 단순히 게재되었느냐, 그렇지 않느냐에 따라 측정한다. 즉 해당 신문의 전체 지면에 게재된 청와대와 재정경제부, 경북도청에서 발생했거나 관련된 기사의 건수를 조사한다.

조사에서 해당 출입처와 다른 출입처의 관련 내용이 혼합된 기사일 경우 해당 출입처 부분만 조사한다. 예를 들어 청와대와 한나라당의 내용이 혼합되어 1개의 기사를 이룬 경우 한나라당 부분은 제외하고 청와대 기사로 분류해 조사한다.

(2) 취재원의 수

기사에 사용된 취재원의 수는 특정 기사에 노출돼 있는 취재원이 실제로 몇 명인지를 밝히는 것이다.

정부 부처 출입기자가 브리핑제 시행 이후 취재원 사용에서 어떤 변화를 보이는지 관찰하기 위해 기사를 통해 취재원의 수를 분석한다. 브리핑제 시행으로 정보 제공 등이 활성화되었다면 취재원의 수가 늘어났을 가능성이 있는 반면, 사무실의 방문취재 제한으로 인해 취재원의 수가 줄어들었을 가능성도 있기 때문에 취재원 수의 증감을 확인하는 것은 의미 있는 일이라 판단하였다.

(3) 기사의 유형

기사의 유형이란 기사의 종류나 형식을 말하며, 이들 유형의 기사가 각각 몇 건이나 되는지를 파악하게 된다. 본 연구는 기사의 유형을 2단계로 유목화한다. 1단계는 기사의 유형별로 단순하게 분류한다.

이상갑(2001, p.67)은 기사의 유형을 스트레이트와 사설, 칼럼·논단, 기획·연재, 스케치, 해설·분석, 인터뷰·대담, 기타로 분류했다. 또 조철래(2005, p.77)는 스트레이트와 사설, 칼럼·논단, 기획특집기사, 스케치, 해설·분석으로 분류하고 있다. 본 연구는 이들의 분류를 참고해 큰 갈래는 이 범주에 맞추되 연구목적에 맞게 사설은 배제시켰다. 사설은 속성상 출입기자의 이름으로 작성되지 않기 때문이다. 또 인터뷰는 독자적인 인터뷰와 공통의 기자회견이나 대담으로 다시 세분하고 화제 기사도 별도로 분류하였다.

본 연구에서 기사의 유형은 스트레이트와 분석·해설, 기획·특집, 인터뷰, 기자회견·공동대담, 화제, 스케치, 칼럼, 기타 등으로 구분한다.

기사의 유형 중 스트레이트는 기자의 의견이나 평가가 들어가지 않고 단순하게 사실이나 발표 등을 전달하는 기사를 말한다. 분석·해설은 특정 사안에 대해 기자나 신문사의 의견이나 평가가 들어가는 기사로 정의한다. 기획·특집은 기사에 특정 제목을 붙여 다각도로 사안을 들여다보거나 번호를 붙여 시리즈로 게재하는 기사를 말한다. 또 인터뷰는 기자 개인이나 특정 신문사가 단독으로 진행한 대담이며, 기자회견·공동대담은 대통령의 기자회견 등 출입기자들이 집단 또

126

는 복수로 질문하고 답변하는 내용을 주로 게재한 기사를 뜻한다.

또 화제는 출입처의 본질적인 사안을 벗어나 이면이나 사람에 얽힌 이야기 등 소프트한 내용을 담은 기사이며, 스케치는 대통령의 정상회담 등에서 주요 행사의 이모저모를 소개하는 기사이다. 이 밖에 칼럼은 특정 제목 아래 기자의 의견이 중심을 이루는 글이며, 이 8가지 유형에 들어가지 않는 기사의 경우 기타로 분류한다.

2단계는 여기서 분석을 한 차례 더 진행해 기사의 유형을 그 신문에만 실리기 쉬운 '차별성 기사'와 여러 신문에 공통적으로 게재되기 쉬운 '비차별성 기사' 두 종류로 재분류하게 된다. '차별성 기사'는 기사의 유형 중 분석·해설과 기획·특집, 인터뷰, 화제, 칼럼 등 다섯 가지를 한데 묶은 것이며, '비차별성 기사'는 스트레이트와 기자회견·공동대담, 스케치 등 세 가지 유형을 모아 유목화한 것이다.

'차별성 기사'는 다소 주관적일 수 있는 단독기사를 대체하는 분류다. 즉 '차별성 기사'는 보도자료에 소개된 단순 사실 전달 수준을 벗어나 보도자료를 가공해 의견을 가미하거나 그 신문만의 독자적 목소리를 담은 기획 기사 등을 포함하는 기사로, 특종을 염두에 둔 단독기사보다 범위가 넓은 편이다. '차별성 기사'가 많으면 많을수록 보도가 다양화되고 활성화되었다고 볼 수 있을 것이다.

(4) 보도의 태도

보도의 태도란 부정적인 기사와 긍정적인 기사의 수가 각각 얼마나 되는지를 파악하는 것이다. 부정적인 기사는 기사에 등장하는 어휘가 비판적이거나 부정적인 의미를 담고 있는 형용사·부사를 사용한 기사의 수를 의미한다. 또 기사 속 어휘에 직접 등장하지 않더라도 전체적으로 부정적인 내용을 소개하거나 제목에 비판적이거나 부정적인 의미를 담은 기사도 포함시킨다.

긍정적인 기사는 기사에 등장하는 어휘가 우호적이거나 긍정적인 의미를 담고 있는 형용사·부사를 사용한 기사를 의미한다. 또 기사 속 어휘에 직접 등장하지 않더라도 전체적으로 긍정적인 내용을 소개하거나 제목에 우호적이거나 긍정적인 의미를 담은 기사도 포함된다. 언론의 보도 성향은 대체로 부정적, 중립적, 긍정적 등 3개 유형으로 구분하는 것이 일반적이다.

3. 연구방법

1) 심층 인터뷰

본 연구에서는 기자실 개방과 브리핑제 시행을 전후한 기자실의 관행 변화와 출입처별 보도 행태를 실증적으로 비교 분석하기 위해 질적 연구방법인 심층 인터뷰와 3개 신문을 대상으로 양적 연구방법인 내용분석을 병행하였다. 〈연구문제 1〉인 "기자실 개방과 브리핑제 시행에 따라 기자실의 관행은 어떻게 바뀌었나?"를 밝히기 위해 심층 인터뷰를 실시하였고, 〈연구문제 2〉인 "기자실 개방과 브리핑제 시행 전후시기에 따라 보도 행태에 차이가 있는가?"를 규명하기 위하여 내용분석을 실시하였다. 심층 인터뷰는 기자실 개방 이후 기자실이 어떻게 바뀌고 있는지 현장연구를 통해 실증적으로 규명하기 위하여 내용분석 대상 언론사에 소속된 출입기자를 중심으로 이루어졌다.

인터뷰는 가장 많이 사용되는 기본적인 연구방법의 하나이다. 연구자들은 인터뷰를 통해 관찰만으로는 얻기 어려운 정보를 얻을 수 있다. 인터뷰는 어떤 주제에 대한 정보를 얻으려는 연구자와 그 주제와 관련된 정보를 가지고 있다고 인정되는 취재원 사이의 대화다. 인터뷰의 장점 중 하나는 인터뷰를 녹음할 수 있고, 그럼으로써 상세하게 분석할 수 있는 근거 자료를 갖게 된다는 점이다(류춘렬, 김대호, 김은미, 2001, pp.175-197).

또한 인터뷰의 가장 큰 장점 중 하나는 연구자가 하나의 주제에 관해 다양한 시각을 얻을 수 있다는 것이다. 연구자는 한 사람의 면접자를 통해 얻는 새로운 정보나 의문점을 토대로 다음 면접자에게 제시할 질문의 내용과 방향을 융통성 있게 조절해 나갈 수 있게 된다. 이처럼 인터뷰 진행과정에서 연구자가 발휘하는 재량권은 연구 대상에 대한 보다 포괄적이고 균형 잡힌 정보 수집을 가능하게 한다.

Oakley(1981)는 질적 인터뷰는 인터뷰 대상자를 공동 연구자로 간주하면서 연구자와 동등하고 비위계적인 관계(equitable and non-hierarchical relationship)를 중시해야 한다고 주장한다. 그는 이러한 관계 형성이 습득되는 정보의 질을 높이는 중요한 요인이 되며, 인터뷰의 성공 여부를 결정짓는다고 지적하고 있다. 그러나 인터뷰는 수집된 정보의 신뢰도라는 측면에서 제한점을 가질 수 있다. 왜냐하면 정보의 사실 유무를 연구자가 현장에서 직접 확인해 볼 수 있는 참여관찰과 달리, 면접자의 사후 기술(after-the-fact description)에 의존해야 하기 때문이다. 그래서 주어진 정보의 정확성과 진위 여부를 주의 깊게 판별해야 하는 것이 중요하다(양정혜, 2004, p.143).

따라서 본 연구에서는 응답자들에게 자신의 진술을 뒷받침할 수 있는 구체적인 사례나 일화 등을 제시하도록 요청함으로써 수집된 정보의 신뢰도를 높이려 하였다. 또한 인터뷰 응답자의 진술 가운데 일치하지 않는 부분에 대해서는 다른 응답자로부터 수집한 정보를 익명으로 제시하면서 그에 대한 응답자의 동의 여부와 견해를 구하였다. 그러나 전반적으로 응답자의 진술 사이에 심각한 불일치는 나타나지 않았고 출입처별로 비슷한 응답을 얻을 수 있었다.

인터뷰 시기는 2006년 10월부터 11월까지 약 1개월 동안이며, 언론사별로 본 논문의 연구 대상 분야인 청와대와 재정경제부·경북도청을 출입하는 3개 언론사의 출입기자와 인터넷 언론을 포함한 군소 언론매체 기자 등 16명과 출입처의 공보실 직원 1명씩 등 총 19명을 선정하여 연구자가 응답자를 방문하거나 e메일과 전화로 개별 인터뷰를 실시하였다. 인터뷰 대상자는 본 논문의 내용분석 기간인 2005년 9월 1일부터 11월 30일까지 3개 언론사에 소속되어 있으면서 해당 기관을 출입한 기자가 우선 선정되었다. 또 공보실 직원을 인터뷰 대상에 포함시킨 것은 기자실의 관행을 출입처의 측면에서 지켜볼 수 있고, 언론사와 출입처 사이를 객관적으로 관찰함으로써 보다 정교한 분석을 하기 위해 이루어졌다.

심층 인터뷰에 사용된 질문은 언론사 간 서열에 따른 차별의 존재 유무와 브리핑제 시행 이후 기자단·간사 제도의 유무, 국익이 걸린 엠바고의 처리 방식, 공식 브리핑 이외의 추가 취재 방식, 출입기자들과의 관계, 출입처의 외유성 취재나 향응, 촌지 수수 여부 등에 대한 것이었다. 이에 대한 구체적인 질문 요지는 〈부록 2〉에 실린 것과 같다.

2) 내용분석

본 연구에서는 질적 연구방법인 심층 인터뷰와 양적 연구방법인 내용분석을 병행하였다. 본 연구에 사용된 내용분석은 메시지 내용을 분석하는 체계적인 방법이다. 연구자는 내용분석 방법을 통해 일정한 시대나 장소에서 생산된 커뮤니케이션 내용을 분석한다. 내용분석은 '변인 측정을 목적으로 커뮤니케이션을 체계적이고 객관적이며, 수량적인 방식으로 연구 분석하는 방법'(Kerlinger, 1986, p.477)이라고 정의할 수 있다.

또한 내용분석은 확인되지 않은 이미지의 연구영역에 대한 예비 정보를 얻게 하는 유용한 근거자료를 제공해 줄 뿐만 아니라 현장연구에서 발생할 수 있는 문제점을 줄여 주는 유용한 연구방법인 것으로 확인되고 있다(Kassarjian, 1977).

따라서 내용분석은 3개 신문이 출입처의 바뀐 취재 환경에서 어느 정도로 활발하게 보도 활동을 하고 있는지를 양적으로 측정하는 분석 방법으로, 분석 결과를 객관적으로 제시하고, 많은 양의 기사를 동시에 고려할 수 있다는 장점을 갖고 있다. 본 연구는 내용분석 결과 보도 행태에 있어서 언론사나 출입처별로 차이가 발생하는 실태를 밝히게 된다.

(1) 분석 대상

〈연구문제 2-1〉 "기자실 개방과 브리핑제 시행이 보도 행태에 미친 영향은 정부와 언론사의 관계에 따라 차이가 있는가?"를 알아보기 위해 분석 대상으로 서울에서 발행되고 있는 조선일보와 한겨레, 대구에서 발행되는 영남일보를 선정하였다. 이들 3개 신문사는 아래 〈표 3-1〉에서 볼 수 있듯이 본 연구의 매개변수인 정부와 언론사의 관계 등에 있어 분명한 차이를 보여주고 있다.

〈표 3-1〉 분석 대상 신문사의 일반 현황

	조선일보	한겨레	영남일보
창간일	1920. 3. 5	1988. 5. 15	1945. 10. 11
발행형태	조간	조간	석간
주 발행면수	314(336)	212(232)	184(184)
종사자 수(명)	629(771)	499(670)	210(328)
매출액(2004년)	3985(3912)억 원	805(838)억 원	186억 원
소유구조	주식회사	소액주주(65%)	주식회사

※( )는 2000년 자료, 단 매출액은 1999년 기준
● 출처: 한국신문방송연감 2005/2006 참조(2005년 기준)
　　　　한국신문방송연감 2000/2001 참조(2000년 기준)

조선일보는 '조·중·동'이란 말로 표현되듯 발행 부수와 영향력 등에서 국내 유력 신문이자 보수 측을 대표하는 신문으로 분류된다. 이에 비해 한겨레는 '조·중·동'의 상대어로 흔히 쓰이는 '한·경·대(한겨레·경향신문·대한매일[34])'의 가장 앞자리에 놓일 만큼 진보 측을 대표하는 신문이자, 노무현 대통령이 대통령에 당선된 뒤 가장 먼저 방문해 친밀감을 보인 신문사이기도 하다.

영남일보는 현재 대구에서 매일신문에 이어 두 번째로 독자가 많은 지방 신문으로 1980년 언론통폐합 조치 때 폐간됐다가 1988년 복간된 뒤 청와대 등을 출입하는 서울지역 주재기자를 둔 곳이다. 영남일보는 특히 청와대를 매일신문보다 늦은 시기에 출입을 시작하는 등 한동안 출입처 차별을 경험한 지방 신문이어서 분석 대상으로 선택했다. 차별을 경험한 신문사는 차별을 없애려는 노무현 정부의 새로운 언론정책

---

34) 대한매일은 현재 제호가 '서울신문'으로 바뀌었으며, 이 말이 만들어질 당시는 대한매일이었다.

132

을 어떻게 받아들이고 있을지 궁금하기 때문이다. 이들 3개 신문사는 본 연구의 매개변수인 정부와 언론사의 관계 등에 있어 분명한 차이를 보여주고 있다.

분석 대상 기사는 3개 신문사가 자체적으로 운영하는 자사 인터넷 홈페이지를 검색해 입수했다. 한국언론재단이 운영하는 기사검색 프로그램 'KINDS'가 있지만 자사 인터넷에 등록된 실제 기사와 큰 차이를 보여 각사의 인터넷 홈페이지를 기준으로 자료를 입수했다. 이를 토대로 전체 지면에 게재된 청와대와 재정경제부, 경북도청을 출입하는 기자가 작성한 출입처 관련 기사의 건수를 조사했다. 기사 검색은 각 신문사 출입기자의 이름을 입력하는 방식을 선택했다. 출입기자는 3개 출입처가 관리 중인 공식적으로 기록된 명단을 통해 확인하였으며, 분석 대상 기간 3개 신문의 청와대와 재정경제부 · 경북도청의 출입기자는 〈표 3-2〉와 같다. 검색 결과 분석대상 기사는 모두 1075건이었다.

〈표 3-2〉 신문별 등록 출입기자 명단

신 문	출입처	2000년 9~11월	2005년 9~11월
조선일보	청와대	김민배	신정록
	재정경세부	박종세 · 이준	김재호 · 박종세 · 이진석 염강수 · 나지홍 · 송동훈
	경북도청	전수용 · 박원수	최재훈
한겨레	청와대	성한용 · 박찬수	김의겸
	재정경제부	여현호 · 안재승	정석구 · 권태호 · 박현
	경북도청	구대선	박영률
영남일보	청와대	송국건	송국건
	경북도청	서재환	조정래

● 자료: 각 출입처 제공

(2) 분석 시기

기자실 개방과 브리핑제 시행이라는 출입처의 환경 변화가 취재 및 보도 행태에 어떤 변화를 가져왔는지 일목요연하게 비교 분석하기 위해 제도 시행 전후의 두 시기를 설정하였다. 즉 2000년 9월 1일부터 11월 30일까지와 2005년 9월 1일부터 11월 30일까지 3개월간이다.

2005년 9~11월 석 달간은 기자실 개방과 브리핑제를 시행한 시기로 설정했다. 이 시기는 기자실 개방이 3년째를 맞아 새로운 제도가 어느 정도 정착된 단계라고 할 수 있다. 따라서 새로운 제도의 효과도 측정이 가능할 것으로 기대되는 시점이다. 기자실 개방과 브리핑제를 시행하지 않은 시기로는 5년 전인 2000년 9~11월 석 달간을 잡았다. 이 시기는 노무현 정부와 마찬가지로 김대중 정부가 똑같이 임기 3년째를 맞은 때이다.

김대중 정부의 경우 1998년 2월 25일부터 4월 30일까지 형식상 브리핑제를 시행했었다. 그러나 같은 해 5월 1일부터 비서실 방문취재 금지 조치가 해제되면서 그 이전의 기자단 취재방식으로 되돌아갔다. 또 노무현 정부의 경우 대통령이 취임한 2003년 2월 25일부터 사실상 브리핑제가 시행되었으나 공식적으로는 6월 1일부터 시행되었으며, 3개월여는 준비단계로 간주된다. 따라서 분석 대상으로 설정한 두 시기는 형식적으로나 실질적으로 기자실 개방과 브리핑제를 시행하기 이전과 시행한 이후를 분명하게 비교할 수 있는 조건을 충족시키고 있다.

(3) 분석 단위

분석 단위는 출입처와 관련된 신문 기사의 건수로 했다. 여기서 신문의 기사 1건은 기사 안에 제목을 포함하고 있으면서 1명 또는 그 이상의 기자에 의해 기술된 것으로 여러 명의 기자가 썼더라도 하나의 제목 아래 포함되어 있으면, 1건의 기사로 분류하였다. 사진이나 만화·만평은 내용분석에 포함시키지 않았다.

(4) 분석 유목

① 정부와 언론사의 관계

노무현 정부와 언론사의 관계를 '불편한 관계'와 '우호적 관계' '중립적 관계' 등 3가지 성격으로 나누어 신문별 보도 행태를 측정하였다.

② 출입처

신문 기사를 정치, 경제, 사회 등 3개 분야로 유목화시켜 그 분야를 대표하는 출입처인 국가기관을 선정한 뒤 분야별 보도 행태를 측정, 분석하였다. 이와 함께 중앙정부와 지방자치단체 등 기관의 운영 주체에 따라 2개 분야로 구분 지었다.

③ 정책의 시행 시기

노무현 정부의 언론정책인 기자실 개방과 브리핑제 시행을 '시행 이전'과 '시행 이후'로 분류해 빈도를 측정하였다.

④ 취재원

기사에 등장하는 취재원은 이름을 밝힌 '실명(實名)'과 이름을 밝히지 않고 '관계자' 등으로 처리한 '익명(匿名)', 그리고 실명과 익명을 섞어서 쓴 '혼합' 등 3가지로 구분해 빈도를 측정하였다.

⑤ 기사 유형

기사의 유형은 스트레이트와 분석·해설, 기획·특집, 인터뷰, 기자회견·공동대담, 화제, 스케치, 칼럼, 기타로 분류했다. 이 중 분석·해설과 기획·특집, 인터뷰, 화제, 칼럼 등 다섯 가지는 다시 '차별성 기사'로, 스트레이트와 기자회견·공동대담, 스케치 등 세 가지는 '비차별성 기사'로 재분류하였다.

(5) 분석 절차

정부와 언론의 관계에 따른 보도 행태를 파악하는 데 있어 정부와 언론사의 관계는 노무현 대통령의 집권 이후 관련 발언이나 조치, 또는 인식 등을 토대로 조선일보는 '불편한 관계', 한겨레는 '우호적 관계'로, 그리고 지방 신문인 영남일보는 '중립적 관계' 등으로 구분하였다.

① 코더선정 및 훈련

다양한 언론 보도를 정확하게 구분하기 위해서는 코더들의 보도와 관련된 사전 지식이 요구된다. 따라서 신문방송학 등 사회과학 전공자 3명을 코더로 선정하였다. 코더로 선정된 조사자들은 모두 내용분석 연구방법에 대해 사전 지식이 있을 뿐만 아니라 이전에 내용분석 연구에 참여한 경험이 있어 본 연구의 코더로서 무리가 없다는 판단에 따라 선정되었다.

선정된 코더들에 대해서는 코딩과 관련된 일반사항과 〈부록 3〉과 같은 코딩용지, 〈부록 4〉와 같은 코딩지침서의 교육, 세부 관련 사항 등에 대한 훈련을 반복적으로 실시하였다. 특히 코딩해야 할 유목에 대한 정의와 개념화에 친숙해지도록 장기간에 걸쳐 충분하고 철저한 훈련을 실시하였다.

136

② 신뢰도

㉮ 예비조사

분석유목과 변인들의 정의에 대한 교육을 실시한 뒤 코딩용지를 지급해 예비조사를 실시하였다. 준비된 분석 유목이 객관성을 유지하기 위해서는 코더들 사이의 높은 수준의 동의와 일치가 필수적이다. 코더들 사이에 높은 비율의 동의가 이루어지려면, 유목의 정의가 명확하고 객관적이며 상호 배타적이어야 한다. 조사 결과, 보도의 빈도와 보도의 태도를 코딩하는 작업에 있어서는 특별한 문제점이 나타나지 않았으나, 취재원의 수와 기사의 유형을 스트레이트, 분석·해설 등으로 명확하게 구분하는 데 한계가 있다는 사실을 발견했다. 따라서 이를 극복하기 위해 코더들에게 변인들의 정의에 대한 반복적인 훈련을 실시하였다.

㉯ 코더 간 신뢰도

예비조사 뒤 기사에 인용된 취재원의 수와 기사의 유형 등에 대한 본격적인 코딩작업을 시작하기 전에 코더 간 신뢰도를 측정하였다. 3명의 코더들에게 2005년 9월과 10월의 3개 신문에 게재된 청와대 등 출입기자들이 작성한 유효한 50건의 기사를 제공한 뒤 3명 상호 간에 어느 정도 일치하는가를 알아본 결과 〈표 3-3〉과 같이 4개 코딩유목의 신뢰계수를 평균한 값인 87%의 코더 간 신뢰도[35]를 얻었다. 이는 Kassarjian(1977)이 제시한 내용분석 연구의 최저 신뢰도인 85%를 만족시키는 수준이다. 그리고 코더 간 일치하지 않는 항목에 대하여 다

---

35) 신뢰계수(Coefficient of Reliability)=3M/N1+N2+N3
　　 M＝분석자 3명이 일치한 코딩 수
　　 N1＝분석자 1이 코딩한 수
　　 N2＝분석자 2가 코딩한 수
　　 N3＝분석자 3이 코딩한 수

시 세부 분석유목을 재코딩한 결과 모두 일치되었다. 본 조사의 코딩도 사전조사에 참여한 3명의 코더가 담당하게 하여 유목 분석의 일관성을 유지하여 신뢰도를 높이고자 하였다.

한편 Holsti 신뢰계수법(차배근, 1994)을 사용한 유목별 코더 간 신뢰계수는 아래 〈표 3-3〉과 같다. 여기서 코딩유목 중 취재원의 수가 0.80으로 신뢰계수가 가장 낮게 나온 것은 취재원이 불분명한 기사가 많은 데다 기사 중에 등장하는 사람과 취재원을 혼동하는 경우 등이 자주 있었기 때문이다.

〈표 3-3〉 코딩 유목별 신뢰도 계수

코 딩 유 목	신뢰계수	M	Nn
취재원의 수	0.80	40	50
취재원의 익명성 여부	0.98	49	50
기사의 유형	0.84	42	50
보도의 태도	0.86	43	50

(6) 자료 분석

본 연구에서는 내용분석을 통해 〈연구문제 2-1〉 기자실 개방과 브리핑제 시행이 보도 행태에 미친 영향은 정부와 언론사의 관계에 따라 어떠한 차이가 발생하는지를 살펴보고자 하였다. 또한 〈연구문제 2-2〉 기자실 개방과 브리핑제 시행이 보도 행태에 미친 영향은 출입처에 따라 어떠한 차이가 있는지를 살펴보고자 하였다.

이를 위하여 다음과 같은 검증방법을 사용하였다. 구체적으로 살펴보면 〈연구문제 2-1〉 "기자실 개방과 브리핑제 시행이 보도 행태에 미친 영향은 정부와 언론사의 관계에 따라 차이가 있는가?"를 검증하기 위하여 정부와 언론사의 관계에 따른 보도 행태의 차이를 분석하였다. 세부적으로는 보도의 빈도, 기사의 유형, 보도의 태도 등에 대하여 언론사에 따른 카이제곱(χ^2) 검증을 실시하였으며, 기사 1건당 평균 취재원의 수는 두 집단 간의 평균차이를 분석하기 위하여 사용하는 통계 기법인 t검증(t-Test)을 이용하였다.

또한 〈연구문제 2-2〉인 "기자실 개방과 브리핑제 시행이 보도 행태에 미친 영향은 출입처에 따라 차이가 있는가?"를 검증하기 위하여 출입처에 따른 보도 행태의 카이제곱 검증을 실시하고, 기사 1건당 평균 취재원의 수는 역시 t검증(t-Test)을 활용했다.

이상의 분석을 위하여 윈도우용 SPSS 프로그램(10.0)이 사용되었다.

Ⅳ # 연구결과

1. 〈연구문제 1〉에 대한 심층 인터뷰 결과

〈연구문제 1〉인 "기자실 개방과 브리핑제 시행에 따라 기자실의 관행은 어떻게 바뀌었나?"를 살펴보기 위하여 먼저 본 연구에서 내용분석을 실시한 신문사에 소속된 청와대와 재정경제부·경북도청 등 3곳을 출입하는 기자들을 중심으로 심층 인터뷰했다. 또 기자실의 관행이 개방 이전과 비교해 어떻게 변화했는지를 좀더 분명히 알 수 있도록 김대중 정부 시절 이들 기관을 출입한 기자들의 이야기도 들었다. 여기에다 기자실 개방 이후 새로 3개 기관을 출입하고 있는 군소 신문과 인터넷신문 기자, 그리고 이들 기관에서 기자들과 매일처럼 호흡을 같이하는 공보실 직원들도 일대일 심층 인터뷰 대상에 포함시켰다. 그 결과 심층 인터뷰에는 다음 〈표 4-1〉과 같이 모두 19명이 참여했다.

<표 4-1> 심층 인터뷰 대상자 프로필

(2006년 11월 현재)

1	A기자	남	중앙지	입사 17년차	정치부	차장	청와대
2	B기자	남	지방지	입사 18년차	정치부	부장	청와대
3	C기자	남	중앙지	입사 21년차	논설위원	부장	청와대 (김대중 정부)
4	D기자	남	지방지	입사 18년차	정치부	국장	청와대
5	E기자	남	인터넷신문	입사 10년차	정치부	차장	청와대
6	F기자	남	중앙지	입사 7년차	경제부	기자	재정경제부
7	G기자	남	중앙지	입사 13년차	경제부	기자	재정경제부
8	H기자	남	지방지	입사 19년차	정치부	차장	재정경제부
9	I기자	남	중앙지	입사 17년차	경제부	차장	재정경제부 (김대중 정부)
10	J기자	남	인터넷신문	입사 11년차	경제부	차장	재정경제부
11	K기자	남	중앙지	입사 6년차	사회부	기자	경북도청
12	L기자	남	중앙지	입사 12년차	지역부문	기자	경북도청
13	M기자	남	지방지	입사 19년차	사회부	차장	경북도청
14	N기자	남	중앙지	입사 21년차	사회부	부장	경북도청 (김대중 정부)
15	O기자	남	지방지	입사 6년차			경북도청
16	P기자	남	지방지	입사 5년차	사회부	차장	경북도청
17	Q공무원	여		공직 4년차		2급	청와대
18	R공무원	남		공직 24년차		4급	재정경제부
19	S공무원	남		공직 33년차		5급	경북도청

심층 인터뷰의 질문 초점은 그동안 기자실이 폐쇄적이고 배타적이라며 지탄을 받아 온 언론사 간 차별, 출입기자와 취재원의 유착, 기사 담합, 촌지나 향응 문제 등의 관행과 기자실 개방과 브리핑제 시행으로 새로 대두되고 있는 출입처 사무실의 방문취재 제한, 엠바고 처리 관행 등이 현재는 어떤 모습을 하고 있는지에 주로 맞추어졌다.

1) 언론사 간 차별

노무현 정부는 2003년 출범 직후 청와대를 시작으로 정부 중앙 부처 기자실을 모든 언론사에 차별 없이 개방하고 브리핑제를 시행하였다. 이후 브리핑제가 정착돼 가면서 과거 군소 언론사에 출입을 제한해 온 배타적이고 폐쇄적인 기자실은 서서히 자취를 감춰 가고 있다는 게 최근 들려오는 일반적인 평가였다.

이런 평가처럼 〈연구문제 1-1〉 "기자실에서 언론사 간 차별은 어떻게 변화되었는가?"를 알아보기 위해 '기자실 개방 이후 기존 출입 언론사와 신규 출입 언론사 사이에 여전히 어떤 벽이나 차별이 있는지'를 청와대와 재정경제부 · 경북도청을 출입하는 기자들에게 물었다.

먼저 지금처럼 기자실이 개방되기 이전에는 청와대 기자실이 어떻게 운영되었는지를 들어보았다. 김대중 정부 때만 해도 청와대 기자실은 신규 언론사에 좀처럼 출입을 허용하지 않았다고 한다. 인터뷰에 응한 중앙지 C기자는 김대중 정부 당시 청와대 기자실이 신규 언론사에 상당히 폐쇄적이었음을 인정했다. C기자는 1998년부터 2000년까지 청와대 기자실을 출입하였다.

당시 청와대 기자실은 중앙기자실 · 지방기자실 · 사진기자실 등 3개 공간으로 이루어져 있었습니다. 중앙기자실의 경우 30명 정도가 출입했는데(방송과 연합은 1사 2인)… 신규 출입은 엄격히 제한되었습니다. 풀(pool) 취재를 하기 때문에 자질에 문제가 있으면 곤란하다는 것이 신규 출입 제한의 논리였어요. 기존 30명 중에서도 (지방지를 제외한) 종합일간지와 방송사 기자 중심으로 풀 기자단이 구성됐습니다. 출입하는 동안 실제로 몇몇 중소 경제지와 인터넷 언론사가 출입을 희망해 왔으나 거절당했습니다.

위의 진술처럼 청와대 기자단은 새로 출입하기를 희망하는 언론사를 놓고 가부를 결정하는 역할을 한 것으로 나타났다. C기자는 당시 청와대 기자실의 운영 방식을 아래와 같이 설명했다.

당시 기자실은 2명의 간사를 두고 운영됐습니다. 신문 한 사람 방송 한 사람씩이었어요. 기자실은 청와대 당국의 간섭 없이 자율적으로 운영되었습니다. 대통령 기자회견 질문자를 정하는 문제와 질문 내용은 기자단이 자율적으로 정했습니다. 오프 더 레코드나 엠바고 문제가 자주 쟁점이 되었는데 수시로 기자단 회의를 열어 결정했습니다. 지방기자실은 대체로 중앙기자실이 하는 대로 따랐지요.

노무현 정부 들어 청와대 기자실은 특정 언론사가 출입을 희망하면 과거처럼 허가 절차 없이 누구든 등록 요건을 갖추면 출입할 수 있도록 했다. 언론사의 신규 진입 장벽이 허물어진 것이다. 그로 인해 청와대 출입기자는 김대중 정부 당시 83명에서 현재는 등록된 기자가 내신 200여 명, 외신 100여 명으로 4배가량 늘어났다. 취재 여건도 "공식·비공식 브리핑, 간담회, 자료 릴리스 등에 차별이 없다(중앙지 A기자)"고 할 만큼 표면적으로는 차별이 사라진 것으로 나타났다.

그렇지만 청와대가 기존 출입 언론사의 영향력 등을 무시하고 모든 차별을 다 없앤 것은 아니었다. 청와대는 개방형 기자실을 운영하면서 기존 출입 언론사와 신규 출입 언론사를 사실상 차별하는 풀 취재방식(대표로 취재해 그 내용을 공동으로 동료 기자들에게 공급)을 운용하고 있다. 기존 출입 언론사로 풀 기자단을 구성해 풀 기자단에 소속된 기자들이 돌아가면서 대통령의 국내외 행사를 취재하는 방식이다. 현재 대통령 일정은 3명, 대통령 부인 일정은 2명이 취재해 기자실에 배포하는 형식이다. 청와대 Q공무원은 "신규 출입 언론사의 경우 일정 기간 경과 규정을 둔 뒤 기자실(중앙 · 지역 · TV · 사진) 간사들이 기존 풀 기자와 협의를 거쳐 풀 기자단의 일원으로 인정하는 방식"이라고 설명한다. 때문에 신규 출입 언론사는 풀 취재방식을 또 다른 차별로 받아들이는 분위기다.

기자단의 폐해를 줄이자고 시행된 개방형 기자실과 브리핑제 아래서도 여전히 '보이지 않는 기자단' 메커니즘이 작동하는 셈이다.

기존 출입 언론사는 모두 풀 기자단에 들어가 있지만 신규 출입 언론사는 심사를 통해 풀 기자단에 가입합니다. 간혹 수석비서관급 오찬 간담회가 있어도 풀 기자단 위주로 참석해요. 대통령 기자회견 때도 풀 기자단 간사 2명(송고1실 - 주로 전국지와 연합뉴스 · 방송 · 경제지, 송고2실 - 주로 지방지와 인터넷신문)이 협의해 질문 순서를 정하므로 신규 출입 언론사에 질문권이 돌아갈 기회가 전혀 없습니다(지방지 B기자).

신규 출입 언론사 기자가 풀 기자단이 되려면 6개월 이상 상시 출입해야 하는 기자단 내부의 규정이 있습니다. 그러나 청와대에 상시 출입할 수 있을 만큼 여력이 없는 일부 인터넷 언론과 지방 언론사는 풀 기자단에 들지 않고 e메일로 자료만 받아 기사를 씁니다. 그리고 기존에 출입하던 호남지역 언론사는 인력이 없어도 이미 풀 기자단에 가입한 상태여서 평상시 거의 출입하지 않지만 풀 취재 때는 청와대에 와서 취재해요. 풀 기자단에 들어가지 않으면 오찬이나 만찬 간담회 등에 초대받지 못하는 차별을 받게 됩니다. 물론 풀 기자단이 아닌 등록기자가 간다고 해서 참석하지 못하는 것은 아닙니다. 다만 초대받지 않은 등록기자들은 스스로 참석하지 않는 것이 관례처럼 돼 있어요(지방지 D기자).

신규 출입 언론사에 소속된 D기자는 청와대 기자실의 지정석도 기자실 개방 이후 차별적으로 운영되는 문제점을 제기했다. 지정석은 기자실에서 가장 쉽게 발견할 수 있는 차별 요소이기도 하다.

기존 출입 언론사와 신규 출입 언론사의 경우 크게 차별 나는 것은 먼저 부스(칸막이가 설치된 기사 작성용 책상)와 개인 사물함이 제공되는지의 여부에 있습니다. 취재 부스나 개인 사물함은 어느 기관이든 일정 공간을 기자실로 쓰는 만큼 무제한적으로 허용될 수 없다는 점 때문에 일정 부분 어쩔 수 없는 면도 분명 있습니다. 그러나 기자실을 개방한다면 출입기자 수에 맞게 공간을 확보하는 노력이 뒤따라야 할 게 아닙니까.

청와대 기자실처럼 재정경제부 기자실도 브리핑제 시행 이전에는 신규 진입을 희망하는 언론사에 폐쇄적인 편이었다. 김대중 정부 때만 해도 재정경제부 기자실은 과거와 같이 견고하지는 않지만 기자단의 형태도 유지되었다.

기자단은 중앙지와 일부 지방 언론사(부산일보 정도)로 구성됩니다. 2001년 인터넷 매체들의 기자단 가입 요구가 시작됩니다. 머니투데이·이데일리 등 경제 관련 인터넷 매체의 요구가 강했습니다. 당시 창간한 내일신문의 가입 요구도 있었습니다. 기자단은 인터넷 매체의 요구를 받아들이지 않았습니다. 언론 매체로 보기 어렵다는 게 이유였습니다. 내일신문 역시 가입하지 못했습니다. 오프라인 매체의 경우 창간 후 일정기간 성과를 봐서 가입을 허용하는 기자단의 내규 같은 것이 있었습니다. 정식 기자단 가입이 어려워지자 인터넷 매체와 내일신문이 별도의 사무실을 내줄 것을 요구해 자신들만의 공간을 확보하기도 했습니다(중앙지 I기자).

　　노무현 정부 들어 정부 과천청사에 경제부처 브리핑실을 새로 만든 재정경제부도 기자실의 신규 진입과 같은 외형적인 차별은 사라졌다. 그러나 지방지 H기자는 "출입금지 등 공식적인 차별은 없어졌으나 눈에 보이지 않는 벽은 여전히 존재한다"고 진술한다.

　　예를 들면 중요한 정보를 갖고 있거나 핵심적인 부서의 책임자들과 면담 기회 등에서 상대적으로 불이익을 받고 있습니다. 각 부처의 국장이나 실장 등 중요 직위에 있는 공무원을 취재하려면 사전에 연락하고 허락을 얻도록 되어 있습니다. 시간이 지나면서 이러한 규정이 조금 완화되었다고는 하나 이른바 주류 언론이 아니면 쉽게 이들을 접촉하기조차 어렵습니다.

　　상시 출입 언론사와 등록만 해놓고 주요 브리핑만 참여하는 언론사 사이에는 보이지 않는 벽이 있는 것도 사실입니다. (일상적인) 정보 유통에서 큰 차별은 없지만 (등록 기자는) 장·차관과의 식사 약속 등 비공식 만남의 정보 제공은 받지 못하고 있습니다. 기자실 좌석을 배정받는 것도 상시 출입하면 좀 낫지만 인원 문제로 신규 출입 언론사는 상시 출입이 어려운 실정입니다(인터넷신문 J기자).

지방자치단체인 경북도청은 과거 중앙지와 지방지로 구분해 운영되던 2개 기자실이 노무현 정부 들어 프레스센터라는 이름으로 하나로 합쳐져 운영되고 있다. 등록된 출입기자는 현재(2006년 9월) 40여 명으로 기자실 개방 이전과 비교하면 2배 정도 늘어났다. 그러나 경북도청의 S공무원은 "등록된 출입기자는 늘었으나 상시적으로 기자실을 출입하는 기자는 (기자실 개방 이전보다) 오히려 줄었다"고 설명한다.

(기존 출입 언론사와 신규 출입 언론사 사이에) 벽이나 차별이 여전히 남아 있습니다. 예를 들어 기자실 개방 이후 책상마다 이름표를 떼긴 했지만 기존 출입기자들은 이미 정해진 자리가 있는 반면 신규 출입기자들은 그렇지 못해 (기자실에 같이) 앉아 있기도 거북할 때가 많습니다(중앙지 K기자).

경북도청은 기존 출입 언론사의 기자들이 신규 출입 언론사 기자들을 언론인의 자질 측면에서 심각하게 불신하는 또 다른 차별이 생겨나고 있다. 특히 대부분의 중앙지 기자들이 경북도청 기자실을 편의상 취재 거점으로 활용하면서 군소 신문의 신규 출입기자들은 프레스센터를 피해 공보관이 일하는 별도 사무실에서 정보를 교환하거나 간단한 취재를 하기도 한다.

표면적으로는 (출입기자들 사이에 차별은) 없습니다. 하지만 일부 군소 언론사에 대해 곱지 않은 시선이 존재하는 것도 사실입니다. 이는 이들이 투잡(two jobs, 두 가지 직업)을 가진다든지, 음주사고를 낸 경력이 있다든지 하는 행태에 기인하는 부분도 있습니다(중앙지 L기자).

신규 출입 언론사에 편견을 갖고 있는 언론사들이 많이 있는 듯합니다. 실제로 최근에는 기존 언론사 기자가 신규 언론사 기자를 보고 "저런 것들도 신문 기자냐. 저런 것들이 간담회에 참석하면 나는 가지 않겠다"는 말을 하는 경우도 있었습니다(지방지 P기자).

외형적인 개방과 달리 눈에 보이지 않는 장벽은 더 높아졌습니다. 신규 출입기자의 경우 기사 작성 능력은 물론 언론인으로서 가져야 할 최소한의 가치관이나 철학을 갖추지 못한 한마디로 '함량 미달'인 경우가 대부분입니다. 물론 기존 출입기자라고 해서 예외는 아니라는

점에서 상대적이긴 하지만…. 따라서 기존 출입기자는 신규 출입기자
와 어울리기 싫어하고 도청 측은 출입기자가 늘어나는 데 대해 염증
을 느끼고 있습니다. 특히 지역신문의 경우 (취재 활동이) 사익이나
기자 개인을 부각시키는 경향이 강합니다. 기자실 개방은 적극 찬성
하지만 '난립'으로 지적되는 지역신문의 발호는 독자는 물론, 도청을
비롯한 취재원의 견제로 정비될 수밖에 없습니다(지방지 M기자).

위에서 살펴보았듯이 청와대와 재정경제부·경북도청 기자실은 모
두 노무현 정부 들어 개방형 기자실을 운영하고 있었다. 기자실의 구
조도 브리핑을 효율적으로 할 수 있게 개조되었으며, 정부 부처 출입
을 희망하는 언론사는 군소 언론이든 인터넷 언론이든 차별 없이 출
입기자 등록이 허용돼 출입기자로 취재 활동을 하고 있었다. 따라서
기존 출입처의 기자실·기자단에 의한 신규 진입장벽은 사라진 것으
로 판단된다. 노무현 정부가 모든 언론사에 평등한 정보 접근권을 제
공하겠다는 언론정책의 기본 틀은 갖추어진 셈이다.

그러나 인터뷰 결과 개방형 기자실과 브리핑제가 시행된 지 4년째
를 맞았지만 일부 분야는 아직도 과거의 차별적인 관행을 크게 벗어
나지 못하는 것으로 밝혀졌다.

출입처 제도는 공식적인 제도라기보다 취재 과정에서 효율적인 취
재를 위해 점진적으로 발전해 하나의 관행으로 굳어졌다고 할 수 있
다. 그 때문에 기자들의 출입처 이용 관행은 기자실이 개방된 뒤에도
쉽게 바뀌지 않아 새로운 브리핑제와 기자들의 출입처 개념에서 상호
충돌이 빚어지고 있는 것이다.

청와대 기자실은 모든 언론에 문을 열었지만 기존 출입 언론사를
중심으로 풀 기자단을 운영해 취재에서 사실상 차별을 묵인하는 것으
로 해석된다. 물론 미국도 브리핑에는 차별을 두지 않지만 지정석 등

실제 제도 운영에서는 매체의 영향력을 인정하는 방식을 취하고 있긴 하다. 재정경제부의 경우도 신규 출입기자들이 기존 출입 언론사와 달리 사실상 중요한 취재원을 만나기 어렵다며 차별을 호소하는 것으로 나타났다. 지방자치단체인 경북도청의 경우 기존 출입기자들이 신규 출입기자들의 자질을 놓고 신경전을 벌이면서 보이지 않게 차별이 심각한 것으로 밝혀졌다.

그동안 기자실의 언론사 간 차별을 보여주는 대표적인 관행이었던 특정 언론사의 지정석은 응답 결과 사실상 부활한 것으로 확인되었다. 청와대 출입기자는 부스와 개인 사물함 부족을 지적했고, 재정경제부를 출입하는 인터넷신문 기자는 기자실 좌석을 배정받기가 어렵다고 호소했다. 경북도청도 기존 출입기자들은 고정된 자리가 있지만 신규 출입기자들은 기자실에서 앉아 있을 마땅한 자리가 없는 것으로 확인됐다. 이러한 결과는 김관규, 송의호(2004)가 기자실의 폐쇄성을 측정하는 방법으로 제시한 특정 언론사의 지정석이 브리핑제 시행 이후에도 일부 출입처에서 여전히 남아 있어 언론사 간 차별이 온존한다는 연구결과와 대체적으로 일치하고 있다.

따라서 〈연구문제 1-1〉 "기자실에서 언론사 간 차별은 어떻게 변화되었는가?"에 대한 결론은 출입기자 등록 등을 통해 기자단이 출입 여부를 결정하던 신규 진입 장벽이란 관행은 사라졌다고 할 수 있을 것이다. 하지만 기자실 안에서 청와대의 경우 다시 풀 기자단이 운영되는 등 취재원 접근의 차별과 지정석 운영 등의 관행은 차별이 온존하는 것으로 해석된다.

2) 기자와 취재원의 유착

기자들은 대체로 국가기관이라는 출입처를 중심으로 취재 활동을 벌인다. 출입처에는 기자실이 설치돼 있어 이곳을 취재의 근거지로 삼는다. 기자들은 흔히 출입기자단을 구성해 출입처에 자료를 요청하고 기자간담회를 요구하며, 취재원은 기자단을 언론 창구로 활용하면서 언론과 관계를 맺는다.

여기서 언론과 출입처가 유착하는 관행이 생겨났다고 할 수 있다. 출입기자와 취재원의 유착은 촌지 등과 함께 그동안 폐쇄적인 기자실의 대표적인 역기능으로 언급되어 왔다. 노무현 정부는 기자실을 개방하고 브리핑제를 시행하면서 언론 관련 시민단체가 꾸준히 제기해 온 정부 부처 기자실의 이 같은 관행을 바로잡겠다는 명분을 내세웠다.

〈연구문제 1-2〉 "출입기자와 취재원의 유착 관계는 개선되었는가?"를 알아보기 위해 청와대와 재정경제부·경북도청을 출입하는 기자들에게 각각 다음과 같은 세 가지 질문을 던졌다.

첫째는 '출입처로부터 인사 청탁을 받거나 반대로 출입처에 인사나 민원 청탁을 한 적이 있는가. 또는 동료 기자들이 그런 청탁을 받거나 하는 것을 보거나 들은 적이 있는가'하는 질문이었다. 인사나 민원 청탁을 유착의 대표적인 행태로 본 것이다. 두 번째는 '출입처 공무원들에게 신문 구독이나 광고 협조 등을 부탁한 적이 있느냐'고 물었으며, 마지막으로 '출입처 관계자들로부터 기사를 넣거나 빼 달라는 부탁을 받은 적이 있는가'라는 질문을 하였다.

개방형 기자실이 도입되기 전인 김대중 정부 시절 이들 3개 기관을 출입한 기자들은 유착 관행을 아래와 같이 진술했다.

청와대에는 1년에 서너 번 부탁할 회사 민원이 있었습니다. 주로 회사 행사에 협조해 달라는 것입니다. 무슨 행사를 하는데 대통령이나 대통령 부인이 참석해 달라는 것. 수해의연금을 내는데 대통령 금일봉이 가능한가 등이다. 물론 극히 일부이긴 하지만 인사 청탁을 하는 경우도 있었습니다.

기사에 대해 불만을 토로하는 경우는 비일비재했습니다. 당시는 가판이 있을 때여서 문제가 있는 기사는 대변인이나 또는 관련 비서관이 수시로 전화해 항의하거나 수정을 요구했어요(청와대 출입 중앙지 C기자).

신문 구독 협조를 요청하는 경우는 있었습니다. 특히 메이저 간 부수 차이가 나는 부분에 대해서 이야기하기도 합니다. 물론 수용 여부는 별개지만… 광고 협조 요청은 없었습니다. 일부 마이너 매체들이 산하기관에 광고를 요청하면서 중앙 부처의 협조를 부탁하는 경우는 있다고 들었습니다. 또 기사를 **빼** 달라거나 제목을 바꿔 달라는 요청은 수시로 있었습니다. 그것도 수용 여부는 별개지만…(재정경제부 출입 중앙지 I기자).

인사 청탁을 직접 하지는 않았지만… 10년 이상 오래 도청을 출입한 동료 기자들이 인사를 청탁하는 사례는 여러 차례 목격했습니다. 도청 인사는 5급 사무관 승진이 특히 치열합니다. 공무원은 승진 인사 문제에 관한 한 이성을 잃고 출입기자에게도 줄을 대는 경우가 왕왕 있습니다. 기사는 중앙지의 경우 지방지 말고 중앙지에도 나가게 좀 실어 달라는 요청이 대부분입니다. 특히 지방자치제 이후 도지사가 굵직한 실적을 냈을 때 요청의 정도가 강해집니다(경북도청 출입 중앙지 N기자).

위의 진술들로 짐작할 수 있듯이 인사 청탁 관행은 청와대나 재정경제부 등 중앙 부처에선 기자실이 개방되기 전 이미 상당 부분 사라진 것으로 보인다. 다만 신문사 행사와 관련된 민원이나 신문부수 협조 요청 등은 가끔씩 있는 것으로 해석된다. 그러나 시·도 등 광역 자치단체에는 중앙지의 경우 10년 이상 장기 출입하는 기자들이 흔히 있어서 인사 청탁 관행 등이 중앙 부처와 달리 상대적으로 빈번하게 일어나는 것으로 판단된다. 기자실을 개방하고 브리핑제를 시행한 지 4년여가 지난 지금(2006년 11월) 청와대 출입기자들은 유착 관행을 이렇게 답변한다.

개별적으로 친한 선배들의 자리 마련을 위해 두 번 정도 청탁한 일이 있으나 성사되지 않았습니다. 기사를 넣거나 빼 달라는 부탁은 몇 번 있습니다만 과거와 같은 식은 아닙니다. 이것은 절대 아니다. 그러니 기사를 썼다면 빼 달라는 정도입니다(중앙지 A기자).

좋은 의미로 (청와대 관계자로부터) 인사 문제를 상의받은 적은 있습니다. 즉 과거에는 언론 관련 단체의 자리를 특정 언론사 출신이 독점했으나 이제는 바뀌어야 하지 않겠느냐며 마이너 언론사 출신의 신망 있는 언론인을 소개해 달라는 부탁을 받은 적이 있습니다. 동료 기자들의 경우 과거에는 춘추관에 머무는 홍보 참모들과 기자들이 끈끈함을 유지했습니다. 여기서 일탈하면 부적절한 인사 청탁으로 변질되기도 하지만 기자실 개방 이후에는 그런 분위기가 사라져 버렸습니다.
기사와 관련해 과거 김대중 정부까지는 선거철이 되면 청와대가 나서 지방지까지 일일이 성향을 분석하고 출입기자에게 선거 기사와 관련한 부탁이 들어오기도 했습니다. 또 대통령 관련 기사에도 매우 민감한 반응을 보였으나 지금은 지방지의 대통령 관련 기사는 별로 신경 쓰지 않는 분위기 같습니다(지방지 B기자).

기사를 넣어라 빼라 하는 것은 없어요. 그런 부탁은 잘 안 합디다. (기사에서) 취지가 잘못 전달돼 실린 경우 이게 잘못된 것 같다는 지적은 합니다. 행사와 관련해 이거는 좀 의미가 큰 것이니 잘 써 줘요 하는 말은 듣습니다. 청와대 본관 쪽에 있는 신무문(神武門, 경복궁의

북문) 개방 때 잘 써 달라는 부탁을 들었습니다. 또는 워딩(wording)이 이게 아닌데…잘못 적힌 것 같다. 확인해 달라는 말은 들은 적이 있습니다. 주로 말을 인용하는 부분입니다. 그래서 수정한 적이 있긴 합니다. 그 사람들이 이후 그걸 다시 확인했는지는 모르겠지만(인터넷신문 E기자).

위에서 살펴보았듯이 청와대의 경우 유착 관행은 인사나 민원·기사 청탁 등이 크게 개선된 것으로 해석된다. A기자의 진술처럼 인사 청탁은 받아들여지지 않고 있으며, 인사와 관련해 건전하게 의견을 교환한 B기자도 분위기가 과거와 달라졌다고 고백하고 있다.

특히 기사는 세 기자의 진술에서 보듯 잘못된 부분이 있을 경우 바로잡아 달라는 정정 요청이 특정 기사를 넣어 달라, 빼 달라는 부탁보다 주류를 이루는 것으로 보인다.

신문 구독이나 광고 협조 요청 등의 관행은 지방지의 경우 B기자는 "창간기념호 같은 특별한 경우에 한정된다"고 응답했으며, D기자는 "대부분 신문이 어려운 광고 시장 때문에 중앙 부처의 기사 협조 요청이 들어오면 혹 광고 협조가 가능한지를 물어보는 기자가 적지 않다"면서 "그러나 광고를 조건으로 기사를 쓰지는 않는다"고 밝혔다. 이와 관련해 청와대의 Q공무원도 출입기자로부터 신문이나 출판물 강매, 광고 협조 등의 '압력'을 받은 적은 '없다'고 못 박았다.

현재 재정경제부를 출입하는 기자들은 대부분 인사나 민원 청탁을 한 적이 없다고 한 목소리로 답했다. 다만 인터넷신문의 J기자는 "한두 차례 인사 청탁을 받은 것 같다"고 진술했다. 또 출입처에 신문 구독이나 광고 협조 등을 요청한 적이 있느냐는 질문에도 출입기자 대부분이 "없다"고 답했으나 지방지의 H기자는 "창간기념호에 게재하기 위해 정부 광고를 요청한 적은 있으나 실현되지 않았다"고 답변했다.

J기자는 또 "예전에 회사에서 주간지를 새롭게 발행해 출입처에 잡지 구독을 요청한 적은 있다"고 덧붙였다. 재정경제부 R공무원도 이에 대해 "출입기자로부터 신문 구독이나 광고 협조 요청 등을 압력이라고 느낄 정도로 받은 적은 없다"고 밝혔다.

재정경제부 출입기자들은 기사 청탁과 관련해서는 응답이 엇갈렸다. 중앙지 G기자는 "(출입처에서) 간혹 전문가 기고를 실어 달라는 요청이 있다"고 했고, 인터넷신문 J기자는 "(청탁을 받은 적이) 있다"고만 짧게 답했다. 지방지 H기자는 자신이 직접 청탁을 받지는 않았지만 "유력 중앙지의 경우 문제가 되는 기사를 두고 청탁이 벌어지는 경우를 종종 들었다"고 소개했다. H기자는 "90년대 중반의 얘기지만 심지어 모 일간지의 경우 신문사가 제목을 정해 놓으면 정부 부처 담당자들이 그에 해당하는 팩트(fact, 실제 사례 등)를 제공한다는 말까지 나올 정도였다"며 자신이 들은 과거 사례도 들려주었다.

이들의 이야기를 종합하면 재정경제부 기자실은 개방 이전과 비교하면 인사나 민원 청탁 등의 관행은 크게 개선되었으며, 신문 구독이나 광고 협조 요청 관행도 J기자가 새로 발행된 주간지 구독 권유를 요청하고 H기자가 창간기념호에 광고 협조를 요청했으나 받아들여지지 않는 등 진일보한 것으로 해석된다. 기사 청탁 관행도 완전히 사라지지는 않았지만 큰 문제 제기가 없었던 점으로 미루어 긍정적으로 볼 수 있을 것이다.

경북도청을 출입하는 기자들은 인사나 민원 청탁 관행과 관련해 "출입처에 민원 청탁을 한 적이 있고 동료 기자들이 청탁을 주고받는 경우도 많이 봤다(중앙지 K기자)" "두 경우 다 있다. 또 동료 기자들의 청탁도 심심찮게 목격한다"고 응답하는 등 대부분 현재도 이런 관행이 크게 나아지지 않았음을 시인했다. 지방지 P기자는 다음처럼 인사 청탁의 심각성을 알려 주는 발언을 하기도 했다.

> (내가) 청탁을 받지는 않았지만 (공무원이) 선배 기자에게 청탁하
> 는 것을 목격했으며, 또 실제로 청탁이 이루어졌습니다. 또 이번 도청
> 인사에서도 청탁이 오간 것으로 알고 있습니다.

신문 구독이나 광고 협조 요청과 관련해서도 중앙지 K기자를 제외
하고 출입기자 대부분이 "있다"고 답했으며, 경북도청 S공무원도 "일
부 언론사의 구독 요청을 받은 적이 있다"고 말해 이러한 관행이 크
게 개선되지 않았음을 시사했다.

기사 청탁과 관련해서도 대부분 "부탁을 받은 적이 있다"고 답해
과거와 크게 달라지지 않았음을 시인했으며, K기자는 기사 청탁 관행
을 다음과 같이 설명했다.

> 수시로 일어나는 일입니다. 홍보성 기사를 부탁하는 경우는 하루에
> 도 2~3차례씩 있고, '빼 달라' '문구를 조정해 달라'는 등의 요구도
> 받은 적이 있습니다.

지금까지 살펴본 것처럼 폐쇄적인 기자실의 대표적인 병폐로 지적
돼 온 출입기자와 취재원의 유착관계는 기자실 개방 이후 개선 정도
가 출입처별로 큰 차이를 드러내고 있다.

청와대와 재정경제부 등 중앙 부처는 기자실 개방 이전과 비교해
인사나 민원 청탁, 신문 구독이나 광고 협조 요청, 기사 청탁 등의 관
행이 크게 개선된 것으로 짐작된다. 인사나 민원 청탁, 신문 구독이나
광고 협조 요청 관행은 사실상 사라지고 있으며 기사 청탁도 기사를
바로잡아 달라는 정정 요청으로 바뀌어 가는 것으로 보인다.

이에 비해 지방자치단체인 경북도청 기자실은 기자실 개방 이후에도 인사나 민원 청탁, 신문 구독이나 광고 협조 요청, 기사 청탁 등 출입기자와 취재원의 유착관계를 보여주는 관행들이 크게 개선되지 않은 것으로 판단된다. 이는 경북도청이 중앙 부처와 달리 중앙 권력에서 멀리 떨어진 지방에 위치한 국가기관인 데다 기관의 정점에 있는 도지사가 장관과 달리 선거직인 만큼 언론과의 관계가 중앙 부처와 또 다른 측면이 있다는 속성 등이 크게 작용한 때문으로 짐작된다.

이러한 결과는 박동숙 등(2001)이 지방자치단체 한 곳과 정부 부처 한 곳을 선정해 취재원과 기자의 상호작용을 탐구해 기자실의 유착 관행을 다룬 결과와 일정 정도 같은 경향이다. 즉 지방자치단체는 기자실 개방 이후에도 기자실이 취재의 편의뿐만 아니라 인사나 민원 청탁 등 상호 간 사적 이해관계에 따라 양자 사이에 공생관계도 여전히 유지되고 있음을 보여주었다.

따라서 〈연구문제 1-2〉 "출입기자와 취재원의 유착 관계는 개선되었는가?"에 대한 결론은 청와대와 재정경제부 등 중앙 부처는 기자실 개방과 브리핑제 시행 이후 인사나 민원 청탁, 신문 구독이나 광고 협조 요청, 기사 청탁 등의 관행이 크게 개선되었으나, 광역자치단체인 경북도청은 아직 큰 변화가 없다고 할 수 있을 것이다. 하지만 경북도청도 기자실 개방 이전과 비교하면 정도에 있어서는 상대적으로 개선된 것으로 해석된다.

3) 출입기자 간 기사 담합

출입기자는 취재와 보도라는 작업 과정에서 타사 조직과 독립적으로 활동하기보다는 오히려 상호의존적이다. 즉 소속은 다르지만 똑같은 사람과 사안을 취재할 뿐 아니라 아이디어나 뉴스 가치에 대한 판단을 할 때 서로 의존하게 된다. 김동규(1992)는 그런 측면에서 기자실이나 기자단은 정보의 획득과 관리의 담합 조직이자 공생 조직이라고 규정했다.

담합 조직으로서 기자단은 기자 개인에게 취재원의 접근을 용이하게 하며 한편으로는 낙종의 위험성을 배제시키는 순기능을 한다. 그러나 이러한 효용성에도 불구하고 정보의 편향성과 기사의 획일성, 내용의 몰개성화를 초래하기 쉽다. 이러한 이유로 기자실의 담합 관행은 줄곧 개혁과 자정의 대상이 되어 왔다.

〈연구문제 1-3〉 "출입기자 간 기사 담합은 개선되었는가?"를 알아보기 위해 출입기자들을 상대로 '기자실 개방 이후 기존 출입 언론사들끼리 별도의 자리나 정보 교환이 이루어지고 있는가'를 먼저 물은 뒤 다시 '그로 인해 기사의 담합이나 획일화 현상이 어느 정도 일어나고 있는가'라는 질문을 했다. 기자실이 개방되기 전 3개 기관의 출입기자들은 담합의 실태를 이렇게 이야기했다.

당시 풀 기자가 취재 결과를 풀 하면 그것을 토대로 기사는 마음대로 작성했습니다. 논조나 시각은 자유였지요. 따라서 기사의 획일성이나 담합이 이루어졌다고 볼 수는 없을 것 같습니다. 풀 취재 결과를 토대로 비서실로 들어가 보충 취재하는 기자가 많았습니다(청와대 출입 중앙지 C기자).

당시 기자실은 소규모 커뮤니티였습니다. 단독 취재를 제외하고는 정보의 상당 부분을 공유합니다. 또 세제 개편과 같은 대형 자료가 나올 경우엔 업계 용어인 '야마' 잡기(기사의 핵심이나 방향을 설정하는 것)를 하기도 합니다. 같거나 비슷한 사안을 다루어 본 경험이 있는 시니어 기자들이 기사 방향이나 오류를 잡는 경우가 많습니다. 이를 담합이라고 하면 담합일 수 있습니다. 그러나 악의적 담합을 하는 것은 아니고 엄밀히 말하면 브레인스토밍이라고 보는 편이 타당합니다(재정경제부 출입 중앙지 I기자).

C기자와 I기자의 진술을 종합하면 적어도 이들 두 기자실에서 기사 담합은 기자실 개방 이전에도 우려할 만한 수준은 아닌 것으로 보인다. I기자의 표현대로 특정 사안을 놓고 기자들이 의견 교환을 통해 기사의 방향을 설정하는 브레인스토밍에 가깝다고 할 수 있다. 물론 결과적으로 브레인스토밍이 기사를 획일화시킬 가능성은 있을 것으로 보인다.

기자실 개방 이후 청와대를 출입하는 중앙지 A기자는 "개인적으로 친한 기자들끼리 가끔 자리를 만들지만 기사를 쓰기 위한 정보 교환은 별로 없다"고 밝혔다. A기자는 기사 담합이나 획일화에 대해서도 "이런 일은 거의 없어졌다고 봐야 할 것"이라며 긍정적으로 응답했다.

지방지 B기자도 "기사 담합은 거의 없다"며 "다만 국가균형발전 같은 지방 공동의 관심사에 관해 지방 언론이 여론을 선도해야 하지 않겠느냐는 정도의 논의는 있었다"면서 "그게 기사 담합이나 획일화는 아니지 않느냐"고 반문했다. 그러나 청와대를 출입하는 기자들은 같은 상황을 아래와 같이 다르게 받아들이기도 했다.

풀 기자단이 같은 기사 소스를 제공하다 보니 기사의 획일화 현상은 심각합니다. 연합뉴스부터 지방지의 청와대 기사에 이르기까지 거의 대동소이합니다. 중앙지와 달리 특별한 인적 네트워크 없이 취재해야 하는 지방지는 풀 기사와 대변인 브리핑 및 백그라운드 취재, 보도된 기사자료 등을 종합해 기사를 작성합니다. 그러니 기사가 비슷비슷해질 수밖에 없지요(지방지 D기자).

종이신문은 신문사의 방침을 따라가지 않겠습니까. (기사가) 이미 방향이 정해진 상태에서 팩트를 찾아 맞추는 것 같은 느낌을 종종 받습니다. 조·중·동 기자들이 (매일)같이 모여서 비슷한 논조의 기사가 나오는 것은 아닐 것입니다. (그렇다면) 신문사의 기사 방향이 정해져 있기 때문이 아니겠습니까. 전시작전통제권만 해도 이미 방침이 서 있으니…(취재기자가) 어떤 팩트를 물어 와도 바뀌지 않습니다. 그러나 우리는 팩트대로 갑니다. 그것이 원칙입니다. 내가 취재한 것과 내용이 달라지면 내 이름으로 기사는 못 나갑니다(인터넷신문 E기자).

이처럼 D기자와 E기자는 둘 다 청와대 관련 기사의 획일화가 심각함을 전제하면서 그 원인을 추정하고 있다. 재정경제부를 출입하는 지방지 H기자는 기존 출입 언론사들끼리의 정보 교환을 이렇게 이야기한다.

기존 출입 언론사들이 언론사 간 경쟁관계를 떠나 유대를 유지하는 경우 정보 교환은 이루어지는 것으로 보입니다. 그러나 (이런 자리서 나오는 이야기는) 통상 가십 수준이나 뒷이야기 수준의 정보가 대부분입니다. 정보 교환이 기사의 담합이나 획일화로 이어지는 경우는 별로 없습니다. 다만 각종 정책을 발표했을 때 무엇을 머리로 올릴 것인가, 무엇이 포인트인가에 대해서는 기자실에서 의견 교환이 이뤄지며 여기서 나온 의견이 대부분 기사에 반영됩니다. 경제 기사의 경우 리드가 대부분 비슷한 것은 이 때문입니다.

H기자의 담합에 관한 진술은 김대중 정부 시절 재정경제부를 출입한 I기자의 인식과 유사하다. 기사를 작성하는 과정이 그때와 별로 달라진 게 없다는 것으로 이해할 수 있을 것이다. 재정경제부를 출입하는 인터넷신문 J기자는 기자들끼리의 정보 교환을 아래와 같이 설명한다.

기존 출입 언론사들끼리 별도의 회식자리가 있지만 전보다 구속력이나 친밀도가 떨어졌다는 이야기가 있습니다. 정보 교환은 주로 상시 출입기자들 사이에서 이루어지고 서로 성향이 비슷한 매체 간 교류가 많아진 것 같습니다. 예를 들면 보수적 성향과 진보적 성향의 매체, 또는 메이저와 마이너 신문, 종합지와 경제지 기자 등 끼리끼리의 모임이 있는 것 같습니다.

재정경제부 R공무원은 "등록 매체가 증가하고 인터넷이 활성화돼 기사 담합은 불가능한 것으로 보고 있다"며 담합이란 관행을 거론하는 것에 '그렇지 않다'고 일정 선을 그었다.

경북도청을 출입하는 중앙지 K기자는 기사 담합과 관련해 "필요하면 타사 기자로부터 정보를 얻는 경우는 있지만 담합이나 획일화 현상은 거의 없다"고 답했으며, 또 다른 중앙지 L기자는 "같은 기자실을 사용하면서 정보의 공유로 인한 (기사 소재의) 쏠림현상이 있는 정도"라고 덧붙였다.

지금까지 살펴보았듯이 정보의 악의적인 담합 구조는 기자실 개방을 전후해 큰 변화가 없으며, 그리 심각한 상태가 아닌 것으로 받아들여진다. 물론 브레인스토밍과 기사 소재의 쏠림현상 등 어디까지를 담합으로 볼 것이냐의 문제는 남아 있다. 이 같은 결과는 김동규, 김경호(2005)가 브리핑제 시행 이후 기존의 정부 부처 출입기자들의 배타적인 담합구조가 잔존하고 있다는 결과와 다소 배치된다. 이들은 개방형 기자실 도입과 함께 기존 기자실의 폐쇄를 도모하였지만 내면적으로는 기자실 중심의 담합 관행이 더욱 요구되는 역설적인 상황이 전개된다고 진단했다.

결국 이 차이는 악의 없는 뉴스 가치 판단의 의존현상 등을 지나치게 비판적으로 담합 관행에 포함시킨 결과라고 봐야 할 것이다.

따라서 〈연구문제 1-3〉 "출입기자 간 기사 담합은 개선되었는가?" 에 대한 결론은 기자실 개방 이후 기존 출입 언론사들끼리 별도의 자리 마련이나 정보 교환은 미미한 수준이며, 기사 담합이나 획일화 현상도 큰 변화는 없었지만 심각한 문제가 없는 것으로 볼 수 있다.

4) 촌지 수수와 향응

작은 정성이라는 뜻의 '촌지(寸志)' 즉 출입처에서 금품을 주고받는 관행은 폐쇄적인 기자실의 가장 대표적인 병폐로 오랫동안 언급되어 왔다. 국내 언론계에서 촌지는 이미 1960년대부터 관례화된 비공식 거래 관행으로 알려져 있다.

폐쇄적이고 배타적인 기자단을 중심으로 이루어져 온 촌지 거래는 정보의 비공식 거래로 연결되어 자유롭고 공개적인 정보 유통을 가로막아 객관적이고 공정한 보도를 제한하는 보다 근본적인 문제점을 안고 있다.

최근에는 촌지의 범주에 금품만이 아닌 출입처가 제공하는 골프 접대와 외유성 취재 등을 포함시키며, 기타 술자리 향응 등도 유사한 성격으로 보는 경향이 있다.

〈연구문제 1-4〉 "출입처로부터 외유성 취재나 향응, 촌지 등을 받는 관행은 변화되었는가?"를 알아보기 위해 청와대와 재정경제부·경북도청을 출입하는 기자들을 상대로 '출입기자란 이유로 출입처에서 촌지나 골프 접대, 외유성 취재, 기타 향응을 받은 적이 있는가'라는 질문을 던졌다. 또 이들 기관에서 기자들을 상대하는 공무원들에게도 "출입기자들에게 촌지나 골프 접대, 외유성 취재, 기타 향응을 베푼 적이 있는가"라고 동시에 물었다.

먼저 기자실이 개방되기 전 이들 기관을 출입했던 기자들이 들려준 김대중 정부 시절 출입처의 촌지 수수 등의 관행은 이러했다.

대통령 수행 취재 경비는 철저하게 회사가 부담했습니다. 김영삼 정부까지만 해도 (수행 취재 경비를) 반분했으나 김대중 정부 들어 전액 회사 부담으로 전환됐습니다. 촌지는 기본적으로 없었지만 가끔 대변인이 돌리는 경우가 있었습니다. 해외여행 때 1000달러 정도의 선물비가 제공되곤 했으나 지금은 완전히 사라졌다고 그래요. 골프 접대는 간혹 비서실장이나 일부 수석비서관이 주최하곤 했습니다(청와대 출입 중앙지 C기자).

촌지는 거의 없었습니다. 고위 공무원들이 친구나 업자와 골프를 치면서 기자를 끼우거나 밥ㆍ술을 먹기도 했습니다. 취재원과 친밀도를 높이기 위한 불가피한 측면도 있습니다. 다만 금품 수수는 그때 이미 사라졌다고 보면 됩니다. 외유성 취재도 거의 사라졌습니다. 국제회의 취재는 대부분 경비를 사측이 부담했습니다. 간혹 산하기관이 해외 로드쇼를 할 경우 기자의 동행취재를 요청하기도 하는데 그때는 소수의 기자를 순번을 정해 참여시키는 관행이 있었습니다(재정경제부 출입 중앙지 I기자).

기자실에서 금품 등 촌지 수수가 사라진 지는 벌써 7~8년이 되는 것 같습니다. 출입처에서 명절을 앞두고 기자들에게 선물을 돌리는 것이 전부였습니다. 해외 취재는 경비를 신문사가 부담하는 것이 원칙이고…. 그 밖에 점심 값을 가끔씩 부담하는 정도였습니다(경북도청 출입 중앙지 N기자).

C, I, N기자의 진술에서 보듯 김대중 정부 시절 이미 주요 출입처에서 촌지를 돌리는 일은 사라진 것으로 판단된다. 당시 이들 출입처에서는 골프 접대나 외유성 취재 등도 비공식적으로 아주 제한돼 베

풀어진 것으로 보인다. 기자실 개방 이후 청와대 출입기자들은 촌지 수수 문제를 이렇게 고백한다.

촌지는 완전히 사라졌습니다. 골프 접대는 지난 4년 가까운 동안 두 번 정도 친 것 같습니다. 외유성 취재는 물론 없고…. 가끔 술을 마실 때 술값을 내는 정도입니다. 이것도 룸살롱이나 고급 카페 같은 곳은 아닙니다(중앙지 A기자).

청와대의 경우는 촌지가 사라졌습니다. 2년간 출입하면서 한 번도 받은 적이 없습니다. 골프 접대 역시 없었고 외유성 취재도 없었습니다. 다만 지역 출신 수석비서관들이나 보좌관들의 초대로 점심이나 저녁을 먹은 적은 있지만 향응이라 할 만한 것은 없었습니다. 명절 때 대통령과 비서실장의 선물이 오는 정도고, 연말 공식 망년회를 청와대서 한번 하는 정도가 고작입니다(지방지 D기자).

점심은 구내식당서 2,500원짜리를 먹거나 약속이 있으면 (춘추관을) 나갑니다. 선물은 이번 추석 때 공개된 차 세트를 기자들에게 돌렸다고 들었습니다. 해외 취재는 원하면 누구든 다 갑니다. 물론 자기 돈을 내고…. 비행기 요금, 식사비, 통신비까지 회사가 전적으로 부담하고 있습니다(인터넷신문 E기자).

청와대의 경우 촌지는 완전히 사라진 것으로 보인다. 명절 때 선물을 돌리는 것이 그나마 남은 관행이다. 해외 취재도 비행기 요금은 물론 통신비까지 신문사가 부담하고 있다.

재정경제부 출입기자들은 촌지 수수 관행과 관련해 이구동성으로 "촌지를 받은 적이 없다"고 응답했으며 다만 인터넷신문 J기자는 "골프 접대와 외유성 취재 등의 제안을 받은 적이 있지만 응하지 않았다"고 밝혔다. 재정경제부의 R공무원은 "출입기자 등록제 전환과 관계없이 정부는 투명성 강화로 (현금을 동원할 수 없어) 접대나 향응 등을 베풀 수가 없다"고 그 배경을 설명했다.

한편 지방자치단체인 경북도청을 출입하는 기자들은 촌지 수수 관행을 중앙 부처와 다소 엇갈리게 답변했다.

> 촌지를 주려고 하는 시도는 있었지만 일절 거부했습니다. 골프는 치지 않고 외유성 취재는 항공료를 신문사가 부담하면서 앙코르와트 세계문화엑스포 취재를 가는 게 유일한데… 이것을 그 범주에 넣을 수 있을지 모르겠습니다. 점심식사 제공이나 저녁에 소주 한잔 하는 정도는 가끔 있습니다(중앙지 L기자).

L기자는 출입처가 촌지 제공 의사가 있음을 밝히고 있다. 이와 관련해 지방지의 M기자와 P기자는 '촌지나 골프 접대, 외유성 취재, 기타 향응을 받은 적이 있느냐'는 질문에 "있다"고 고백했다. 물론 "없다"는 응답도 있었다. 한편 경북도청의 S공무원은 촌지 관행은 언급을 피한 채 "업무와 관계없이 식사 대접은 가끔 있다"고만 응답했다.

위에서 살펴보았듯이 촌지 수수 관행은 청와대와 재정경제부는 완전히 사라진 것으로 볼 수 있으며, 경북도청은 아직도 잔존하는 것으로 해석된다.

따라서 〈연구문제 1-4〉 "출입처로부터 외유성 취재나 향응, 촌지 등을 받는 관행은 변화되었는가?"는 기자실 개방 이후 청와대와 재정경제부는 사실상 사라진 것으로 볼 수 있고, 경북도청은 촌지 수수 관행이 일부 남아 있다고 할 수 있을 것이다.

5) 방문취재 제한

출입처 사무실의 방문취재 제한은 기자실 개방과 브리핑제 시행으로 새로 생겨난 관행이자 문제점이라고 할 수 있다. 브리핑제 아래서 출입기자는 기본적으로 과거처럼 공무원들이 일하는 사무실을 찾아가 취재로 업무를 방해해서는 안 된다는 것이다. 대신 출입처의 정례 브리핑을 통해 정보를 제공받고 궁금한 걸 해결하라는 방침이다. 물론 사무실 방문 대신 전화 취재는 허용하고 있다.

브리핑제 실시와 함께 출입기자의 사무실 출입을 제한하는 규정은 브리핑이 충실하게 이뤄지고 전화 취재가 원활하게 이루어지는 것을 전제로 하고 있다. 하지만 청와대 출입기자 등은 한결같이 현재로는 브리핑제 준비가 충분치 않고 공무원은 출입기자가 전화하면 잘 받지 않는다는 비판이 나오고 있다. 그래서 벌써부터 방문취재 제한이 사실상 국민의 알 권리를 제한하는 조치라는 지적이 제기되고 있다.

〈연구문제 1-5〉 "출입기자의 출입처 사무실 방문취재 제한은 어느 정도인가?"를 알아보기 위해 출입기자를 상대로 세 가지 공통 질문을 던졌다. 즉 브리핑제 시행으로 출입처의 사무실 방문취재 제한은 어느 정도로 지켜지고 있으며, 방문취재 제한 등으로 취재에 어려움은 없는지, 그리고 꼭 필요한 직접 인터뷰는 그렇다면 어떻게 해결하고 있는지를 물었다. 이에 대해 먼저 청와대 출입기자들은 이렇게 밝히고 있다.

(방문취재 제한은) 100% 엄격하게 지켜지고 있고…. 그로 인해 어려움이 많습니다. 수시로 취재원을 만날 수 없다는 것은 기자로선 명백한 (취재) 제한을 의미합니다. 하지만 공무원들이 일하는 곳에 기자들이 상시 출입하는 시스템도 문제는 있습니다. 하루 1시간 제한 개방 등 절충형이 모색될 필요가 있습니다. 현재 필요한 취재는 업무

시간에는 전화로 하는 수밖에 없고 나머지는 점심, 저녁 자리를 만들어야 합니다(중앙지 A기자).

방문취재 제한은 완벽하게 지켜지고 있습니다. 경호 문제로 춘추관에서 비서동으로 건너가는 것 자체가 불가능하기 때문입니다. 그래서 어려움이 많습니다. 무엇보다 특화된 기사를 만들 수 없습니다. 김대중 정부까지 지역 현안(위천공단, 밀라노 프로젝트)에 대한 청와대의 시각을 관련 비서관을 개별 취재해 특화된 기사를 쓸 수 있었으나 지금은 불가능합니다. 관련 취재를 위해 비서실에 전화하면 항상 여직원 선에서 차단되고 콜백(call back, 회신 전화)도 없습니다. 할 수 없이 평소 친분이 있는 참모를 통해 간접 취재합니다. 즉 친분 있는 비서관에게 해당 비서관에게 특정 사안을 물어봐 달라고 하는 정도입니다(지방지 B기자).

(사무실 방문취재는) 아예 못합니다. 전화를 할 수는 있지만 회의가 많아서…. 필요할 때 연결돼야 좋은데…매일 회의하고 있어요. (자리에) 있으면서도 회의 핑계를 댈 수도 있을 거고. 꼭 필요한 취재는 전화가 연결될 때까지 기다리든지, 대변인을 괴롭히든지 하는 수밖에 없습니다. 하루 1시간이라도 비서실을 개방하면 어떨까 싶은데…. 현재 상태로도 브리핑이 충실한가 하는 등의 논의는 있어야 할 것입니다. 솔직히 (알 권리) 부족을 느낍니다(인터넷신문 E기자).

이들의 진술에서 알 수 있듯이 청와대의 방문취재 제한은 엄격히 지켜지고 있었다. 방문의 대안인 전화 취재는 원활하지 않은 것으로 짐작된다. 그래서 청와대만 8년2개월째 출입하는 B기자도 특화된 기사를 쓸 수 없다고 호소할 정도다. 국민의 알 권리 침해가 우려되는 대목이다.

또 다른 청와대 출입 지방지 D기자는 "관계자나 실무자를 만나 이야기하는 것과 전화로 이야기하는 것은 많은 차이가 난다"며 "청와대 기사 획일화의 큰 요인이 되고 있다"며 불만을 표시했다. 그래서 D기자는 꼭 필요한 현안 관련 인터뷰는 "일주일 이전부터 전화로 약속해 외부서 만난다. 내부에서는 다른 기자들의 눈에 띄면 개별 취재에 응하는 것을 공무원들이 꺼린다"는 말도 덧붙였다. 그래서 Q공무원은 청와대의 경우 "사전 인터뷰 요청을 하면 약속된 시간에 청와대 관계자와 언론사 간 인터뷰를 할 경우 춘추관 2층 접견실에서 하도록 돼 있다"고 소개한다. 재정경제부 출입기자들은 방문취재 제한을 이렇게 설명한다.

> 사무실 방문취재는 거의 없어졌습니다. 국장급의 경우 방문취재를 형식상 거부하지는 않지만 (찾아가면) 의례적인 대화에 그칠 뿐 취재에는 응하지 않습니다. 때문에 점심이나 저녁 약속을 잡아 (별도로) 취재해야 하는 어려움이 있습니다. 꼭 필요한 취재는 이 같은 외부 약속이나 간행물 또는 자료집을 통해 간접적으로 자료를 챙기는 방법을 쓰고 있습니다(중앙지 F기자).

> 방문취재를 제한한다고는 하나 기자가 만나 설명을 들어야 하겠다고 하면 굳이 제한하지는 않습니다. 다만 예전처럼 자유롭게 출입하는 것이 제한되면서 무슨 일이 일어나고 있는지 감을 잡기가 상당히 어려워졌습니다. 그래서 꼭 필요한 취재는 방문취재를 요청하고 안 되면 기사를 쓸 때 방문취재를 거부당했다거나 자료 공개를 요청했으나 거부당했다는 사실 그대로를 기사화하고 있습니다(지방지 H기자).

재정경제부는 H기자의 진술처럼 청와대와 비교하면 방문취재 제한이 상대적으로 덜 엄격한 것으로 볼 수 있다. 그러나 이 규정이 여전히 취재를 어렵게 만드는 요인으로 작용하는 것을 알 수 있다. 재정경제부 출입 인터넷신문 J기자도 "민감한 사안일수록 과거와 같은 면대면 취재가 쉽지 않은 것도 사실"이라며 비슷한 어려움을 호소하고 있다. 실제로 재정경제부 R공무원도 "방문취재 제한을 비교적 엄격하게 요구한다"고 밝혔다. J기자는 방문취재 제한의 어려움을 해결하는 방법으로 "주로 전화 취재나 공보실을 통한 통상적인 수준의 취재를 하다가 사안이 클 경우 기자실 차원에서 공개적으로 취재를 요청하기도 한다"고 소개했다.

그러나 경북도청은 청와대나 재정경제부와 달리 현재 사무실 방문취재를 전혀 규제하지 않고 있다. 중앙지 L기자의 표현처럼 "필요하면 출입처 사무실을 찾는다"는 쪽이 더 현실에 가깝다. 지방지 M기자는 "브리핑이 거의 안되니까 자유로이 방문취재를 하고 있다"는 나름의 원인 분석도 내놓았다. 어쨌든 브리핑제의 주요한 지침인 방문취재 제한이 지방자치단체인 경북도청에서는 아직 남의 이야기로 남아 있었다.

위에서 살펴보았듯이 결국 브리핑제로 생겨난 방문취재 제한 규정은 청와대는 100% 지켜지며, 재정경제부는 비교적 엄격한 반면 경북도청은 전혀 적용되지 않고 있다. 이 같은 결과는 브리핑제 시행 이후 기자들이 가장 불만을 토로하는 부분이 사무실 출입금지 조치라는 이영태(2004)의 주장과 같은 맥락이다.

따라서 〈연구문제 1-5〉 "출입기자의 출입처 사무실 방문취재 제한은 어느 정도인가?"는 중앙 부처의 경우 엄격히 지켜지는 반면 중앙에서 멀리 떨어져 있는 지방자치단체인 경북도청은 전혀 지켜지지 않는다고 할 수 있을 것이다.

6) 엠바고 처리

출입처와 기자단 사이의 엠바고는 언론에 보도되면 업무 수행에 차질이 우려되는 사안에 대해 출입처에서 보도 자제를 요청해 성립하는 경우가 일반적이다. 엠바고는 속성상 출입기자가 한 사람이라도 반대하면 지켜질 수 없다. 엠바고는 그래서 기자단의 담합 행위의 하나로 받아들여져 왔다. 기자실이 개방되고 브리핑제가 시행되면서 그동안 폐쇄적이고 배타적이라는 비판을 받아 온 기자단은 공식적으로 해체되었다. 기자단이 해체되고 출입기자가 급증하면서 국익 등이 걸린 엠바고 처리 문제는 새로운 환경에 놓인 셈이다.

〈연구문제 1-6〉 "과거 기자단이 운영한 국익 등이 걸린 엠바고는 어떻게 처리되고 있는가?"를 알아보기 위해 3개 기관의 출입기자들에게 각각 두 가지 질문을 던졌다. 즉 기자실 개방 이후 과거 기자단이 합의해 이루어지던 국익 등이 걸린 불가피한 엠바고는 어떻게 처리되는 있는지, 또 출입기자들이 엠바고를 지키도록 만드는 어떤 장치 등이 마련돼 있는지 등 두 가지다.

김대중 정부 시절 청와대를 출입했던 중앙지 C기자는 엠바고 관행과 유사한 오프 더 레코드에 관해 "대통령의 실언, 대통령의 건강문제 등에 대해 비교적 오프가 잘 지켜졌다"며 "노무현 정부 들어 기자실을 완전 개방하면서 (청와대가) 이 문제를 가장 걱정한 것으로 안다"며 자신이 전해들은 이야기를 들려주었다. 즉 인터넷 언론 등 책임의식이 희박한 매체가 과연 엠바고 등을 잘 지켜주겠느냐는 의문이 들었다는 것이다. 청와대 출입기자들은 기자실 개방 이후 엠바고 처리 관행을 이렇게 들려주고 있다.

정부는 아랍에미리트에 고등훈련기(T-50) 판매를 추진 중이고 지난해 노무현 대통령의 아랍에미리트 방문도 이 때문에 이루어졌습니다. 이 부분에 대한 청와대 측의 보도자제 요청은 거의 받아들여졌습니다. 이 밖에도 이집트 방문 시 자주포 판매 협의 등 '국익'이 걸린 문제에 대한 협조는 이루어지고 있다고 봐야 합니다. 출입기자가 많다 보니 기술적인 누수가 있을 수 있습니다. 특히 속도를 중시하는 인터넷 매체에서 부지불식간에 보도가 나가는 일이 있습니다. 출입기자들이 엠바고를 지키도록 하는 방법은 여전히 기존에 운영하던 징계 정도입니다(중앙지 A기자).

엠바고 내용은 풀 기자단만 공유하고 있어 잘 지켜지는 편입니다. 노무현 정부 들어 청와대는 엠바고를 잘 지키도록 청와대 출입기자들만 접근할 수 있는 별도의 인터넷 사이트를 통해 엠바고 내용을 공지하고 있습니다. 출입기자가 엠바고를 지키지 않을 경우 과거처럼 출입정지 등의 징계를 내립니다(지방지 B기자).

청와대 엠바고는 대통령 일정과 관련된 게 많습니다. 대통령이 언제 어디에 간다 등등…경호와 보안 때문입니다. 시간차 엠바고도 있습니다. 일정과 관련된 엠바고는 출입기자들이 불문율처럼 대부분 받아들입니다. 정책과 관련된 엠바고는 많지 않은 것 같습니다(인터넷 신문 E기자).

이처럼 청와대 출입기자들은 국익과 관련된 엠바고를 비교적 잘 지켜 주는 것으로 짐작된다. 또 기자실 개방 이후 엠바고 내용을 관리하는 별도의 인터넷 사이트도 개설한 것으로 밝혀졌다. 엠바고를 어긴 언론사는 과거처럼 여전히 출입정지 등의 징계를 받는다. 엠바고 위반과 관련해 또 다른 지방지의 D기자는 "출입정지 조치 이외에 엠바고를 어긴 신문사에 대한 기자단 차원의 주의가 더욱 효과를 발휘한다"고 소개한다. 즉 지방지 기자들은 모두 파견 나와 (청와대 기자실이란) 한 배를 탄 상황에서 왕따를 당하면 기자실 출입 자체가 너무 껄끄러워진다는 현실적인 문제도 작용한다는 것이다.

청와대의 Q공무원은 "국익 등이 걸린 불가피한 엠바고는 풀 기자와 상주 기자들을 대상으로 오프 더 레코드, 백그라운드 브리핑을 하며 협조를 요청한다"고 덧붙였다. 재정경제부 출입기자들은 기자실 개방 이후 엠바고를 이렇게 처리하고 있다.

청와대는 엠바고를 공보비서관이 정하는 것으로 알고 있으나 다른 정부 부처는 철저히 기자들의 합의로 정합니다. 그리고 합의된 엠바고는 대부분 지켜지며 위반 시 사안의 경중에 따라 출입정지와 제명 등의 조치가 취해집니다. 이처럼 (엠바고에 관한 한) 사후적인 조치는 있으나, 사전적인 조치는 사실상 불가능한 상태입니다(지방지 H 기자).

상시 출입기자 중심의 기자단 회의를 갖고, 그 자리에서 주요한 사안에 대해 엠바고를 설정하고 있습니다. 그리고 이 같은 사실을 e메일과 전화를 통해 알리고 있습니다. 이를 어길 경우 기자실 출입제한이나 e메일 서비스 중단 등의 제재가 따릅니다. 인터넷 등 통신의 발달로 과거보다 엠바고가 깨지는 사례가 좀더 늘어나고 있는 것 같다는 이야기도 있습니다. 하지만 대부분의 언론사는 엠바고 설정의 이유가 타당하면 이를 지켜 주는 추세입니다(인터넷신문 J기자).

재정경제부는 H기자와 J기자 등의 설명대로 청와대와 비교하면 엠바고 처리 관행이 기자단의 합의를 보다 존중해 이루어지는 것으로 짐작된다. 재정경제부는 출입기자 수가 개방 이전 70여 명에서 150여 명으로 두 배 이상 늘었지만 엠바고 설정은 여전히 출입기자들이 주도권을 행사하고 있다고 할 수 있다. 재정경제부 R공무원도 이 같은 엠바고 설정 절차가 있음을 뒷받침하고 있다. R공무원은 "엠바고 요구는 가급적 등록기자실 운영위원(기자실 자체적으로 운영비를 징수하고, 그 운용 등을 위해 운영위원회를 두고 있음)과 협의를 거치고 있다"며 "엠바고 위반에 대해서는 기자실 출입정지, 보도자료와 e메일·문자메시지 등 정보 제공 정지, 등록 취소 등의 장치가 마련돼 있다"고 밝힌다.

이에 비해 경북도청은 엠바고에 대한 개념이 중앙 부처보다 좀더 느슨한 것으로 짐작된다. 중앙지 K기자는 "출입처가 조율해 엠바고를 거는 적은 있지만 잘 지켜지지 않고 있다"며 엠바고를 위반하더라도 "(별도의 제재가) 없는 것 같다"고 설명한다. 중앙지 L기자도 "중앙지의 경우는 나름대로 기자단 전통이나 연락망이 살아 있어 비교적 잘 지켜지는 편"이라면서 "하지만 가끔 엠바고 요건이 애매해 깨지는 경우도 있다"고 밝혔다. L기자 등의 진술로 미루어 알 수 있듯 경북도청은 엠바고가 반드시 지켜져야 한다는 의무감이 크지 않은 편이었다. 또 출입기자들 대부분이 엠바고를 지키도록 만드는 어떤 장치 등은 "없다"고 응답할 정도로, 위반 시 별도의 제재 장치가 마련돼 있지도 않다고 할 수 있다.

위에서 살펴보았듯이 엠바고 처리 관행은 기자실 개방 이후에도 청와대·재정경제부 순으로 엄격히 지켜지고 있으며, 경북도청은 엠바고 개념이 이들 기관보다 느슨한 것으로 보인다. 엠바고를 위반할 경우도 청와대와 재정경제부는 기자실 개방 이후에도 여전히 엄격한 편이지만 지방에 있는 경북도청은 별도의 제재 조치조차 마련돼 있지 않은 것으로 파악되었다.

따라서 〈연구문제 1-6〉 "과거 기자단이 운영한 국익 등이 걸린 엠바고는 어떻게 처리되고 있는가?"는 청와대의 경우 풀 기자단과 별도의 인터넷 사이트를 통해 엠바고를 통제하고 있으며, 재정경제부는 출입기자들의 합의 절차에 따라 자율적으로 지켜지는 것으로 볼 수 있다. 또 이들 기관은 엠바고를 어기면 출입정지 등 제재가 여전히 뒤따르고 있었다. 이에 비해 경북도청은 엠바고에 대한 의무감이 중앙 부처보다 약한 편이며, 어기더라도 별도의 제재가 마련돼 있지 않은 것으로 파악되었다.

이상의 결과를 종합하면 기자실 개방과 브리핑제 시행 이후 고질적인 관행이었던 기자실의 신규 진입 장벽은 사라졌으며 인사나 민원 청탁, 신문 구독이나 광고 협조 요청 등 기자실을 통해 일어나던 기자와 취재원의 유착 관행은 크게 개선되었다. 또 기자실에서 생겨나던 기사 담합이나 촌지 수수 등은 우려할 만한 수준이 아니거나 사실상 사라졌다.

한편 브리핑제 시행 이후 새로 생겨난 사무실 방문취재 제한은 중앙 부처의 경우 엄격히 지켜지고 있으며, 국익 등이 걸린 엠바고 기사는 출입기자가 많이 늘어난 지금도 별도의 인터넷 사이트 등을 마련해 큰 어려움 없이 관리되고 있었다.

물론 기자실에는 지정석이나 풀 기자단 운영 등 여전히 취재 차별 등이 남아 있고 지방자치단체 기자실 등엔 인사청탁 등이 잔존하고 있어 수십 년간 지속된 관행이 정책을 통해 하루아침에 사라지기 어렵다는 점도 인터뷰를 통해 확인할 수 있었다.

인터뷰에 응한 기자들 중 일부는 기자실 개방과 브리핑제 시행 이후 "출입기자의 출입처에 대한 정보력이 과거에 비해 형편없이 떨어졌다"고 개탄하였다. 이 밖에 출입기자들은 청와대나 국회 등 기자실에서 금연이 시행되고 있다는 사실을 놀라운 변화로 소개했으며, 복수의 기자들이 "기자실 개방 이후 기자들 사이 교류가 단절돼 분위기가 서먹서먹해졌다"는 의견을 덧붙이기도 했다.

2. 내용분석 결과

〈연구문제 2〉인 "기자실 개방과 브리핑제 시행 전후시기에 따라 보도 행태에 차이가 있는가?"를 알아보기 위해 조선일보와 한겨레 · 영남일보 등 3개 신문의 1075개 기사를 연구의 표본으로 선정했다. 이들 기사는 3개 신문의 기자 27명이 작성한 것이다.

1) 표본의 속성 분석

본 연구에 표본으로 선정된 분석 대상 기사의 특성을 살펴보면 〈표 4-2〉와 같다. 기자실 개방과 브리핑제 시행 전후의 두 시기인 2000년과 2005년 3개 신문에서 청와대와 재정경제부 · 경북도청을 출입하는 기자가 작성한 출입처 3곳을 다룬 기사를 대상으로 분석하였다. 분석 기사의 사례 수는 신문별로 브리핑제 시행 전에는 조선일보 53.6%, 한겨레 20.3%, 영남일보 26.1%로 나타났으나 브리핑제 시행 후에는 조선일보 31.3%, 한겨레 36.8%, 영남일보 31.9%로 큰 변화를 보였다. 출입처에 따라서는 브리핑제를 전후해 청와대 관련 기사의 사례 수는 61.3%에서 48.1%로 줄었으나 재정경제부는 19.4%에서 23.4%로, 경북도청은 19.4%에서 28.5%로 각각 늘어났다.

<표 4-2> 분석 대상 기사 표본의 구성

		브리핑제 시행 전		브리핑제 시행 후	
		사례수	%	사례수	%
신 문	조선일보	285	53.6	170	31.3
	한겨레	108	20.3	200	36.8
	영남일보	139	26.1	173	31.9
출입처	청와대	326	61.3	261	48.1
	재정경제부	103	19.4	127	23.4
	경북도청	103	19.4	155	28.5
취재원의 수	1명	279	52.4	271	49.9
	2명	136	25.6	124	22.8
	3명	61	11.5	58	10.7
	4명	30	5.6	37	6.8
	5명 이상	26	4.9	53	9.8
취재원의 익명성 여부	실명 취재원만 사용	230	43.2	244	44.9
	익명 취재원만 사용	179	33.6	167	30.8
	실명·익명 모두 사용	123	23.1	132	24.3
기사의 유형	스트레이트	374	70.3	337	62.1
	분석·해설	77	14.5	138	25.4
	기획·특집	10	1.9	15	2.8
	인터뷰	4	0.8	1	0.2
	기자회견·공동대담	22	4.1	3	0.6
	화제	16	3.0	34	6.3
	스케치	13	2.4	3	0.6
	칼럼	16	3.0	12	2.2
보도의 태도	비판·부정적	123	23.1	170	31.3
	우호·긍정적	224	42.1	194	35.7
	중립적	185	34.8	179	33.0
전 체		532	100	543	100

또 기사 하나에 사용된 취재원의 수는 브리핑제를 전후해 1명은 52.4%에서 49.9%로, 2명은 25.6%에서 22.8%로 각각 감소한 것으로

나타났다.

분석 대상 기사에서 취재원의 익명성 여부를 살펴보면, 실명 취재원만 사용한 기사가 브리핑제 이후 43.2%에서 44.9%로 약간 증가했고, 익명 취재원만 사용은 브리핑제 이후 33.6%에서 30.8%로 다소 감소한 것으로 집계되었다.

또한 이들 기사의 유형은 브리핑제를 전후해 스트레이트는 70.3%에서 62.1%로 줄고, 반면 분석·해설은 14.5%에서 25.4%, 기획·특집은 1.9%에서 2.8%로 각각 늘어났다. 출입처에서 생산되는 기사는 표에서 볼 수 있듯이 브리핑제 이후에도 여전히 스트레이트 유형이 압도적으로 높게 나타났다.

이 밖에 3개 신문 전체 기사의 보도 태도는 '비판·부정적'인 기사가 브리핑제 이후 23.1%에서 31.3%로 크게 증가한 반면, '우호·긍정적'인 기사는 42.1%에서 35.7%로 감소하였다.

2) 〈연구문제 2〉에 대한 결과 및 해석

〈연구문제 2〉는 "기자실 개방과 브리핑제 시행 전후시기에 따라 보도 행태에 차이가 있는가?"를 고찰하는 것이다. 〈연구문제 2〉는 다시 정부와 언론사의 관계, 출입처의 특성이라는 두 가지 매개변인에 따라 〈연구문제 2-1〉인 "기자실 개방과 브리핑제 시행이 보도 행태에 미친 영향은 정부와 언론사의 관계에 따라 차이가 있는가?"와 〈연구문제 2-2〉인 "기자실 개방과 브리핑제 시행이 보도 행태에 미친 영향은 출입처에 따라 차이가 있는가?"로 설정되었다. 각 변인들과의 관계에 대한 검증 결과는 다음과 같다.

(1) 〈연구문제 2-1〉의 검증 결과

〈연구문제 2-1〉은 기자실 개방과 브리핑제 시행이 보도의 빈도와 취재원의 수, 기사의 유형, 보도의 태도 등에 미친 영향은 정부와 언론사의 관계에 따라 차이가 있는지를 검증하는 것이다. 이들 연구문제의 검증은 대부분 차이분석인 카이제곱(χ^2)을 이용하였으며, 기사 1건당 평균 취재원의 수는 t검증(t-Test)을 활용하였다.

〈연구문제 2-1-1〉인 "기자실 개방과 브리핑제 시행이 보도의 빈도에 미친 영향은 정부와 언론사의 관계에 따라 차이가 있는가?"에 대한 검증은 〈표 4-3〉의 결과를 토대로 살펴보면 다음과 같다.

〈표 4-3〉 신문별 브리핑제 시행 전후의 보도빈도 차이

단위: 건(%)

	브리핑제		통계량		
	시행 전	시행 후	χ^2값	자유도	유의확률
조선일보	285(62.6)	170(37.4)			
한겨레	108(35.1)	200(64.9)	60.145	2	.000***
영남일보	139(44.6)	173(55.4)			
전체	532(49.5)	543(50.5)			

*** P<.001

위의 〈표 4-3〉에서 보듯이 보도의 빈도에 있어서는 기자실 개방과 브리핑제 시행 이후 정부와 '불편한 관계'인 조선일보와 '우호적 관계'인 한겨레, '중립적 관계'인 영남일보 간에 통계적으로 유의미한 차이가 있었다(χ^2=60.145, df=2, p=.000). 즉 브리핑제 시행 이후 조선일보는 보도 빈도가 62.6%에서 37.4%로 크게 줄었으나, 한겨레는 35.1%에서 64.9%, 영남일보는 44.6%에서 55.4%로 보도 빈도가 각각

늘어난 것으로 분석되었다.

이 결과는 브리핑제 시행 직후인 2003년을 대상으로 청와대 관련 기사의 수를 분석한 성기철(2004)의 연구와 다소 차이를 보인다. 성기철은 조선일보와 한겨레 모두 기사의 수가 증가한 것으로 분석했다. 이는 노무현 정부의 초기이자 브리핑제라는 정책을 처음 실시하면서 언론사들이 일제히 출입기자 1명 이외에 '지원기자' 1~2명을 추가로 파견한 것이 크게 작용한 때문으로 보인다. 지원기자는 대체로 2003년 11월까지 청와대에 파견되었다.

하지만 본 연구에서 분석한 2005년은 브리핑제가 어느 정도 정착되고 청와대의 경우 파견기자도 철수한 데다 〈표 3-1〉처럼 신문의 발행면수도 광고시장 위축 등으로 2000년과 비교해 오히려 줄어드는 시기였다. 즉 조선일보는 주 발행면수가 2000년 평균 336면에서 2005년 314면으로, 한겨레는 같은 시기 주 발행면수가 232면에서 212면으로 줄었으며, 지방 신문인 영남일보만 두 시기 모두 184면을 유지했다. 2005년은 이처럼 각 신문이 광고가 줄어드는 환경 속에서 자신의 이념적 정체성을 유지한 시기라고 할 수 있다. 따라서 이 시기에 조선일보는 청와대와 재정경제부·경북도청 등 3개 국가기관과 관련된 기사의 수가 줄어들고, 한겨레가 반대로 늘어난 것은 노무현 정부와 신문사의 관계가 보도에 영향을 미친다는 추측을 뒷받침하고 있는 셈이다. 즉 브리핑제가 정보의 평등권을 추구하면서 메이저 신문은 청와대 등지에서 차별화된 정보를 얻기가 어려워 관련 기사의 게재 빈도를 상대적으로 줄였을 개연성을 짐작케 한다.

따라서 기자실 개방과 브리핑제 시행이 보도의 빈도에 미친 영향은 정부와 언론사의 관계에 따라 뚜렷한 차이가 있는 것으로 나타났다.

178

〈연구문제 2-1-2〉인 "기자실 개방과 브리핑제 시행이 취재원의 수에 미친 영향은 정부와 언론사의 관계에 따라 차이가 있는가?"는 우선 〈표 4-4〉와 같이 변화가 나타났다.

〈표 4-4〉 신문별 브리핑제 시행 전후의 취재원 수

단위: 건

	브리핑제	1명	2명	3명	4명	5명 이상	전체
조선일보	시행 전	134	78	42	17	14	285
	%	65.0	66.7	62.7	50.0	45.2	62.6
	시행 후	72	39	25	17	17	170
	%	35.0	33.3	37.3	50.0	54.8	37.4
한겨레	시행 전	44	30	13	12	9	108
	%	30.3	42.3	38.2	50.0	26.5	35.1
	시행 후	101	41	21	12	25	200
	%	69.7	57.7	61.8	50.0	73.5	64.9
영남일보	시행 전	101	28	6	1	3	139
	%	50.8	38.9	33.3	11.1	21.4	44.6
	시행 후	98	44	12	8	11	173
	%	49.2	61.1	66.7	88.9	78.6	55.4

분석 결과 위의 〈표 4-4〉에서 보듯이 사례 수가 5 이하인 항목이 포함돼 있어 별 의미가 없는 카이제곱 검증 대신 취재원의 수에 따른 분포만 살펴보았다. 정부와 언론사의 관계에 따른 신문별 취재원의 수는 기자실 개방과 브리핑제 시행 전후에 조선일보는 1~3명을 인용한 기사가 크게 줄어들었으나 한겨레는 반대로 1~3명을 인용한 기사가 오히려 늘어났다. 이에 비해 영남일보는 브리핑제 시행 이후 취재원 2~3명을 인용한 기사가 증가한 것으로 나타났다.

취재원의 수를 다시 〈표 4-5〉에서 보듯이 브리핑제 시행 이후 기사 1건당 평균 몇 명의 취재원을 인용하고 있는지 t검증을 통해 그 차이를 살펴보았다.

〈표 4-5〉 신문별 브리핑제 시행 전후의 기사 1건당 평균 취재원 수

	브리핑제	N	평균	표준편차	t값	유의확률
조선일보	시행 전	285	2.00	1.423	2.239	.026*
	시행 후	170	2.34	1.692		
한겨레	시행 전	108	2.51	2.899	1.210	.227
	시행 후	200	2.19	1.659		
영남일보	시행 전	139	1.43	1.036	3.040	.003**
	시행 후	173	1.91	1.621		
전체	시행 전	532	1.85	1.133	2.486	.013*
	시행 후	543	2.04	1.326		

* P<.05, ** P<.01

위의 〈표 4-5〉에서 보듯 기사 1건당 평균 취재원의 수는 브리핑제 시행 이후 조선일보(t=2.239, p=.026)와 영남일보(t=3.040, p=.003)에서는 통계적으로 유의미한 차이가 있었으나, 한겨레(t=1.210, p=.227)는 차이가 없었다. 즉 조선일보는 기사 1건당 평균 취재원의 수가 브리핑제 이후 2.00명에서 2.34명으로 증가했고 영남일보도 1.43명에서 1.91명으로 늘어났다.

또한 3개 신문 전체의 기사 1건당 평균 취재원의 수도 브리핑제를 전후해 유의미한 차이가 확인되었다(t=2.486, p=.013). 즉 3개 신문사 전체의 기사 1건당 평균 취재원의 수는 브리핑제 이후 1.85명에서 2.04명으로 증가하였다.

기사를 작성하면서 취재원을 많이 인용하는 것은 기사의 신뢰도를 그만큼 높이는 것으로 평가할 수 있다. 노무현 정부는 브리핑제 실시와 함께 오보에 대해서는 법적 대응을 원칙으로 세웠다. 인터뷰에 응

한 중앙지 C기자는 "노무현 정부 들어 기사에 대한 법적 통제가 매우 강해졌다"며 "오보나 과장보도에 대해서는 가차 없이 언론중재위에 제소하고 있어 기자나 언론사는 기사를 신중하게 쓰는 문화가 형성되었다"고 분위기를 전했다. 노무현 정부와 '불편한 관계'인 조선일보는 신중한 보도의 필요성 때문에 브리핑제 시행 이전보다 더 많은 취재원을 인용하려 노력했을 가능성이 있다.

한국 신문 정치기사의 취재원 수를 시대별로 비교 연구한 김연미(1997)는 기사 1건당 평균 취재원이 1955년 0.93명, 1975년 0.99명, 1995년 0.99명이라고 밝혔다. 김연미는 40년간 취재원의 수에 거의 변화가 없었으며, 평균 1명도 안되는 것은 문제라고 지적했다. 이재경, 김진미(2000)는 한국 주요 신문 1면 기사의 취재원 수를 조사한 결과 기사 1건당 평균 1.35명으로 나타났다며 "너무 적다"고 비판했다. 그에 비하면 브리핑제 이후 기사 1건당 평균 취재원의 수가 2.04명으로 확인된 것은 비록 3개 신문의 출입처 3곳과 관련된 기사라 할지라도 주목할 만한 변화다.

따라서 기자실 개방과 브리핑제 시행이 기사 1건당 평균 취재원의 수에 미친 영향은 정부와 '불편한 관계'인 조선일보와 '중립적 관계'인 영남일보에서 차이가 확인되었다.

〈연구문제 2-1-3〉인 "기자실 개방과 브리핑제 시행이 기사의 유형에 미친 영향은 정부와 언론사의 관계에 따라 차이가 있는가?"를 검증하기 위해 먼저 브리핑제 전후로 기사 유형의 분포를 살펴본 결과 아래 〈표 4-6〉과 같이 나타났다. 여기서도 분석 결과 사례 수가 5 이하인 항목이 많아 카이제곱 검증은 하지 않았다.

〈표 4-6〉 신문별 브리핑제 시행 전후의 기사유형

단위: 건

	브리핑제	스트레이트	분석해설	기획특집	인터뷰	기자회견공동대담	화제	스케치	칼럼	전체
조선일보	시행 전	216	29	6	2	14	13	3	2	285
	%	64.9	45.3	60.0	66.7	100	61.9	100	28.6	62.6
	시행 후	117	35	4	1		8		5	170
	%	35.1	54.7	40.0	33.3		38.1		71.4	37.4
한겨레	시행 전	64	25	1		5	3	6	4	108
	%	38.6	26.6	16.7		83.3	12.5	100	66.7	35.1
	시행 후	102	69	5		1	21		2	200
	%	61.4	73.4	83.3		16.7	87.5		33.3	64.9
영남일보	시행 전	94	23	3	2	3		4	10	139
	%	44.3	40.4	33.3	100	60.0		57.1	66.7	44.6
	시행 후	118	34	6		2	5	3	5	173
	%	55.7	59.6	66.7		40.0	100	42.9	33.3	55.4
전체	시행 전	374	77	10	4	22	16	13	16	532
	%	52.6	35.8	40.0	80.0	88.0	32.0	81.3	57.1	49.5
	시행 후	337	138	15	1	3	34	3	12	543
	%	47.4	64.2	60.0	20.0	12.0	68.0	18.8	42.9	50.5

위의 〈표 4-6〉에서 보듯이 기자실 개방과 브리핑제 시행 이후 기사의 유형은 스트레이트 기사의 경우 조선일보는 216건에서 117건으로 줄어들었고, 반대로 한겨레는 64건에서 102건, 영남일보는 94건에서 118건으로 각각 늘어났다. 이에 비해 분석·해설 기사는 브리핑제 이후 조선일보는 29건에서 35건으로, 한겨레는 25건에서 69건, 영남일보는 23건에서 34건으로 각각 증가하였다. 또 3개 신문 전체의 기사 유형은 브리핑제 이후 스트레이트는 374건에서 337건으로 다소 줄고 반면 분석·해설 기사는 77건에서 138건으로 크게 늘어났다.

여기서 분석을 한 단계 더 진행해 기사의 유형을 그 신문에만 실리기 쉬운 '차별성 기사'와 여러 신문에 공통적으로 게재되기 쉬운 '비차별성 기사'의 두 종류로 재분류하여 분석한 결과 다음 〈표 4-7〉과 같이 나타났다. '차별성 기사'는 기사의 유형 중 분석 · 해설과 기획 · 특집, 인터뷰, 화제, 칼럼 등 다섯 가지를 한데 묶어 유목화한 것이며, '비차별성 기사'는 스트레이트와 기자회견 · 공동대담, 스케치 등 세 가지 유형을 묶어 재분류한 것이다.

〈표 4-7〉 신문별 브리핑제 시행 전후의 차별성기사 게재 차이

단위: 건(%)

	브리핑제	차별성 기사	비차별성 기사	전체	통계량		
					χ^2값	자유도	유의확률
조선일보	시행 전	52(49.5)	233(66.6)	285(62.6)	10.030	1	.002**
	시행 후	53(50.5)	117(33.4)	170(37.4)			
한겨레	시행 전	33(25.4)	75(42.1)	108(35.1)	9.258	1	.003**
	시행 후	97(74.6)	103(57.9)	200(64.9)			
영남일보	시행 전	38(43.2)	101(45.1)	139(44.6)	.093	1	.801
	시행 후	50(56.8)	123(54.9)	173(55.4)			

** P<.01

위의 〈표 4-7〉에서 보듯이 3개 신문의 '차별성 기사'와 '비차별성 기사'의 유형은 브리핑제 시행 이후 조선일보(χ^2=10.030, df=1, p=.002)와 한겨레(χ^2=9.258, df=1, p=.003)에서 통계적으로 유의미한 차이가 있었다. 그러나 영남일보는 차이가 없었다(χ^2=.093, df=1, p=.801). 즉 브리핑제 이후 조선일보는 '차별성 기사'가 49.5%에서 50.5%로 증가한 반면 '비차별성 기사'는 66.6%에서 33.3%로 크게 감소했다. 또 한겨레도 '차별성 기사'가 25.4%에서 74.6%로 크게 늘었으며 이와 함께 '비차별성 기사'도 42.1%에서 57.9%로 늘어났다.

이는 출입처가 제공하는 보도자료를 토대로 작성된 뒤 여러 신문에 공통적으로 실리기 쉬운 스트레이트와 기자회견·공동대담, 스케치 등의 기사가 줄고 반면 신문별로 차별화가 이루어지는 분석·해설, 기획·특집, 인터뷰, 칼럼 등의 기사가 늘어난 것을 의미한다. 이 결과는 브리핑제 시행 직후 청와대 1곳을 대상으로 단독기사의 변화를 파악한 성기철(2004)의 연구와 차이를 보인다. 그는 이 연구에서 조선일보와 한겨레·국민일보 3개 신문의 단독기사 평균이 6.3%에서 4.9%로 감소했다고 밝혔다. 그러나 이 연구는 유의확률을 간과하고 있어 결과가 통계적으로 유의미한지 알 수 없으며, 단독기사의 개념 정의도 다소 주관적이다. 즉 단독기사는 대체로 특종 기사를 의미하지만 성기철은 단독기사를 '굳이 특종기사가 아니더라도 특정 기자가 별도의 노력을 통해 혼자서만 취재해 작성한 모든 기사를 지칭한다'고 모호한 조작적 정의를 내렸다.

그래서 본 연구는 논란의 여지가 있는 단독기사라는 개념 대신 보도자료에 정리된 단순 사실 전달 수준을 벗어나 보도자료를 가공해 기자의 의견을 가미하거나 그 신문만의 독자적 목소리를 담은 다소 폭넓은 '차별성'이라는 개념을 설정해 분석했다. 즉 '차별성 기사'는 독자적인 기사는 물론 보도자료를 토대로 했더라도 정보가 보태졌다면 포함시켰다. 그 결과 브리핑제 이후 오히려 '차별성 기사'의 비율이 늘어난 것으로 나타났다.

이는 최근 들어 신문들이 국가기관의 주요 정책이나 발표 등을 다룰 때 '뉴스분석' 등의 이름으로 기자의 의견이 가미된 분석·해설 기사를 부쩍 늘려나가는 추세와 같은 경향으로 해석된다. '차별성 기사'의 확대는 브리핑제 시행 이후 수많은 매체가 출입처 보도자료를 토대로 쏟아내는 정보의 홍수 속에서 주요 신문들이 정보의 차별화 전략을 시도한 결과이기도 할 것이다.

따라서 기자실 개방과 브리핑제 시행이 기사의 유형에 미친 영향은 정부와 '불편한 관계'인 조선일보와 '우호적 관계'인 한겨레에서 모두 '차별성 기사'가 늘어나 차이가 없는 것으로 나타났다.

〈연구문제 2-1-4〉인 "기자실 개방과 브리핑제 시행이 보도의 태도에 미친 영향은 정부와 언론사의 관계에 따라 차이가 있는가?"를 검증한 결과 아래 〈표 4-8〉과 같이 나타났다.

〈표 4-8〉 신문별 브리핑제 시행 전후의 보도태도 차이

단위: 건(%)

	브리핑제	부정적	긍정적	중립적	전체	통계량		
						χ^2값	자유도	유의확률
조선일보	시행 전	74(43.8)	125(82.8)	86(63.7)	285(62.6)	51.907	2	.000***
	시행 후	95(56.2)	26(17.2)	49(36.3)	170(37.4)			
한겨레	시행 전	17(34.0)	29(23.0)	62(47.0)	108(35.1)	16.275	2	.000***
	시행 후	33(66.0)	97(77.0)	70(53.0)	200(64.9)			
영남일보	시행 전	32(43.2)	70(49.6)	37(38.1)	139(44.6)	3.144	2	.208
	시행 후	42(56.8)	71(50.4)	60(61.9)	173(55.4)			

*** P<.001

위의 〈표 4-8〉에서 보듯이 정부와 언론사의 관계에 따라 신문별로 보도 태도를 분석하면 기자실 개방과 브리핑제 시행 이후 노무현 정부와 '불편한 관계'인 조선일보(χ^2=51.907, df=2, p=.000)와 '우호적 관계'인 한겨레(χ^2=16.275, df=2, p=.000)는 매우 유의미한 차이가 있는 것으로 분석되었다. 그러나 '중립적 관계'인 영남일보는 통계적으로 차이가 없었다(χ^2=3.144, df=2, p=.208). 즉 브리핑제 시행 이후 조선일보는 '"투기 끝났다" 하루 만에 송파에 역습 당하자 당황-정

부 연일 말 폭탄'(2005년 9월 2일)처럼 '비판·부정적'인 보도가 43.8%에서 56.2%로 증가했으나 '노 대통령, 부시와 통화 "미국이 보여준 유연성 높이 평가"'(2005년 9월 20일)와 같이 '우호·긍정적'인 보도는 82.8%에서 17.2%로 급감한 것으로 나타났다. 이에 비해 한겨레는 '정문수 청와대 보좌관 땅 투기 의혹'(2005년 9월 22일)처럼 '비판·부정적'인 보도가 34.0%에서 66.0%로, '노 대통령, 북한 대사와 깜짝 만남'(2005년 9월 11일)과 같이 '우호·긍정적'인 보도도 23.0%에서 77.0%로 급격히 늘어났다.

이는 노무현 정부와 '불편한 관계'인 조선일보는 보도가 비판적이고, 노무현 정부와 이념적 성향이 유사한 한겨레는 우호적이면서도 비판적인 결과로 볼 수 있다. 따라서 기자실 개방과 브리핑제 시행이 보도의 태도에 미친 영향은 정부와 '중립적 관계'인 영남일보를 가운데 두고 정부와 '불편한 관계'인 조선일보는 '비판적'이었고 '우호적 관계'인 한겨레는 '긍정적'이면서 동시에 '비판적'인 모습을 나타냈다.

이상의 연구결과를 종합하면 브리핑제 시행 이후 노무현 정부와 '불편한 관계'인 조선일보의 경우 보도 빈도는 줄어들었으나 기사 1건당 평균 취재원의 수, 다른 신문과 차별화된 유형의 기사는 늘어났다. 조선일보는 또 국가기관에 비판적인 기사가 급격히 늘어났다. 이에 비해 노무현 정부와 '우호적 관계'인 한겨레는 보도 빈도와 차별화된 기사의 수, 부정적이고 긍정적인 보도 등이 모두 증가했다. 한편 노무현 정부와 '중립적 관계'인 영남일보는 보도 빈도와 기사 1건당 평균 취재원의 수는 증가한 반면 차별화된 기사의 수, 보도의 태도 등은 차이가 확인되지 않았다.

보도 빈도와 취재원의 수, 기사의 유형 등은 모두 국민의 알 권리와 상관성이 높다고 볼 수 있는 지수들이다. 이상의 결과를 국민의 알 권리 차원에서 살펴보면 브리핑제 시행 이후 일부 신문은 국가기관의 보도 빈도가 줄어든 것으로 나타났으나, 취재원의 수는 전반적으로 증가하고 '차별성 기사'도 두 신문에서 늘어나 브리핑제가 일부 신문에 부정적인 영향을 미치기도 했지만 본래 의도와 관계없이 긍정적인 결과를 끌어낸 측면도 있었다.

(2) 〈연구문제 2-2〉의 검증 결과

〈연구문제 2-2〉는 기자실 개방과 브리핑제 시행이 보도 빈도와 취재원의 수, 기사의 유형, 보도의 태도에 미친 영향은 출입처에 따라 차이가 있는지를 검증하는 것이다. 대부분의 검증은 카이제곱(χ^2) 분석을 하였고, 기사 1건당 평균 취재원의 수는 t검증(t-Test)을 활용하였다.

〈연구문제 2-2-1〉인 "기자실 개방과 브리핑제 시행이 보도의 빈도에 미친 영향은 출입처에 따라 차이가 있는가?"에 대한 검증은 〈표 4-9〉의 결과를 토대로 살펴보면 다음과 같다.

〈표 4-9〉 출입처별 브리핑제 시행 전후의 보도빈도 차이

단위: 건(%)

	브리핑제		통계량		
	시행 전	시행 후	χ^2값	자유도	유의확률
청와대	326(55.5)	261(44.5)			
재정경제부	103(44.8)	127(55.2)	20.072	2	.000***
경북도청	103(39.9)	155(60.1)			
전체	532(49.5)	543(50.5)			

*** P<.001

위의 〈표 4-9〉에서 보듯이 보도의 빈도에 있어서는 청와대와 재정
경제부·경북도청 등 출입처 간에 통계적으로 유의미한 차이가 있었
다(χ^2=20.072, df=2, p=.000). 즉 기자실 개방과 브리핑제 시행 이
후 최고 권력기관인 청와대는 신문에 게재된 관련 기사의 수가 55.5%
에서 44.5%로 줄었으나, 경제 정책을 총괄하는 재정경제부는 44.8%에
서 55.2%, 지방자치의 구심점인 경북도청은 39.9%에서 60.1%로 관련
기사의 보도 빈도가 각각 늘어난 것으로 분석되었다.

〈표 4-10〉 신문별 출입처에 따른 브리핑제 시행 전후의
보도빈도 차이

단위: 건(%)

출입처	출입처	브리핑제		통계량		
		시행 전	시행 후	χ^2값	자유도	유의확률
조선일보	청와대	195(67.7)	93(32.3)	23.645	2	.000***
	재정경제부	81(61.4)	51(38.6)			
	경북도청	9(25.7)	26(74.3)			
	전체	285(62.6)	170(37.4)			
한겨레	청와대	76(48.4)	81(51.6)	25.232	2	.000***
	재정경제부	22(22.4)	76(77.6)			
	경북도청	10(18.9)	43(81.1)			
	전체	108(35.1)	200(64.9)			
영남일보	청와대	55(38.7)	87(61.3)	3.572	1	.059
	경북도청	84(49.4)	86(50.6)			
	전체	139(44.6)	173(55.4)			

*** P〈.001

이를 다시 〈표 4-10〉과 같이 신문별로 구분한 보도의 빈도는 조선일보(χ^2=23.645, df=2, p=.000)와 한겨레(χ^2=25.232, df=2, p=.000)의 경우 출입처 간에 통계적으로 유의미한 차이가 확인됐으나, 영남일보는 유의미한 차이가 없는 것으로 나타났다(χ^2=3.572, df=1, p=.059). 즉 브리핑제 시행 이후 조선일보는 청와대 관련 기사의 보도 비율이 67.7%에서 32.3%로, 재정경제부는 61.4%에서 38.6%로 각각 줄어들었다. 반면 한겨레는 청와대 관련 기사가 48.4%에서 51.6%로, 재정경제부는 22.4%에서 77.6%로 각각 증가했다.

한편 영남일보는 기자실 개방 이후에도 인력 부족을 이유로 재정경제부에 출입기자를 배치하지 못하고 있어, 기자실 개방이 곧 모든 언론에 정보의 평등한 접근을 보장하지 않는다는 것을 간접적으로 보여주었다.

이처럼 정부와 '불편한 관계'인 조선일보의 경우 청와대가 다른 출입처와 달리 관련 기사가 상대적으로 크게 줄어든 것은 브리핑제 시행 이후 견제를 받는 신문인 데다 출입기자의 비서실 방문취재를 엄격하게 제한한 조치와 관련이 있을 것으로 해석된다. 청와대 출입 중앙지 A기자는 "방문취재 제한으로 취재에 어려움이 많다"고 실토했으며, 지방지 D기자는 "상당한 어려움을 야기하는 방문취재 제한이 청와대 기사 획일화의 큰 요인이 되고 있다"며 어떤 식으로든 개선이 필요하다고 지적하였다. 반면 정부와 '우호적 관계'인 한겨레의 경우 출입처 3곳에서 모두 관련 기사의 빈도가 각각 증가하였으며, 경북도청은 조선일보와 한겨레 등 2개 신문에서 각각 관련 기사의 빈도가 각각 크게 증가해 브리핑제 이후 이들 신문의 지방면 운영 방식이 달라졌음을 반영하였다.

따라서 기자실 개방과 브리핑제 시행이 보도의 빈도에 미친 영향은 출입처에 따라 큰 차이가 있는 것으로 나타났다.

〈연구문제 2-2-2〉인 "기자실 개방과 브리핑제 시행이 취재원의 수에 미친 영향은 출입처에 따라 차이가 있는가?"에 대한 검증은 〈표 4-11〉〈표 4-12〉의 결과를 바탕으로 살펴보면 다음과 같다.

〈표 4-11〉 출입처별 브리핑제 시행 전후의 취재원 수

단위: 건

	브리핑제	1명	2명	3명	4명	5명 이상	전체
청와대	시행 전	155	88	41	22	20	326
	%	54.4	57.5	56.9	61.1	48.8	55.5
	시행 후	130	65	31	14	21	261
	%	45.6	42.5	43.1	38.9	51.2	44.5
재정경제부	시행 전	43	31	19	5	5	103
	%	36.8	59.6	61.3	38.5	29.4	44.8
	시행 후	74	21	12	8	12	127
	%	63.2	40.4	38.7	61.5	70.6	55.2
경북도청	시행 전	81	17	1	3	1	103
	%	54.7	30.9	6.3	16.7	4.8	39.9
	시행 후	67	38	15	15	20	155
	%	45.3	69.1	93.7	83.3	95.2	60.1

위의 〈표 4-11〉에서 보듯이 취재원의 수에 있어서는 사례 수가 5 이하인 항목이 포함돼 있어 차이분석인 카이제곱 검증을 시행하지 않았다. 브리핑제 시행 이후 취재원 수의 분포는 청와대와 경북도청의 경우 취재원 1명을 인용한 기사가 줄어든 반면 재정경제부는 취재원 1명을 인용한 기사의 건수가 36.8%에서 63.2%로 오히려 증가한 것으로 나타났다.

이 같은 결과는 브리핑제 시행 이후 달라진 출입처의 특성과 관련이 있을 것으로 보인다. 재정경제부는 중앙지의 경우 대체로 경제부 기자들이 복수로 출입하고 있다. 브리핑제 이후 대부분 도입된 신문사의 팀제 취재 때문이다. 2005년 분석 대상 기간 중 한겨레는 재정경제부 출입기자가 3명이었으며, 조선일보는 6명이나 됐다. 이들은 재정경제부를 출입하면서 동시에 경제 관련 부처인 공정거래위원회나 한국은행·국세청 등을 맡고 있었다. 그래서 중앙지 F기자는 인터뷰에서 "단독 출입을 맡은 공정거래위원회와 농림부에 공을 들이느라 재정경제부를 챙길 겨를이 없다"면서 기자 1인이 출입처 2~3곳을 떠맡게 돼 업무 과중에 시달리는 구조임을 호소했다. 복수 출입으로 생겨난 업무 부담은 기사 하나를 작성하는 데 많은 취재원 인용을 어렵게 만드는 구조가 될 것이란 해석을 낳게 한다.

다시 출입처별로 기사 1건당 평균 몇 명의 취재원을 인용하고 있는지 아래 〈표 4-12〉와 같이 그 차이를 살펴보았다.

〈표 4-12〉 출입처별 브리핑제 시행 전후의 기사 1건당
평균 취재원 수

	브리핑제	N	평균	표준편차	t값	유의확률
청와대	시행 전	326	1.97	1.194	.000	1.000
	시행 후	261	1.97	1.249		
재정경제부	시행 전	103	2.01	1.116	.537	.592
	시행 후	127	1.92	1.337		
경북도청	시행 전	103	1.31	0.728	6.142	.000***
	시행 후	155	2.25	1.425		
전체	시행 전	532	1.85	1.133	2.486	.013*
	시행 후	543	2.04	1.326		

* P<.05, *** P<.001

〈표 4-12〉에서 보듯 기사 1건당 평균 취재원의 수는 브리핑제 시행을 전후해 경북도청(t=6.142, p=.000)은 통계적으로 유의미한 차이가 있었으나, 청와대(t=.000, p=1.000)와 재정경제부(t=.537, p=.592)는 차이가 없는 것으로 나타났다. 즉 경북도청 관련 기사는 1건당 평균 취재원의 수가 브리핑제 이후 1.31명에서 2.25명으로 증가했다. 한편 재정경제부는 브리핑제 이후 기사 1건당 평균 취재원의 수에 있어서 통계적으로 차이는 없었지만 2.01명에서 1.92명으로 바뀌어 복수 출입 등 출입처의 특성을 일부 반영하고 있었다.

따라서 기자실 개방과 브리핑제 시행이 취재원의 수에 미친 영향은 지방자치단체인 경북도청에서만 차이가 있는 것으로 확인되었다.

〈연구문제 2-2-3〉인 "기자실 개방과 브리핑제 시행이 기사의 유형에 미친 영향은 출입처에 따라 차이가 있는가?"에 대한 검증은 〈표 4-13〉〈표 4-14〉의 결과를 바탕으로 살펴보면 다음과 같다.

〈표 4-13〉 출입처별 브리핑제 시행 전후의 기사유형

단위: 건

	브리핑제	스트레이트	분석해설	기획특집	인터뷰	기자회견 공동대담	화제	스케치	칼럼	전체
청와대	시행 전	214	44	6	2	21	15	13	11	326
	%	57.5	37.9	75.0	100	87.5	46.9	81.3	64.7	55.5
	시행 후	158	72	2		3	17	3	6	261
	%	42.5	62.1	25.0		12.5	53.1	18.8	35.3	44.5
재정경제부	시행 전	74	21	4	1	1			2	103
	%	51.7	32.8	44.4	100	100			28.6	44.8
	시행 후	69	43	5			5		5	127
	%	48.3	67.2	55.6			100		71.4	55.2
경북도청	시행 전	86	12		1		1		3	103
	%	43.9	34.3		50		7.7		75.0	39.9
	시행 후	110	23	8	1		12		1	155
	%	56.1	65.7	100	50		92.3		25.0	60.1

전체	브리핑제	스트 레이트	분석 해설	기획 특집	인터뷰	기자회견 공동대담	화제	스케치	칼럼	전체
	시행 전	374	77	10	4	22	16	13	16	532
	%	52.6	35.8	40.0	80.0	88.0	32.0	81.3	57.1	49.5
	시행 후	337	138	15	1	3	34	3	12	543
	%	47.4	64.2	60.0	20.0	12.0	68.0	18.8	42.9	50.5

위의 〈표 4-13〉에서 보듯이 기사의 유형은 사례 수에 있어서 0인 항목이 많아 1단계에서는 통계 분석을 이용한 검증 대신 유형별 분포만 파악하였다. 청와대 관련 기사의 경우 브리핑제 시행 이후 스트레이트 유형은 214건에서 158건으로 줄어든 반면 분석·해설은 44건에서 72건으로 늘어났다. 이러한 흐름은 재정경제부에서도 비슷하게 나타났다. 재정경제부는 스트레이트가 74건에서 69건으로 감소하고, 대신 분석·해설 기사는 21건에서 43건으로 증가했다. 한편 경북도청은 스트레이트 기사가 86건에서 110건으로 오히려 늘어났으며, 분석·해설 기사도 청와대와 재정경제부처럼 12건에서 23건으로 증가하였다.

이들 기사의 유형을 다시 '차별성 기사'와 '비차별성 기사'로 2단계 분석한 결과 〈표 4-14〉와 같이 나타났다.

〈표 4-14〉 출입처별 브리핑제 시행 전후의 차별성기사 게재 차이

단위: 건(%)

	브리핑제	차별성 기사	비차별성 기사	전 체	통계량		
					χ^2값	자유도	유의확률
청와대	시행 전	78(44.6)	248(60.2)	326(55.5)	12.140	1	.001**
	시행 후	97(55.4)	164(39.8)	261(44.5)			
재정 경제부	시행 전	28(32.6)	75(52.1)	103(44.8)	8.301	1	.004**
	시행 후	58(67.4)	69(47.9)	127(55.2)			
경북 도청	시행 전	17(27.4)	86(43.9)	103(39.9)	5.319	1	.025*
	시행 후	45(72.6)	110(56.1)	155(60.1)			

* P〈.05, ** P〈.01

위의 〈표 4-14〉에서 보듯이 출입처에 따른 3개 신문 전체의 '차별성 기사'와 '비차별성 기사'의 유형도 기자실 개방과 브리핑제 시행 이후 청와대(χ^2=12.140, df=1, p=.001)와 재정경제부(χ^2=8.301, df=1, p=.004), 경북도청(χ^2=5.319, df=1, p=.025) 등 출입처 3곳에서 모두 통계적으로 유의미한 차이가 있었다. 즉 기자실 개방과 브리핑제 시행 이후 청와대는 관련된 '차별성 기사'가 44.6%에서 55.4%로 늘어난 반면 '비차별성 기사'는 60.2%에서 39.8%로 크게 줄어들었다. 또 재정경제부도 '차별성 기사'가 32.6%에서 67.4%로 크게 늘었으나 '비차별성 기사'는 52.1%에서 47.9%로 줄어들었으며, 경북도청도 '차별성 기사'가 27.4%에서 72.6%로 크게 증가하였다.

따라서 기자실 개방과 브리핑제 시행이 기사의 유형에 미친 영향은 출입처 3곳에서 모두 차이가 있는 것으로 나타났다.

〈연구문제 2-2-4〉인 "기자실 개방과 브리핑제 시행이 보도의 태도에 미친 영향은 출입처에 따라 차이가 있는가?"에 대한 검증은 〈표 4-15〉〈표 4-16〉의 결과를 토대로 살펴보면 다음과 같다.

〈표 4-15〉 출입처별 브리핑제 시행 전후의 보도태도 차이

단위: 건(%)

	브리핑제	부정적	긍정적	중립적	전체	통계량		
						χ^2값	자유도	유의확률
청와대	시행 전	54(43.2)	143(59.3)	129(58.4)	326(55.5)	9.832	2	.007**
	시행 후	71(56.8)	98(40.7)	92(41.6)	261(44.5)			
재정경제부	시행 전	40(47.1)	31(44.3)	32(42.7)	103(44.8)	.321	2	.852
	시행 후	45(52.9)	39(55.7)	43(57.3)	127(55.2)			
경북도청	시행 전	29(34.9)	50(46.7)	24(35.3)	103(39.9)	3.533	2	.171
	시행 후	54(65.1)	57(53.3)	44(64.7)	155(60.1)			

** P<.01

194

위의 〈표 4-15〉에서 보듯이 보도의 태도에 있어서는 청와대(χ^2 =9.832, df=2, p=.007)의 경우 기자실 개방과 브리핑제 시행 전후에 차이가 있는 것으로 분석된 반면 재정경제부(χ^2=.321, df=2, p=.852) 와 경북도청(χ^2=3.533, df=2, p=.171)은 각각 통계적으로 차이가 없 는 것으로 나타났다. 즉 청와대 관련은 '비판·부정적'인 기사가 43.2%에서 56.8%로 증가한 반면 '우호·긍정적'인 기사는 59.3%에서 40.7%, '중립적'인 기사는 58.4%에서 41.6%로 각각 감소하였다. 이는 비판적인 조선일보의 청와대 관련 기사가 통계에서 차지하는 비중이 상대적으로 커서 전체에 영향을 미친 결과라고 할 수 있다.

특히 다음 〈표 4-16〉에서 보듯이 신문별로 다시 구분한 보도 태도 는 브리핑제 시행을 전후해 청와대 관련 기사의 경우 조선일보(χ^2 =57.288, df=2, p=.000)와 한겨레(χ^2=10.048, df=2, p=.007), 영남 일보(χ^2=10.393, df=2, p=.006) 등 3개 신문에서 모두 통계적으로 유의미한 차이가 있는 것으로 나타났다. 즉 조선일보는 청와대 관련 기사의 경우 브리핑제 이후 '부정적'인 기사가 39.3%에서 60.7%로 급 격히 증가한 반면 '긍정적'인 기사는 90.7%에서 9.3%로 급격히 줄어 조선일보와 청와대의 관계를 상징적으로 보여주고 있다.

이에 비해 한겨레는 브리핑제 이후 청와대와 관련된 '긍정적'인 기 사가 38.5%에서 61.5%로 늘고 동시에 '부정적'인 기사도 29.4%에서 70.6%로 증가했다. 이 70.6%라는 수치는 사례 수가 12건으로 그리 크 지 않지만 노무현 정부와 이념 성향을 같이하는 신문이 '부정적'인 기 사가 크게 늘어났다는 점에서 뜻밖으로 해석된다. 그만큼 언론이 주목 한 청와대의 정책과 노무현 대통령의 스타일 등이 논란이 돼 왔다는 반증일 것이다. 이에 비해 영남일보는 브리핑제 이후 '"이정우 교수 정책위원장 재직 때 자신이 발주한 청와대 연구용역 수주"'(2005년 9

월 15일)처럼 '부정적'인 기사는 66.7%에서 33.3%로 크게 감소하고, '"부동산 대책, 입법화 가장 중요"-노 대통령 강조'(2005년 9월 3일)와 같이 '긍정적'인 기사는 29.4%에서 70.6%로 크게 증가했다. 이는 영남일보가 지방 신문으로서 행정복합도시, 혁신도시 등 노무현 정부가 펼친 일련의 지역균형발전 정책을 비판적으로 지지했을 가능성 때문으로 분석된다.

<표 4-16> 신문별 출입처에 따른 브리핑제 시행 전후의 보도태도 차이

단위: 건(%)

		브리핑제	부정적	긍정적	중립적	전 체	통계량		
							χ^2값	자유도	유의확률
조선일보	청와대	시행 전	33(39.3)	98(90.7)	64(66.7)	195(67.7)	57.288	2	.000***
		시행 후	51(60.7)	10(9.3)	32(33.3)	93(32.3)			
	재정경제부	시행 전	33(51.6)	27(79.4)	21(61.8)	81(61.4)	7.267	2	.026*
		시행 후	31(48.4)	7(20.6)	13(38.2)	51(38.6)			
	경북도청	시행 전	8(38.1)		1(20.0)	9(25.7)	4.886	2	.087
		시행 후	13(61.9)	9(100)	4(80.0)	26(74.3)			
한겨레	청와대	시행 전	5(29.4)	25(38.5)	46(61.3)	76(48.4)	10.048	2	.007**
		시행 후	12(70.6)	40(61.5)	29(38.7)	81(51.6)			
	재정경제부	시행 전	7(33.3)	4(11.1)	11(26.8)	22(22.4)	4.539	2	.103
		시행 후	14(66.7)	32(88.9)	30(73.2)	76(77.6)			
	경북도청	시행 전	5(41.7)		5(31.3)	10(18.9)	11.491	2	.003
		시행 후	7(58.3)	25(100)	11(68.8)	43(81.1)			
영남일보	청와대	시행 전	16(66.7)	20(29.4)	19(38.0)	55(38.7)	10.393	2	.006**
		시행 후	8(33.3)	48(70.6)	31(62.0)	87(61.3)			
	경북도청	시행 전	16(32.0)	50(68.5)	18(38.3)	84(49.4)	19.020	2	.000***
		시행 후	34(68.0)	23(31.5)	29(61.7)	86(50.6)			

* P<.05, ** P<.01, *** P<.001

한편 경북도청 관련 기사도 보도 태도의 경우 영남일보(χ^2=19.020, df=2, p=.000)에서 통계적으로 유의미한 차이가 있었다. 즉 영남일보는 브리핑제 이후 경북도청 관련 기사에서 '부정적'인 기사가 32.0%에서 68.0%로 크게 늘어난 반면 '긍정적'인 기사는 68.5%에서 31.5%로 크게 줄어든 것으로 나타났다. 이는 대구·경북에서 독자 수나 영향력에서 지방지 중 두 번째 위치인 영남일보가 브리핑제 이후 출입기자와 언론사가 급증하면서 건전한 비판을 통해 지역을 대표하는 언론으로 자리매김한 결과로 분석된다. 이 같은 분석은 경북도청을 출입하는 지방지 M기자가 인터뷰에서 "지역 발전을 저해하는, 사익에만 치우치는 기사를 게재한 경우에는 출입처는 물론 언론 관련 단체 등이 제재해야 마땅하다"는 의견을 제시한 것으로도 뒷받침되고 있다.

한편 한겨레의 경우 경북도청 관련기사(χ^2=11.491, df=2, p=.003)가 통계적으로 유의미한 차이가 있는 것처럼 나타났지만 브리핑제 시행 전 '긍정적'인 사례가 0으로 5 이하가 되어 통계 결과가 의미를 잃게 되었다.

따라서 기자실 개방과 브리핑제 시행이 보도 태도에 미친 영향은 출입처 중 청와대에서만 뚜렷한 차이가 있는 것으로 나타났다.

이상의 결과를 종합하면 브리핑제 시행 이후 출입처 중 최고 권부인 청와대의 경우 보도 빈도는 줄어들었으나 차별화된 유형의 기사, '부정적'인 보도 태도는 각각 늘어났다. 이에 비해 경제 정책을 총괄하는 재정경제부의 경우 보도의 빈도와 차별화된 기사의 수는 증가하였다. 한편 지방자치의 구심 역할을 하는 경북도청은 브리핑제 이후 보도 빈도와 기사 1건당 평균 취재원의 수, 차별화된 기사는 모두 늘어났지만 보도 태도는 차이가 확인되지 않았다.

V 결 론

1. 요약 및 논의

노무현 정부는 집권 이후 주요한 언론정책으로 청와대를 비롯한 정부 주요 부처의 기자실을 개방형으로 전환하고 브리핑제를 시행해 오고 있다. 언론계와 학계는 기존의 기자실과 취재 시스템을 근본부터 바꾸는 이 정책의 적절성을 놓고 그동안 논란을 벌여 왔다. 이 정책을 찬성한 쪽은 잘못된 취재 관행을 바로잡고 기득권 언론의 정보 독점을 해소할 수 있는 기회가 될 것이라며 기대를 나타냈고, 반대한 쪽은 '출입처 사무실의 방문 취재 제한' 등 이 정책이 사실상 취재와 보도의 자유를 침해할 것이라며 우려를 나타냈다. 그리고 4년이 지났다.

이 같은 언론 환경의 큰 변화에도 불구하고 기자실 개방과 브리핑제 시행의 주요한 목적이었던 폐쇄적이고 배타적인 기자실의 관행은 이후 어떻게 바뀌었는지에 대한 연구는 빈약한 실정이다. 게다가 기자실 개방과 브리핑제 시행이 취재보도에 미치는 영향을 실증적으로 밝히는 연구도 거의 이루어지지 않고 있다. 기자실 개방과 브리핑제 시행이 기자실의 관행 및 취재보도에 미친 영향을 노무현 정부 후반기에 규명하는 노력은 그래서 필요하다 할 것이다.

따라서 본 연구는 이러한 문제 제기 아래 기자실 개방과 브리핑제 시행을 전후해 기자실의 관행이 어떻게 바뀌었는지 알아보고, 나아가 정부와 언론사의 관계, 출입처의 특성에 따른 보도 행태의 차이를 계량적인 연구를 통해 실증적으로 밝힌 다음, 궁극적으로는 새로운 언론 정책이 국민의 알 권리에 긍정적으로 기능하고 있는지 규명하는 데 그 목적을 두었다.

본 연구는 기자실 개방과 브리핑제 시행을 전후한 기자실 관행의 변화를 알아보기 위해 출입기자를 상대로 질적 연구방법인 심층 인터뷰를 실시하고, 보도 행태를 비교 분석하기 위해 3개 신문을 대상으로 양적 연구방법인 내용분석을 시도하였다.

심층 인터뷰 결과와 신문 기사의 내용분석을 정리하면 다음과 같다. 본 연구는 기자실 개방과 브리핑제 시행 이후 언론사 간 차별과 기자와 취재원의 유착, 출입기자 간 기사 담합, 향응 및 촌지 수수 등 폐쇄적인 기자실의 관행이 그 이전과 비교해 어떻게 달라졌는지를 심층 인터뷰를 통해 분석하였다. 심층 인터뷰에 이어 내용분석은 선행연구를 토대로 하여 기자실 개방과 브리핑제 시행이 정부와 언론사의 관계에 따라 보도의 빈도와 취재원의 수, 기사의 유형, 보도의 태도 등 보도 행태에 어떠한 영향을 미치고 있는지에 대한 연구문제를 설정하였다. 정부와 언론사의 관계는 정부와 '불편한 관계'인 조선일보와 '우호적 관계'인 한겨레, 그리고 '중립적 관계'인 영남일보 등 중앙지 2곳과 청와대 출입 등에서 한동안 상대적으로 차별을 받아 온 지방지 1곳을 서로 비교하였다.

또 기자실 개방과 브리핑제 시행이 출입처의 특성에 따라 보도 행태에 어떤 영향을 미치는지에 대한 연구문제를 설정하였다. 출입처는 정권의 심장부로 정치부 기자들이 주로 출입하는 청와대와, 경제 정책의 사령탑으로 경제부 기자들이 출입하는 재정경제부 등 중앙 부처 2 곳과 사회부 기자들이 주로 맡고 있는 지방자치단체인 경북도청 등 3 곳을 서로 비교했다.

첫째, 〈연구문제 1〉은 "기자실 개방과 브리핑제 시행에 따라 기자실의 관행은 어떻게 바뀌었나?"였는데, 그 아래 6개의 연구문제가 제기되었다. 즉, 〈연구문제 1-1〉은 "기자실에서 언론사 간 차별은 정도가 변화되었는가?"였고 〈연구문제 1-2〉는 "출입기자와 취재원의 유착 관계는 개선되었는가?"였으며, 〈연구문제 1-3〉은 "출입기자 간 기사 담합은 개선되었는가?"였다. 또 〈연구문제 1-4〉는 "출입처로부터 외유성 취재나 향응, 촌지 등을 받는 관행은 변화되었는가?"였으며, 〈연구문제 1-5〉는 "출입기자의 출입처 사무실 방문취재 제한은 어느 정도인가?"였다. 마지막으로 〈연구문제 1-6〉은 "과거 기자단이 운영한 국익 등이 걸린 엠바고는 어떻게 처리되고 있는가?"로 설정되었다. 이들 문제를 청와대와 재정경제부·경북도청을 출입하는 기자들과 출입기자와 호흡을 같이하는 공무원을 대상으로 인터뷰를 통해 알아보았다.

인터뷰 결과, 브리핑제 시행 이후 〈연구문제 1-1〉인 언론사 간 차별의 경우 기자단이 출입 여부를 결정하던 신규 진입 장벽은 사라졌다고 응답하였다. 즉 청와대와 재정경제부·경북도청 기자실은 모두 노무현 정부 들어 개방형 기자실을 운영하고 있었다. 기자실의 구조도 브리핑을 효율적으로 할 수 있도록 개조되었으며, 출입을 희망하는 언론사는 군소 언론이든 인터넷 언론이든 차별 없이 출입기자 등록이 허용되고 있었다. 그러나 청와대의 경우 풀 기자단이 여전히 운영되는 등 취재원 접근의 차별과 지정석 운영 등의 관행은 남아 있다고 응답해 기자실 개방 이후에도 일부 출입처에서 차별이 남아 있다는 김관규, 송의호(2004)의 연구결과와 일치하였다.

〈연구문제 1-2〉인 기자와 취재원의 유착 관행은 응답 결과 청와대와 재정경제부 등 중앙 부처는 브리핑제 시행 이후 인사나 민원 청탁, 신문 구독이나 광고 협조 요청, 기사 청탁 등이 크게 개선되었으나 광역자치단체인 경북도청은 큰 변화가 없었다.

즉 청와대와 재정경제부 기자실은 인사나 민원 청탁, 신문 구독이나 광고 협조 요청 관행이 사실상 사라졌으며 기사 청탁도 기사를 바로잡아 달라는 정정 요청이 대부분으로 나타났다. 이에 비해 경북도청의 경우 이런 관행이 상대적으로 개선되지 않은 것은 경북도청이 중앙 권력에서 멀리 떨어진 지방에 위치한 데다 기관을 끌어가는 도지사가 장관과 달리 선거직인 만큼 언론과의 관계가 중앙 부처와 본질적으로 다르다는 점 등이 크게 작용한 것으로 볼 수 있다. 이는 출입처에서 취재원과 기자의 상호작용을 탐구한 뒤 공생관계가 유지된다는 박동숙 등(2001)의 연구와는 크게 달라진 결과이다.

〈연구문제 1-3〉인 출입기자 간 기사 담합은 응답 결과 브리핑제 이후 기존 출입 언론사들끼리 별도의 자리 마련이나 정보 교환은 미미한 수준이며, 기사 담합이나 획일화 현상도 큰 문제가 없었다. 즉 출입기자 간 정보의 악의적인 담합 구조는 기자실 개방을 전후해 큰 변화가 없었지만, 그리 문제될 게 없는 것으로 분석되었다. 담합으로 인식되는 대부분은 출입처에서 주요 정책이나 사안이 발표됐을 때 출입기자들이 머리를 맞대고 발표 내용의 핵심과 기사의 전개 방향 등을 서로 상의하는 긍정적인 브레인스토밍이라고 진술하였다. 이는 브리핑제 이후에도 기존 출입기자들의 배타적인 담합구조가 잔존한다는 김동규, 김경호(2005)의 연구결과와 큰 차이를 보인다. 긍정적인 브레인스토밍까지를 담합으로 볼 것이냐는 관점의 문제가 새로 제기된다고 할 것이다.

〈연구문제 1-4〉인 촌지 수수와 향응은 응답 결과 브리핑제 시행 이후 청와대와 재정경제부 등은 사실상 사라졌으며, 경북도청은 일부 남아 있었다. 즉 청와대의 경우 촌지는 완전히 사라져, 지금은 명절 때 선물을 돌리는 정도가 전부였다. 해외 취재도 비행기 요금은 물론 통신비까지 각 신문사가 부담하고 있었다. 재정경제부도 촌지 관행이 완전히 사라졌다. 재정경제부 공무원은 응답에서 국가기관이 접대 등에서 현금을 동원할 수 없도록 제도적인 장치가 마련돼 있음을 상기시켰다. 다만 경북도청의 극히 일부 기자가 촌지를 주려는 시도가 있었으나 거절했다고 진술하였다.

〈연구문제 1-5〉인 방문취재 제한 규정은 인터뷰 결과 중앙 부처는 엄격히 지켜지는 반면 중앙 권력에서 멀리 떨어져 있는 지방자치단체인 경북도청에서는 전혀 지켜지지 않고 있었다.

브리핑제 실시와 함께 등장한 사무실 방문취재 제한 규정은 브리핑이 충실하게 이루어지고 전화 취재가 원활하게 이루어지는 것을 전제로 하고 있다. 하지만 청와대 출입기자 등은 한결같이 현재로선 브리핑이 내용상 충분치 않고 공무원은 출입기자가 전화하면 잘 받지 않는다고 진술하였다. 결국 취재 여건이 마련되지 않은 상태에서 방문취재만 제한하는 것은 사실상 알 권리를 제한하는 조치로 출입기자들이 인식하고 있음을 확인할 수 있었다. 이는 이영태(2004)와 성기철(2004)이 제기한 사무실 방문취재 문제의 심각성과 일치하는 결과이다.

〈연구문제 1-6〉인 엠바고 처리 관행은 응답 결과 출입처마다 차이가 있었다. 청와대의 경우 풀 기자단과 별도의 인터넷 사이트를 통해 국익 등이 걸린 엠바고를 통제하고 있었으며, 재정경제부는 출입기자들의 합의 절차를 거쳐 자율적으로 지켜지고 있었다. 또 이들 기관은 엠바고를 어기면 출입정지 등 여전히 제제가 뒤따르는 것으로 확인되었다. 이에 비해 경북도청은 엠바고 준수에 대한 의무감이 중앙 부처보다 약했으며, 어기더라도 대체로 별도의 제재가 따르지도 않았다.

심층 인터뷰 결과 브리핑제 시행 이후 기자실의 신규 진입이나 취재원과의 유착, 촌지 수수 및 향응 등의 폐단은 이 정책이 당초 의도한 대로 크게 개선되었다. 그러나 지정석 운영 등 기자실의 일부 관행은 새로운 정책이 시행돼도 하루아침에 바뀌기가 쉽지 않음을 시사하고 있다. 또 청와대 기자실의 경우 모든 언론에 출입을 자유화하고도 출입기자를 다시 풀 기자단으로 재구성하는 등 사실상 취재원 접근을 차별하는 이중적인 잣대도 확인되었다.

한편 브리핑제 시행으로 새로 생겨난 방문취재 제한은 중앙 부처의 경우 엄격하게 지켜지고 있어 결과적으로 국민의 알 권리를 침해할 우려를 낳고 있다. 이와 함께 출입기자가 크게 늘면서 출입처가 우려한 국익 등이 걸린 엠바고는 여러 가지 장치를 통해 출입처별로 큰 문제없이 처리되고 있었다.

둘째, 〈연구문제 2〉는 "기자실 개방과 브리핑제 시행 전후시기에 따라 보도 행태에 차이가 있는가?"로 설정되었는데, 이에 따른 2개 하부 연구문제가 제기되었다. 즉, 〈연구문제 2-1〉은 "기자실 개방과 브리핑제 시행이 보도 행태에 미친 영향은 정부와 언론사의 관계에 따라 차이가 있는가?"였으며 〈연구문제 2-2〉는 "기자실 개방과 브리핑제 시행이 보도 행태에 미친 영향은 출입처에 따라 차이가 있는가?"였다. 이들 연구문제의 검증은 대부분 차이분석인 카이제곱(χ^2)을 이용하였으며, 기사 1건당 평균 취재원의 수는 t검증(t-Test)을 활용하였다.

먼저 〈연구문제 2-1〉은 그 아래 다시 네 가지 연구문제로 나뉜다. 즉, 〈연구문제 2-1-1〉은 "기자실 개방과 브리핑제 시행이 보도의 빈도에 미친 영향은 정부와 언론사의 관계에 따라 차이가 있는가?"로 설정되었고, 〈연구문제 2-1-2〉는 "기자실 개방과 브리핑제 시행이 취재원의 수에 미친 영향은 정부와 언론사의 관계에 따라 차이가 있는가?"였다. 또 〈연구문제 2-1-3〉은 "기자실 개방과 브리핑제 시행이 기사의 유형에 미친 영향은 정부와 언론사의 관계에 따라 차이가 있는가?"였으며, 마지막으로 〈연구문제 2-1-4〉는 "기자실 개방과 브리핑제 시행이 보도의 태도에 미친 영향은 정부와 언론사의 관계에 따라 차이가 있는가?"였다.

〈연구문제 2-1-1〉에 대한 검증 결과, 보도의 빈도에 있어서는 기자실 개방과 브리핑제 시행 이후 정부와 '불편한 관계'인 조선일보와 '우호적 관계'인 한겨레, '중립적 관계'인 영남일보 간에 뚜렷한 차이가 있었다. 즉 브리핑제 시행 이후 조선일보는 3개 출입처의 기사 건수가 크게 줄었으나 한겨레와 영남일보는 반대로 기사 건수가 각각 늘어났다.

브리핑제가 정보의 평등한 접근권을 지향하면서 브리핑제 이후 메이저 신문은 청와대 등지에서 차별화된 정보를 얻기가 어려워져 관련 기사를 상대적으로 적게 게재했다고 볼 수 있다. 요약하면 기자실 개방과 브리핑제 시행이 보도 빈도에 미친 영향은 정부와 언론사의 관계에 따라 큰 차이가 있는 것으로 나타났다. 이 결과는 브리핑제 시행 초기 1면 기사의 건수가 늘어났다는 성기철(2004)의 연구와 차이를 보인다. 성기철과 이번 연구의 차이는 결국 시간의 흐름에 따라 보도의 변화를 주목한 Sigal(1973)의 연구를 간접적으로 확인해 준다고 할 것이다.

〈연구문제 2-1-2〉는 검증 결과, 기사 1건당 평균 취재원의 수에 있어서는 브리핑제 시행 이후 조선일보와 영남일보의 경우 다소 늘어났다. 그러나 한겨레는 차이를 보이지 않았다. 결국 노무현 정부와 '불편한 관계'인 조선일보는 언론중재위 제소 등 강화된 법적 통제를 벗어나기 위해 브리핑제 시행 이전보다 더 많은 취재원을 인용하려 노력한 것이 지면에 반영됐다고 볼 수 있다. 요약하면 기자실 개방과 브리핑제 시행이 취재원의 수에 미친 영향은 일부 신문에서 부분적으로 차이가 확인되었다.

〈연구문제 2-1-3〉은 검증 결과, 기자실 개방과 브리핑제 시행을 전후해 특정 신문에만 실리는 '차별성 기사'와 여러 신문에 공통적으로 게재되는 '비차별성 기사'에 있어서 조선일보와 한겨레가 공통으로 '차별성 기사'가 늘어났다. 그러나 영남일보는 브리핑제 전후에 유의미한 차이가 없었다. 이는 신문별로 특화가 이루어지는 분석·해설, 기획·특집, 인터뷰, 칼럼 유형의 기사가 늘어난 것을 뜻한다.

이 결과는 최근 들어 신문들이 국가기관의 주요 정책이나 발표 등을 다룰 때 '뉴스분석' 등 의견이 가미된 분석·해설 기사를 늘려가는 움직임과 같은 경향이다. '차별성 기사'의 확대는 브리핑제 시행 이후 수많은 매체가 보도자료를 바탕으로 쏟아내는 정보 홍수 속에서 선도 매체가 차별화를 시도한 결과로 볼 수 있다. 따라서 브리핑제가 기사의 유형에 미친 영향은 조선일보와 한겨레 등 중앙지에서 차이가 있는 것으로 나타나, 보도자료의 기사화 빈도에 대한 연구를 통해 발행부수가 적은 신문일수록 보도자료에 더 높게 의존한다는 Martin, Singletary(1981)의 주장을 간접적으로 뒷받침하고 있다.

〈연구문제 2-1-4〉에 대한 검증 결과, 보도의 태도에 있어서는 기자실 개방과 브리핑제 시행 이후 정부와 '불편한 관계'인 조선일보와 '우호적 관계'인 한겨레는 뚜렷한 차이를 보였다. 그러나 '중립적 관계'인 영남일보는 차이가 나타나지 않았다. 즉 브리핑제 시행 이후 조선일보는 '비판·부정적'인 보도가 다소 증가하고 '우호·긍정적'인 보도가 급감한 데 비해, 한겨레는 '비판·부정적'인 보도와 '우호·긍정적'인 보도가 모두 늘어났다.

노무현 정부와 '불편한 관계'인 조선일보의 보도가 비판적인 것은 Edelstein, Schulz(1963)가 정치·경제 권력과 관련되어 있지 않으면 지역 뉴스 보도에 더욱 공격적인 태도를 보이게 된다는 주장과 맥을 같이하고 있다. 따라서 기자실 개방과 브리핑제 시행이 보도의 태도에 미친 영향은 조선일보와 한겨레에서 큰 차이가 있는 것으로 나타났다.

〈연구문제 2-1〉에 이어 〈연구문제 2-2〉도 다시 네 가지 연구문제로 나뉜다. 즉, 〈연구문제 2-2-1〉은 "기자실 개방과 브리핑제 시행이 보도의 빈도에 미친 영향은 출입처에 따라 차이가 있는가?"였고, 〈연구문제 2-2-2〉는 "기자실 개방과 브리핑제 시행이 취재원의 수에 미친 영향은 출입처에 따라 차이가 있는가?"였다. 그리고 〈연구문제 2-2-3〉은 "기자실 개방과 브리핑제 시행이 기사의 유형에 미친 영향은 출입처에 따라 차이가 있는가?"였으며, 마지막으로 〈연구문제 2-2-4〉는 "기자실 개방과 브리핑제 시행이 보도의 태도에 미친 영향은 출입처에 따라 차이가 있는가?"였다.

〈연구문제 2-2-1〉의 경우, 보도의 빈도에 있어서는 기자실 개방과 브리핑제 시행 이후 청와대와 재정경제부·경북도청 등 출입처 간에 뚜렷한 차이가 있었다. 즉 브리핑제 시행 이후 최고 권력기관인 청와대는 신문에 게재된 관련 기사의 수가 크게 줄었으나 경제 정책을 총괄하는 재정경제부와 광역자치단체인 경북도청은 관련 기사의 보도 빈도가 각각 늘어났다.

이처럼 청와대가 다른 출입처와 달리 관련 기사가 상대적으로 크게 줄어든 것은 브리핑제 이후 청와대 출입기자의 비서실 방문취재를 엄격히 제한한 조치가 지면에 반영되었다고 볼 수 있다.

또 신문별로 구분한 보도의 빈도는 조선일보와 한겨레의 경우 출입처에 따라 차이가 뚜렷하였으나, 영남일보는 차이가 없었다. 즉 조선일보는 브리핑제 이후 청와대와 재정경제부 모두 관련 기사가 감소했으나 한겨레는 출입처 3곳에서 모두 증가했다. 따라서 기자실 개방과 브리핑제 시행이 보도 빈도에 미친 영향은 출입처에 따라 차이가 뚜렷한 것으로 나타났다.

〈연구문제 2-2-2〉는 검증 결과, 브리핑제 시행 이후 기사 1건당 평균 취재원의 수는 경북도청 관련 기사에서만 1.31명에서 2.25명으로 크게 증가하는 차이가 확인되었다.

〈연구문제 2-2-3〉은 검증 결과, 브리핑제 시행 이후 '차별성 기사'와 '비차별성 기사'에 있어서는 청와대와 재정경제부 · 경북도청 3곳이 모두 브리핑제 시행 전후로 차이를 보였다. 즉 브리핑제 이후 청와대와 재성경제부는 공통적으로 '차별성 기사'는 늘고 '비차별성 기사'는 줄어들었다.

〈연구문제 2-2-4〉의 경우, 브리핑제 시행 이후 보도의 태도는 청와대 관련 기사만 차이를 보였다. 즉 청와대 관련은 '비판적'인 보도가 증가한 반면 '긍정적'이고 '중립적'인 기사는 감소했다.

또 신문별로 살펴본 보도 태도는 브리핑제를 전후해 청와대 관련 기사의 경우 3개 신문에서 모두 차이가 있었으며, 경북도청 관련 기사는 지방지인 영남일보에서만 차이를 보였다. 즉 청와대 관련 기사의 경우 조선일보는 '비판적'인 보도가 크게 증가한 반면 '긍정적'인 보도는 크게 감소하였으며, 한겨레는 '긍정적'인 보도와 '비판적'인 보도가 동시에 늘어났다. 이에 비해 영남일보는 '긍정적'인 기사가 늘어난 반면 '비판적'인 보도가 줄어들었다. 한편 경북도청 관련 기사의 경우 영남일보는 브리핑제 이후 '비판적'인 기사가 크게 늘어난 반면 '긍정적'인 기사는 크게 줄었다.

　결론적으로 노무현 정부가 펼친 기자실 개방과 브리핑제 시행이라는 언론정책은 기자실의 관행과 보도 행태에 상당한 영향을 미쳤다고 할 수 있다. 즉 브리핑제는 언론사 간 차별, 취재원 유착, 촌지 수수 및 향응 등 기자실의 각종 폐단을 크게 개선시키는 등 긍정적으로 기여하고 있었다. 또 기자실 개방과 브리핑제 시행은 보도 행태에 있어서 정부와 '불편한 관계'인 메이저 신문이 청와대 등 국가 주요 기관과 관련된 기사의 건수를 줄게 만들고, 정부에 비판적인 기사를 증가시켰으며, 기자의 의견 등을 곁들인 차별적인 기사를 더 많이 쓰도록 유도하였다. 반면 정권과 '우호적 관계'인 신문에 대해 브리핑제는 국가기관과 관련된 기사의 수를 증가시키고, 이들 기관에 긍정적인 기사를 더 많이 실리도록 했다. 그러나 브리핑제 시행 이후 출입기자가 사무실 방문취재를 제한받으면서 결국 국민의 알 권리가 위협받는 등 부정적으로 기능하는 측면도 확인되었다.

　이상의 연구결과를 바탕으로 본 연구가 지니고 있는 학문적 의의를 살펴보면 다음과 같다.

　첫째, 노무현 정부의 언론정책을 선행연구를 바탕으로 검증하였다는 점이다. 시간의 흐름에 따른 보도 변화를 주목한 Sigal(1973)의 연구 등은 출입처별로 보도 행태에 차이가 있음을 보여주었는데, 이번 연구에서도 브리핑제를 전후한 청와대 기사의 차이 등 이러한 결과가 확인되었다. 또 브리핑제 전후로 언론의 보도 행태를 비교 연구한 성기철(2004)의 연구결과는 이번 연구에서 취재원의 수가 증가한 것은 대체로 일치했으나 기사의 건수와 단독기사에선 차이를 보였다. 성기철은 브리핑제 이후 기사의 건수가 늘어난 것으로 보았으나 본 연구에선 정부와 언론사의 관계에 따라 게재 건수에 큰 차이를 보였다. 또한 성기철은 단독기사가 브리핑제 이후 줄어든 것으로 결론 내렸지만 본 연구에선 인터넷신문 등 매체의 홍수 속에서 차별화를 위해 오히려 유력 신문들이 분석 기사 등 차별성 기사를 늘리는 것으로 나타났다. 이는 기자실 개방과 브리핑제 시행으로 군소 언론은 물론 인터넷 언론까지 차별 없이 정부 부처 등 국가기관을 출입하면서 보도자료를 토대로 무차별적으로 기사를 쏟아내는 언론 환경에서 유력 언론이 스스로 찾아낸 생존법인 셈이다.

여기서 언론은 정부의 언론정책이란 도전을 받으면 순응보다 극복으로 출구를 찾는다는 법칙을 발견할 수 있다. 이 법칙은 부정확한 언론 보도에 법적으로 대응하는 정부 조치에 취재원의 수를 늘려 신중하게 보도하는 대응에서도 나타나고 있다. 메이저 신문이 보도 빈도를 줄인 것도 이 법칙의 연장으로 해석할 수 있다. 차별화가 어려운 국가기관 뉴스 대신 민간 분야에서 더 많은 뉴스를 찾으려는 대응으로도 볼 수 있기 때문이다.

이 밖에 Fishman(1980)이 제기한 출입처 제도로 생겨난 취재 관행과 보도의 상관성은 본 연구에서 정책에 주목하여 분석되었으며, 유재천(2003)이 정부와 언론의 관계를 재정립하기 위해 노무현 정부가 브리핑제를 도입했다는 문제 제기에 대해 본 연구에서 본격적인 검증을 시도하였다는 점에서 의미가 있다.

둘째, 논란 중인 노무현 정부의 언론정책이 취재 관행과 보도에 미친 영향을 정부와 언론사의 관계, 출입처의 특성이라는 두 가지 요인 속에서 실증적으로 밝혀냈다는 것이다. 기자실 개방과 브리핑제 시행은 이 정책이 언론의 취재 환경에 던진 중요성에도 불구하고 그동안 토론이나 단편적인 의견 개진, 비판 수준에 머물러 있었다. 이 정책이 이른바 메이저 신문을 탄압하는 등의 숨은 의도가 있는지를 파악하기 위해 정책이 미친 영향을 정부와 언론사의 관계, 출입처별 특성을 매개변인으로 설정해 분석하였다. 정부와 언론사의 관계는 정부와 '불편한 관계' '우호적 관계' '중립적 관계'로 구분해 신문별 차이를 주목했고, 출입처는 정치부・경제부・사회부 등 출입기자와 권력 중앙에서 떨어진 거리 등을 감안해 그 영향을 검증했다. 이러한 설계는 이 정책을 처음으로 분석한 성기철(2004)의 연구를 질적으로 양적으로 진전시켰다고 할 수 있다.

이 연구는 실무적으로도 몇 가지 기여를 한 것으로 평가할 수 있다. 첫째, 기자실 개방과 브리핑제가 국민의 알 권리를 위협하고 있음을 확인하였다는 것이다. 연구결과 청와대 등 주요 국가기관에 대한 메이저 신문의 보도 빈도가 크게 줄어든 것으로 밝혀졌다. 이는 국민들이 주요 국가기관에 대한 정보를 과거보다 양적으로 더 적게 접할 위험성을 내포하고 있다. 국민의 알 권리 위협은 브리핑제 시행 이후 출입기자들에게 사무실 방문취재를 엄격하게 제한하는 규정에서도 드러나고 있다.

따라서 메이저든 마이너든 모든 언론에 평등한 정보 접근권을 제공하겠다는 명분으로 시행된 브리핑제가 국민의 알 권리를 축소시킬 위험성이 있음을 말해 주는 것이다.

둘째, 노무현 정부의 언론정책을 평가해 정책 입안자와 언론 등에 개선점을 시사했다는 점이다. 브리핑제가 국가기관에 대한 국민의 알 권리를 위협하고 있다는 점에서 이영태(2004)의 지적대로 출입기자의 사무실 방문취재 제한 규정은 어떤 식으로든 보완이 시급함을 알 수 있다. 청와대 출입기자들은 심층 인터뷰에서 이 문제를 공통적으로 거론하였다. 일부 기자는 시간을 정해 하루 한 번이라도 관계 비서관을 직접 만나 취재할 수 있도록 하는 것이 좋겠다고 제안했다. 이를 통해 공식 브리핑에 지나치게 의존하면서 생겨나는 획일 보도를 막고 최소한의 직접 취재를 언론에 제공할 수 있다는 것이다. 출입기자들에게 하루 한 번이라도 비서실을 개방할 경우 청와대 비서관의 무사안일과 부패 가능성을 차단하는 효과도 부수적으로 생길 것이라는 의견까지 제기되었다. 기자들에게 하루 한 번, 예를 들면 오전 11~12시나 오후 5~6시 1시간 정도 비서실 방문취재를 허용하면 업무에도 그다지 방해되지 않을 것이라는 가시적인 제안 등을 검토해 볼 만할 것이다.

또 언론에는 정보 평등권을 지향하는 브리핑제 아래서 국가기관의 주요 발표 자료를 보도할 때 독특한 분석이나 기획 등 기자의 창의적인 노력이 과거보다 더욱 절실해졌음을 시사하고 있다. 차별화된 기사를 만들지 않고는 모든 언론에 똑같이 제공되는 보도자료를 토대로 쏟아져 나오는 정보의 홍수 속에서 살아남기가 어려운 환경임을 알수 있다.

2. 연구의 한계 및 제언

본 연구는 기자실 개방과 브리핑제 시행이 기자실의 관행과 정부와 신문의 관계 및 출입처의 특성에 따라 보도 행태에 어떠한 차이를 가져왔는지 실증적으로 규명하고자 하였다. 하지만 몇 가지 한계와 제한점을 가질 수밖에 없었다. 본 연구의 한계와 향후 기자실 개방과 브리핑제 시행이 취재보도에 미친 영향 등 후속연구를 위한 제언을 하면 다음과 같다.

첫째, 기자실 개방과 브리핑제가 기자실의 관행에 미친 영향은 질적 연구방법을 선택했다. 하지만 질적 연구에 있어서 당초 심층 인터뷰 이외에 참여관찰을 병행하려고 하였으나 언론 조직의 폐쇄성 등으로 인해 기자실 내부에 대한 참여관찰이 이루어지지 못하였다. 따라서 일선 출입기자와 공보 담당 공무원을 대상으로 한 인터뷰에 의존하였다. 즉 연구자의 직접적인 참여관찰 없이 출입기자와 공무원의 진술만을 토대로 질적인 연구가 이루어졌다는 한계가 있다.

둘째, 본 연구의 일반화 문제를 들 수 있다. 본 연구는 기자실 개방과 브리핑제 시행이 정부와 언론사의 관계, 출입처의 특성에 따라 보도 행태가 어떻게 다른지를 분석하는 것이었다. 그런데 연구 대상을 중앙지와 지방지 등 신문으로 국한시켰다. 때문에 본 연구 결과를 전체 언론의 현상으로 일반화하는 데는 한계가 따를 것으로 보인다.

따라서 본 연구가 사례연구로서는 나름대로 의의를 가지지만 보도 행태에 작용하는 통제 요인에 있어서 언론사 간 차이를 일반화하기 위해서는 다양한 언론 매체를 대상으로 하는 후속연구가 이어져야 할 것이다. 우선 본 연구에서는 신문만을 대상으로 하였지만 신문과 방송 간 비교 연구와 신문과 인터넷신문, 신문과 방송·인터넷신문 간의 비교 연구도 필요할 것이다.

셋째, 본 연구는 기자실 개방과 브리핑제 시행이 보도 행태에 미친 영향을 연구하면서 다양한 시점 중 브리핑제가 시행된 2005년 9~11월과 브리핑제가 시행되지 않았던 2000년 9~11월 두 시기로 분석 대상을 제한하였다는 점이다. 이것은 노무현 정부 들어 시행된 브리핑제를 가급적 연구 시점에 가까운 시기로 선택하고 이와 함께 브리핑제가 시행되지 않은 5년 전을 비교하면 브리핑제의 현주소를 비교 검증할 수 있을 것으로 기대했기 때문이었다.

하지만 기사로 나타난 보도 행태들이 기자실 개방과 브리핑제 시행만의 영향인지를 보다 더 효과적으로 통제하기 위해서는 브리핑제가 시행된 노무현 정부에서 최소한 두 시기를 비교하는 시계열 분석이 필요하였다. 예를 들면 브리핑제의 정착 단계인 2005년 9~11월과 브리핑제의 시행 초기인 2003년 9~11월을 비교하는 방법이다. 여기서 나타나는 두 시기의 보도 행태가 큰 차이를 보이지 않는다면 그 결과는 브리핑제의 영향으로 더 엄밀하게 해석될 수 있었을 것이다. 이처럼 브리핑제를 전후해 모두 네 시기를 시계열로 분석하는 것이 연구 방법으로 더 정교하지만 분석 자료가 방대해지는 것은 물론 해당 시기의 자료를 확보하는 데 현실적으로 어려움이 있었다. 그것이 브리핑제를 전후해 분석 대상 시기를 두 시기로 국한시킨 이유였다. 따라서 이러한 한계점을 극복할 수 있는 후속연구가 이어졌으면 한다.

또 연구방법에 있어서의 문제를 들 수 있다. 먼저 본 연구에서는 기자실 개방과 브리핑제 시행이 보도 행태에 미친 영향을 계량적인 연구로 진행하였다. 그러나 이 분야를 다룬 선행연구가 드문 데다 분석을 위한 마땅한 이론 틀을 찾지 못해 정교한 가설 등을 세우지 못한 점이다. 그것이 현장의 통찰력 등을 바탕으로 연구문제 형태로만 전체의 분석이 이루어진 이유였다.

노무현 정부가 집권 초기부터 야심적으로 추진한 기자실 개방과 브리핑제 시행이라는 언론정책은 앞으로도 국민의 알 권리 차원에서 논란이 이어질 것으로 보인다. 특히 언론의 취재 환경을 크게 바꾼 이 정책의 효용성은 다양한 측면에서 연구가 뒤따라야 할 것으로 생각된다.

이 밖에 이 정책의 수혜자이자 날로 영향력이 커지고 있는 인터넷 언론과 군소 언론이 브리핑제를 어떻게 활용하고 있으며, 바뀐 정책으로 언론계의 지형은 또 어떻게 변화하였는지 등도 앞으로 분석해 볼 수 있을 것이다.

참고문헌

강동훈. (2002). **청와대 출입기자단 운영의 문제점과 개선 방안에 관한 연구.** 석사학위논문, 동국대학교, 서울.

강정인. (1993). 보수와 진보: 그 의미에 관한 분석적 소고. **사회과학연구, 2,** 1-56.

강준만. (2000). **권력변환: 한국 언론 117년사.** 서울: 인물과 사상사.

강준만. (2001). **대중매체 법과 윤리.** 서울: 인물과 사상사.

경창호. (1979년 5월). 시비 출입기자단. **신문과 방송, 102,** 80-81.

고영신. (2005). **정치변동에 따른 한국 언론의 뉴스프레임 연구: 대통령 친인척 비리사건 보도를 중심으로.** 박사학위논문, 한양대학교, 서울.

고영철. (1992). **지방행정 PR에 있어서 지역신문의 역할.** 박사학위논문, 중앙대학교, 서울.

국정홍보처. (2003). **선진국 공보 시스템 현황: 일본, 독일, 영국, 미국 사례 중심.** 서울: 국정홍보처.

권혁남. (1999). **텔레비전의 15대 대통령선거 보도 분석.** 서울: 한국언론학회.

권혁남. (2002a). 기자실 개선 방안. **한국기자협회 2002 전국 광역시도 공보관 세미나,** 제주, 1-12.

권혁남. (2002b). 선거정치 관련 보도의 문제점과 대안. **서강커뮤니케이션즈, 3,** 23-42.

吉外井戸. (1998). **記者クラブメディア・カルテル・ファシズム.** 2003년 11월 3

일 검색. http://www.kcn.ne.jp/~tkia/kichi-ido/mki-42.html.

김관규, 송의호. (2004). 국내 주요 출입처 기자실 유형에 관한 탐색적 연구. **한국방송학보, 18**(1), 38-75.

김광호. (2003). 브리핑제 도입에 따른 정부와 언론의 관계 변화. **한국가톨릭언론인협의회: 홍보주일 기념 제3회 가톨릭 포럼,** 서울, 10-26.

김길홍. (1977년 8월). 보도체제 이대로 좋은가: 출입처 없으면 기자 아닌 현실. **신문과 방송, 81,** 25-28.

김남석. (2001년 여름). 출입기자단·기자실 제도의 형성 과정과 현황. **관훈저널, 79,** 185-195.

김동규. (1992). 방송 상품 생산에 관한 조직경제론적 접근. **한국언론학보, 28,** 69-103.

김동규. (1996). 현대 한국 언론의 보도 담론 연구: 취재와 보도 관행을 중심으로. **세종학연구, 11,** 3-13.

김농규. (1998). 한국 언론의 취재·보도 관행에 관한 연구. **사회과학연구(건국대학교), 8,** 170-188.

김동규. (2004). 발표저널리즘의 현황과 과제. **언론중재, 93,** 4-17.

김동규, 김경호. (2005). 국내 신문사 취재 조직체계와 관행에 대한 질적 연구. **언론과학연구, 5**(2), 33-40.

김무곤. (2001년 여름). 기자실 제도: 외국의 취재 시스템: 일본 '기자클럽'을 중심으로. **관훈저널, 79,** 228-235.

김상온. (1993년 여름). 출입처제도-기자단-기자실. **신문연구, 34**(1), 81-89.

김상철. (2003년 여름). 정부와 언론: 개방형 기자실 전환. 브리핑제 도입. **관훈저널, 87,** 286-294.

김세철. (1995). 지방자치와 언론. **언론연구(계명대학교), 7,** 88-106.

김연미. (1997). **한국 신문 정치기사의 취재원과 취재원 밝히기: 역사적 분석 1955~1995년.** 석사학위논문. 이화여자대학교. 서울.

김영석. (1994). **2천년대언론 환경의 변화와 신문의 대응: 신문의 편집 및 제작 방향을 중심으로.** 신문경영세미나 주제논문.

김재협. (1999년 여름). 위법적 취재 관행과 법적 환경. **언론중재, 19**(2), 62-79.

김정기. (1990년 11월). 일본 신문의 취재보도 시스템: 기자클럽을 중심으로. **신문과 방송, 239**, 60-64.

김정기, 김병국, 최양수, 김학수, 정인숙, 백선기, 등. (1999). **한국 언론의 병리.** 서울: 커뮤니케이션북스.

김주언. (2001년 여름). 기자실 제도: 기자단, 어떻게 개혁할 것인가. **관훈저널, 79**, 197-209.

김창룡. (1995년 봄). 취재 관행과 법 윤리상의 일 고찰. **언론중재, 15**(1), 24-35.

김창룡. (2001년 여름). 기자실, 이렇게 바뀌어야 한다. **관훈저널, 28**, 210-218.

김창열. (1990). 취재 시스템의 몇 가지 문제. **제26회 매스컴세미나 주제 논문,** 서울, 32-40.

김택수. (2001년 여름). 기자실 제도: 기자실의 배타적 사용은 위헌인가. **관훈저널, 79**, 219-227.

남효윤. (2000). **지방정부와 지역신문 간의 관계 변화에 관한 연구: 지방 자치제 실시 전후를 중심으로.** 석사학위논문, 계명대학교, 대구.

남효윤. (2005). **언론의 보도자료 이용과 통제 요인에 관한 연구: 지역신문 의 특성에 따른 차이를 중심으로.** 박사학위논문, 계명대학교, 대구.

류춘렬, 김대호, 김은미. (2001). **커뮤니케이션 연구, 어떻게 할 것인가.** 서울: 커뮤니케이션북스.

木村文. (1999). **新聞のニュース・ソースと記者クラブ.** 2003년 11월 3일 검색, eio.ac.kr/~ueda/sotsuron99/kimura99.html.

박동숙, 조연하, 홍주현. (2001). 공적 업무 수행을 위한 사적 친분 고리. **한국언론학보, 45**(특별호), 367-396.

박동숙. (2001). 취재원과 기자의 역학 관계에 대한 질적 연구: 출입처 제도의 문제점을 중심으로. **한국언론학술논총,** 227-282.

박미영. (2003년 겨울). 개방형 기자실은 취재 제한용? **관훈저널, 89**, 21-26.

박용규. (1996). 한국 신문 취재보도 체제 개선 방안. **언론연구, 5,** 87-140.

박인규. (1990년 가을-겨울). 변화하는 언론 상황과 기자단의 위상. **저널리즘,** 82-97.

박주현. (2003). **지방자치단체 기자실 존폐 논쟁에 관한 연구: 취재보도 시스템의 변화와 대안을 중심으로.** 석사학위논문, 전북대학교, 전주.

박준영. (1997). **한국 신문 뉴스 결정의 역학관계 연구.** 박사학위논문, 성균관대학교, 서울.

박철언. (1989). **언론자유와 국가안보의 상충과 조화에 관한 연구: 국가기밀에 대한 접근이용의 제한을 중심으로.** 박사학위논문, 한양대학교, 서울.

富田共和. (2003년 3월). 기자실이 바뀐다: 일본 기자클럽의 변화. **신문과 방송, 387,** 46-50.

서정우, 강상현. (1990). **한국 언론의 내적 통제에 대한 조사연구: 취재보도시스템-신문.** 서울: 한국언론연구원.

서정우. (1988년 여름). 신문카르텔의 운용과 기능. **신문연구, 45,** 47-57.

석인호. (1987년 3월). 신문의 정치면 편집 이대로 좋은가. **신문과 방송, 195,** 96-99.

성기철. (2004). **개방형 브리핑제가 취재 및 보도에 미치는 영향에 관한 연구: 1998년과 2003년 중앙일간지 청와대 발 1면 기사 비교 분석을 중심으로.** 석사학위논문, 연세대학교, 서울.

성한용. (1998년 6월). 정권교체와 청와대 취재보도 시스템. **신문과 방송, 330,** 20-23.

성해용. (1999). **보도자료의 기사화 빈도와 문제점 연구: 정치와 경제 기사 비교.** 석사학위논문, 이화여자대학교, 서울.

손광식. (1988). 개방 경쟁시대의 전략: 자율 경쟁시대의 언론. **언론연구,** 58-103.

손영준. (2004). 언론의 구조적 요인이 선거 보도에 미치는 영향: 미국 대통령선거 취재기자들의 인식을 중심으로. **한국언론학보, 48**(4),

102-127.

송정민. (1992). 언론의 이념성 유지 기제로서의 뉴스 구성 원칙과 관행. **한국언론학보, 27**, 245-281.

송정민. (1992년 여름). 언론 취재체계 및 기자단에 관한 제 문제. **언론중재, 43**, 6-12.

심영섭. (2002년 9월). 독일의 출입기자 제도. **신문과 방송, 381**, 121-123.

심영섭. (2003년 3월). 기자실이 바뀐다: 독일 정부 부처. **신문과 방송, 387**, 51-54.

심은정. (2006년 10월 2일). 국정홍보처서 보낸 e메일 87%는 바로 삭제된다. **문화일보**, 2면.

안종익. (1977년 8월) 보도체제 이대로 좋은가: 부별 의식 깨고 효과적인 인력투입 체제로 고쳤으면. **신문과 방송, 81**, 23-25.

양정혜. (2004년 여름). 뮤직비디오 제작의 관행이 텍스트 구성에 미치는 영향. **한국방송학보, 18**(2), 134-168.

오연호. (2001년 2월 9일). 노무현장관 인터뷰. **오마이뉴스**. 2006년 10월 3일 검색,
http://www.ohmynews.com/articleview/article-view.asp?at-code=32255

오일환. (1998년 2월). 한국 대통령제 권력구조의 문제점과 그 개선책: 현 청와대 정치구조를 중심으로. **공공정책연구, 4**, 53-77.

오택섭. (1987). 언론환경의 변화. **정보화 사회와 언론**, 49-107.

유재천. (1968). 현재의 언론. 문화공보부(편). **한국의 언론, 1**, 360-401.

유재천. (2003년 여름). 정부와 언론의 관계. **관훈저널, 87**, 177-187.

유재천, 이민웅. (1994). **정부와 언론.** 서울: 나남.

유정아. (2000). **텔레비전 뉴스 통제 요인에 관한 연구: 정치부 뉴스 제작 과정에서의 내적 통제 요인을 중심으로.** 석사학위논문, 연세대학교, 서울.

윤영철. (1998). 한·일 신문의 독도 관련 분쟁보도의 비교분석. **사회과학논집(연세대 사회과학연구소), 29**, 99-125.

윤영철. (2001). **한국민주주의와 언론.** 서울: 유민문화재단.

이강수. (1977). 매스커뮤니케이션 연구에 있어서 게이트키퍼(gatekeeper) 연구론. **한양대논문집, 11,** 150-172.

이규환. (1980년 여름). 편집국 운영 편제개혁 시안. **신문연구, 21**(1), 126-140.

이도선. (2003년 3월). 기자실이 바뀐다: 미국 백악관과 국무부. **신문과 방송, 87,** 41-45.

이동근. (2001년 여름). 언론의 취재원 사용 관행과 기사의 신뢰도. **언론중재, 21**(2), 20-31.

이동신. (1989년 10월). 신문 고정면 배정의 벽을 헐자. **신문과 방송, 226,** 58-59.

이민웅. (1987). 한국 사회의 변동 의미와 TV뉴스. **방송연구, 23,** 142-151.

이민웅. (1994). 사회 변화와 언론의 취재·보도 구조. **언론학보(한양대언론문화연구소), 14,** 1-36.

이상갑. (2001). **한국 언론의 환경감시 기능에 관한 연구: IMF 당시 언론의 보도 양태에 대한 분석을 중심으로.** 박사학위논문. 성균관대학교, 서울.

이상우. (1995년 여름). 신문의 외적 변화와 편집 성향. **신문연구, 36**(1), 102-112.

이성헌. (2005). **한국의 선거보도와 정치광고의 특성에 관한 연구: 16대 대통령 선거를 중심으로.** 박사학위논문. 성균관대학교, 서울.

이영종. (2003년 3월). 기자실이 바뀐다: 중앙지 기자. **신문과 방송, 387,** 29-31.

이영태. (2004년 2월). 노무현 정부 언론정책 1년: 기자실 개방. **신문과 방송, 398,** 119-123.

이원락. (1991). **한국 신문의 '관급보도'에 관한 연구.** 석사학위논문. 서울대학교, 서울.

이원락. (2004). **신문의 권력기구화에 따른 뉴스 생산 관행의 변화에 관**

한 연구. 박사학위논문, 서울대학교.

伊田浩之. (2002). **記者クラブ改革.** 2003년 11월 7일 검색,
　　http://www.kinyobi.co.jp/uramadoEntries/kaze/10.

이재경, 김진미. (2000). 한국 신문 기사의 취재원 사용 관행 연구. **한국
　　언론학연구, 2,** 161–166.

이재경. (2003). **한국 저널리즘 관행 연구.** 서울: 나남.

이재국. (2003). 새로운 취재 시스템의 모색: 일선 취재기자 의견 조사를
　　중심으로. **홍보주일 기념 제3회 가톨릭포럼,** 서울, 36–43.

이재진. (2003년 여름). 국민의 알 권리에 대한 재고찰. **관훈저널, 87,**
　　215–240.

이한수. (1988). **언론사 인력 양성의 제 문제: 자율경쟁 시대의 언론,** 서
　　울: 한국언론연구원.

이효성. (1992). **한국 사회와 언론.** 서울: 아침.

日本新聞協會研究所. (1995). **いま新聞を考える.** 東京: 日本新聞協會研究所.

장호순. (2003년 3월). 기자실이 바뀐다: 출입처 기자실 어떻게 바꿀 것
　　인가. **신문과 방송, 387,** 12–16.

장호순, 오수정. (2001). 한국 신문의 취재원과 취재경로 분석. **보도비평,**
　　7, 9–62.

전남식. (2004). **한국 신문의 공격적 기사 프레임 분석: 김영삼·김대중·
　　노무현 정부와 언론의 갈등을 중심으로.** 박사학위논문, 경희대학
　　교, 서울.

前坂俊之. (1996). **記者クラブの 歷史と問題點.** 2003년 11월 12일 검색,
　　http://www.u–shizuoka–ken–ac.jp/maezaka/
　　021226_contents/pdf_file/ 030611_kisyakurabu.pd

정상윤. (1995). **신문사의 네트워킹과 통제에 관한 연구: 지역신문 사례
　　를 중심으로.** 박사학위논문, 서강대학교, 서울.

정진석. (1992). **한국의 인쇄매체.** 서울: 한국언론연구원.

정희선. (2002). **미디어의 뉴스 보도 틀에 관한 연구: 9·11 사건에 대한
　　신문과 방송의 뉴스 보도를 중심으로.** 석사학위논문, 연세대학교,

서울.

조기선. (2003). **지방자치단체의 기자실이 행정홍보에 미치는 영향: 전라남도 순천시 사례를 중심으로.** 석사학위논문, 전남대학교, 광주.

조세형. (1996년 가을). 수십 년 입어 온 누더기 헌옷: 편집국 편제의 개편과 지면 쇄신. **신문평론, 8,** 12-16.

조용중. (1970년 봄). 언론기관 인사제도의 검토: 취재의 편제를 개혁하자. **저널리즘, 3,** 21-25.

조용중. (1977년 8월). 보도체제 이대로 좋은가: 사각지대 드러난 모순투성이 단계적으로 기능 중심 개편을. **신문과 방송, 81,** 17-23.

조철래. (2005). **한국 신문의 선거보도와 그 요인에 관한 연구: 2004년 총선에서 지방신문을 중심으로.** 박사학위논문, 고려대학교, 서울.

조현호. (2005년 7월). 엠바고: 운용 현황과 문제점. **신문과 방송, 415,** 126-129.

주돈식. (1991년 여름). 취재 시스템의 이론과 실제: 조선일보 기구 개편. **신문연구, 51,** 66-76.

주동황. (2003년 봄). 역대 정부의 언론정책. **관훈저널, 86,** 110-118.

차배근. (1994). **사회과학연구방법.** 서울: 세영사.

清水英夫. (1979). **언론법연구.** 東京: 學陽書房.

최강. (2005년 6월 3일). 정부정책 알리기 공보. **국정브리핑.** 2006년 7월 4일 검색
http://www.news.go.kr/warp/webapp/news/view?category_id=p_mini_news&id=b664d5898ab6624345edf2c9

최경진. (2003). 한국의 정부와 언론의 갈등적 관계에 관한 일 고찰. **언론과학연구, 3**(3). 95-132.

최광범. (1996). **한국 언론인의 전문화에 대한 인식 유형 비교연구: 중앙·지방지 중견간부 언론인과 평가자의 인식을 중심으로.** 석사학위논문, 고려대학교, 서울.

팽원순. (1988년 여름). 자유경쟁시대의 언론: 기자단의 기능과 그 문제. **신문연구, 45,** 33-46.

팽원순. (1990). 기자단과 우리 취재 구조. **신문연구, 49,** 7－14.

한국리서치. (2004년 7월). 브리핑제 **관련 조사 보고서.** 서울: 한국
리서치.

한국언론재단. (2000). **한국신문방송연감 2000～2001.** 서울: 한국언론재단.

한국언론재단. (2005). **한국신문방송연감 2005～2006.** 서울: 한국언론재단.

한병구. (2000). **언론과 윤리법제.** 서울: 서울대학교 출판부.

한영학. (2002년 9월). 일본의 기자실 운영 실태. **신문과 방송, 381,** 118
－120.

허원순. (2003년 겨울). 청와대가 아닌 춘추관 출입기자. **관훈저널, 89,**
16－20.

Altschull, J. Herbert. (2001). **현대언론사상사: 밀턴에서 맥루한까지** (양
승목, 역). 서울: 나남출판. (원서출판 1990).

Bachrach, P., & Baratz, M. (1963). Decision and non－decision: An
analytical framework. *American Political Science Review, 57,*
632－642.

Bennett, W. L. (1990, Spring). Toward a theory of press－state relations
in the United States of America. *Journal of Communication, 40*(2),
103－125.

Bennett, W. L. (1993). *News: The politics of illusion* (5th ed). New
York: Longman.

Berkowitz, D., & Terkeurs, J. V. (1999). Community as interpretive
community: Rethinking the journalist－source relationship.*Journal
of Communication, 4*(3), 125－136.

Brown, J. D., Bybee, C. R., Wearden, S. T., & Straughan, D. M.
(1987). Invisible power: Newspaper news sources and the limits
of diversity. *Journalism Quarterly 64,* 45－54.

Chibnall, S. (1977). *Law－and－order news.* London: Tavistock.

Cook, T. E. (1998). *Governing with the news: The news media as a
political institution.* Chicago: The University of Chicago Press.

Crouse, T. (1973). *The boys on the bus*. New York: Ballantine.

Dimmick, John. (1974, November). The gate-keeper: An uncertainty theory. *Journalism Monographs, 37*. 68-78.

Dunn, Delmer D. (1969). *Public officials and the press*. Reading, Mass.: Addison Wesley Publishing Co.

Edelstein, A. S., & Schulz, B. J. (1963). The weekly newspaper's leadership role as seen by community leaders. *Journalism Quarterly, 40*. 565-575.

Epstein, E. J. (1973). *News from nowhere: Television and news*. New York: Random House.

Epstein, E. J. (1975). *Between fact and fiction*. New York: Vintage Books.

Fishman, S. M. (1980). *Manufacturing the news*. Austin: University of Texas Press.

Gans, H. (1979). *Deciding what's news*. New York: Random House.

Gans, H. (1980). *Deciding what's news: A study of CBS Evening News, NBC Nightly News, Newsweek, and Time*. New York: Vintage Books.

Hvistendhl, J. K. (1968). Publisher's power: Functional or dysfunctional. *Journalism Quarterly, 45*. 472-478.

Itule, B. O., & Anderson, D. A. (1994). *News writing and reporting for today's media* (3rd ed). New York: McGraw-Hill.

Kassarjian, H. H. (1977). Content analysis in communication research. *Journal of Consumer Research, 4*. 8-17.

Kerlinger, F. N. (1986). *Foundation of behavioral research*. New York: Holt, Rinehart, and Winston.

Lacy, S., & Matustik, D. (1984). Dependence on organization and beat sources for story ideas. *Newspaper Research Journal, 5*(2). 9-16.

Lewin, K. (1951). *Psychological ecology in field theory in social science*. New York: Happer.

Lowi, Theodore J. (1985). The state in politics: The relation between policy and administration. In Roger G. Noll (Ed.), *Regulatory and the social sciences*. Berkeley: University of California Press.

Martin, W. P., & Singletary, M. W. (1981). Newspaper treatment state government releases. *Journalism Quarterly, 58*, 93−96.

Mencher, M. (1994). *News reporting & writing*. Wisconsin: Brown & Benchmark Publishers.

Molotch, H. L., & Lester, M. J. (1974). News as purposive behavior. *American Sociological Review, 39*, 101−112.

Nimmer, D. (1993, October). Reinventing newspaper: Here we go again. *ASNE Bulletin, 23*, 4−9.

Oakley, A. (1981). Interviewing woman: A contradiction in terms. In J. Roberts (Ed.), *Doing feminist research* (pp.30−61). London: Routledge.

Paletz, D. L., & Entman, R. M. (1981). *Media, power, politics*. New York: The Free Press.

Patterson, T. (1993). *Out of order*. New York: Vintage Books.

Reese, S. D. (1991). Setting the media's agenda: A power balance perspective. *Communication Yearbook, 14*, 309−340.

Rivers. W., Miller, S., & Gandy, O. (1975). Government and the media. In S. Chaffee (ed.), *Political Communication*(pp.217−236). Beverly Hills: Sage.

Shim, H. (2002). *The professional role of journalism reflected in U.S. press reportage from 1950 to 2000*. Unpublished doctoral dissertation. University of Texas at Austin.

Shoemaker P. J., Chang, T. K., & Brendlinger. N. (1987). Deviance as a predictor of newsworthiness: Coverage of international events in the U.S. media. In M. McLaughlin (Ed.), *Communication Yearbook, 10* (pp.348−365). Newbury Park, CA: Sage.

Shoemaker, P. J., & Reese, S. D. (1997). **매스미디어 사회학** (김원용, 역). 서울: 나남. (원서출판 1991/1996).

Siebert, F. (1949). Communications and government. In W. Schramm (Ed.), *Mass Communications* (pp.138 – 144). Urbana, Ill.: Univ. of Illinois Press.

Sigal, L. V. (1973). *Reporters and officials: The organization and politics of news making.* Lexington, MA: D. C. Heath.

Sigal, L. V. (1986). Sources make the news. In Manoff, R. K., & Schudson, M. (Eds.), *Reading the news* (pp.9 – 37). New York: Pantheon Books.

Sparrow, B. (1999). *Uncertain guardians.* Baltimore, MA: Jones Hopkins Univ. Press.

Stempel, G. (1962). Content patterns of small and metropolitan dailies. *Journalism Quarterly, 39*(2), 88 – 91.

Stepp, C. S. (1995, April). Reinventing the newsroom. *American Journalism Review, 17*(3), 28 – 33.

Tuchman, G. (1972). Objectivity as strategic ritual: An examination of newsmen's notions of objectivity. *American Journal of Sociology, 77,* 660 – 679.

Tuchman, G. (1973). Making news by doing work: Routinizing the unexpected. *American Journal of Sociology, 79,* 110 – 131.

Tuchman, G. (1978). *Making news: A study in the construction of reality.* New York: The Free Press.

Tuchman, G. (1995). **메이킹 뉴스: 현대사회와 현실의 재구성**(박홍수, 역). 서울: 나남. (원서출판 1978).

Turow. (1992). *The production process, media system in society.* New York: Longman.

Wiggins, James R. (1964). *Freedom of secrecy.* New York: Oxford University Press.

〈부록 1〉

정책홍보 업무 처리에 관한 기준

(자료: 국정홍보처)

1. 대언론 홍보 원칙

정부의 대언론 홍보 활동은 개방 · 공평 · 정보 공개의 원칙에 따라 시행하고 국민의 알 권리 증진을 도모해야 한다.

2. 정보 공개

정부기관은 공개 가능한 정책자료 · 보고자료를 PCRM,[36] 홈페이지 게재 등의 방법으로 공개한다. (※'정부기관'이라 함은 정부조직법 제2조 제2항의 규정에 의한 중앙 행정기관과 대통령 및 국무총리 직속기관을 말한다.)

---

36) Policy Customer Relationship Management의 약자로 '정책고객서비스'로 번역된다. 노무현 정부가 국민 간 쌍방향 커뮤니케이션을 확대하겠다며 2005년부터 실시하고 있는 제도로, 정부의 주요 정책을 고객인 국민들에게 e메일로 보내는 방법이다. 국회 박찬숙 의원(한나라당)에 따르면 국정홍보처는 2005년부터 2006년 8월까지 홍보처 등록 고객 12만2313명을 대상으로 총 308만9945통의 e메일을 발송했으나 이 중 12.5%인 38만 7853통만 개봉된 것으로 나타나 비효율이 큰 것으로 분석됐다(심은정, 2006).

3. 브리핑

1) 정부기관은 정례 브리핑 계획을 수립하여 실시하고 필요시 수시 브리핑을 통해 정부의 정책을 소상히 알려야 한다.

2) 브리핑은 KTV 생중계 등을 활용, 가감 없이 국민들에게 전달될 수 있도록 한다.

3) 정책 추진과정에서 배경 설명과 여론 수렴이 필요한 경우 언론 간담회를 개최할 수 있다.

4. 취재 기회 부여

언론의 정당한 취재행위에 대해서는 공평하게 취재의 기회를 제공한다.

5. 출입기자 등록

각 부처는 출입기자 등록에 관한 기준을 정하여 시행한다. 이 경우 특정 언론사를 차별하는 내용이 포함되어서는 아니 된다.

6. 취재 지원

1) 언론의 취재 활동에 대한 지원과 자료 제공은 원칙적으로 정책홍보관리실을 통해 이루어져야 한다.

2) 업무 담당자가 개별적인 취재 요청을 받을 경우 원칙적으로 정책홍보관리실과 사전협의를 한 후 취재에 응한다.

3) 개별적 취재란 특정 사안에 대한 사실 확인, 의견 개진, 인터뷰 기고 등을 포괄한다. 다만 단순 사실 및 이미 알려진 사실의 확인은 제외한다.

4) 외국 언론의 경우에도 국내 언론과 동일한 방법으로 취재를 지

원한다.

7. 사무실 방문 취재

사무실 방문취재는 원칙적으로 제한한다. 단 필요한 경우 정책홍보관리실과의 사전협의를 통해 접견실 등 특정한 장소에서 실시한다.

8. 취재 응대

1) 공직자는 실명으로 취재에 응한다.

2) 정상적인 절차를 통해 언론의 취재에 응하는 공직자는 쟁점을 충분히 숙지하고 문제 제기에 대비해야 한다.

3) 언론의 취재 시 쟁점사항에 대해 사견이나 확정된 정부 입장과 다른 개별 부처의 입장을 개진해서는 안 된다.

9. 언론 보도에 대한 대응

1) 정책과 관련된 언론 보도는 ‘정책보도 모니터링 시스템’ 운영 매뉴얼에 따라 온라인상에서 데이터베이스화하여 관리한다.

2) 정책에 대한 언론의 건전한 비판은 적극 수용하여 정책에 반영한다.

3) 사실과 다른 보도에 대해서는 해명자료 배포, 언론중재 신청, 손해배상 청구 등 행정적 · 법적 절차에 따라 대응한다.

4) 정부 정책을 악의적으로 왜곡하거나 현저하게 사실과 다른 보도를 지속하는 매체에 대해서는 공평한 정보 제공 이상의 특별회견 · 기고 · 협찬 등 별도의 요청에 응하지 않는다.

10. 과도한 편의제공 등 금지

    1) 공직자는 각종 언론인 윤리강령에 규정된 언론인의 품위 관련 의무 이행이 확보될 수 있도록 적극 협조해야 한다.

    2) 과도한 접대 · 향응 · 외유 등 편의 제공이나 취재 지원을 해서는 안 된다.

11. 가판 구독 금지

    가판 구독을 하지 않고, 언론사에 기사 수정이나 삭제 요구를 하지 않는다.

12. 인터넷 보도

    인터넷 홈페이지에 게재된 보도는 일반 매체 보도와 동일한 원칙으로 대응한다.

〈부록 2〉
기자실 개방과 브리핑제 시행 이후 기자실의
관행 변화에 대한 심층 인터뷰 요지

1. 출입기자 대상

1) 기자실 개방 이후 기존 출입 언론사와 신규 출입 언론사 사이에 여전히 어떤 벽이나 차별이 있습니까. 있다면 예를 들어 주십시오.

2) 현재의 기자실 운영 방식에는 만족하고 있습니까. 만족하지 못한 다면 어떤 점이 가장 큰 문제라고 생각하십니까.

3) 1주일에 기자실은 몇 번 정도 출입하고 있습니까.

4) 출입처로부터 인사 청탁을 받거나 반대로 출입처에 인사 · 민원 청탁을 한 적이 있습니까. 또는 동료 기자들이 그런 청탁을 받거나 하는 것을 보거나 들은 적이 있습니까.

5) 출입처 공무원들에게 신문 구독이나 광고 협조 등을 부탁한 적이 있습니까.

6) 출입처 관계자들로부터 기사를 넣거나 빼 달라는 부탁을 받은 적 이 있습니까.

7) 기자실 개방 이후 출입처와 언론사의 관계에 어떤 변화가 있었습 니까. 있다면 그 원인은 무엇이라고 생각하십니까.

8) 기자실 개방 이후 기존 출입 언론사들끼리 별도의 자리나 정보 교환이 이루어지고 있습니까.

9) 그로 인해 기사의 담합이나 획일화 현상이 어느 정도 일어나고 있습니까.

10) 출입기자란 이유로 출입처에서 촌지나 골프 접대, 외유성 취재, 기타 향응을 받은 적이 있습니까.

11) 브리핑제 시행으로 출입처의 사무실 방문취재 제한은 어느 정도 지켜지고 있습니까.

12) 방문취재 제한 등으로 취재에 어떤 어려움이 있습니까.

13) 그렇다면 꼭 필요한 취재는 어떻게 해결하고 있습니까.

14) 기자실 개방 이후 과거 기자단이 합의해 이루어지던 국익 등이 길린 불가피한 엠바고는 어떻게 처리되고 있습니까.

15) 출입기자들이 엠바고를 지키도록 만드는 어떤 장치 등이 마련돼 있습니까.

16) 기타 기자실의 관행 중 바뀐 것으로 생각되는 것이 있으면 언급해 주십시오.

2. 출입처 공보 업무 공무원 대상

1) 기자실 개방 이후 기존 출입 언론사와 신규 출입 언론사 사이에 어떤 벽이나 차별이 있습니까. 있다면 예를 들어 주십시오.

2) 출입기자 수는 기자실 개방 이전과 비교하면 얼마나 늘어났습니까.

3) 출입기자가 크게 늘어난 뒤 생겨나는 애로 사항이 있습니까.

4) 출입기자로부터 신문이나 출판물 강매, 광고 협조 등의 '압력'을 받은 적이 있습니까.

5) 기자실 개방 이후 출입처와 출입기자의 관계에 있어서 좋아졌거나

출입처가 개선해야 할 점이 있다면 무엇이라고 생각하십니까.

6) 기존 출입 언론사 기자들끼리 자기들만의 별도의 자리나 정보 교환이 이루어지고 있습니까. 그로 인해 기사 담합이 일어나고 있습니까.

7) 출입기자들에게 촌지나 골프 접대, 외유성 취재, 기타 향응을 베푼 적이 있습니까.

8) 브리핑제 시행 이후 출입기자의 사무실 방문취재 제한을 요구하고 있습니까.

9) 기자실 개방 이후 과거 기자단이 합의해 이루어지던 국익 등이 걸린 불가피한 엠바고는 어떻게 처리되고 있습니까.

10) 출입기자들이 엠바고를 지키도록 만드는 어떤 장치 등이 마련돼 있습니까.

11) 기타 기자실의 관행 중 바뀐 것으로 생각되는 것이 있으면 언급해 주십시오.

〈부록 3〉
코딩용지

1. 코더번호

2. 기사 일련번호

3. 신문
   1) 조선일보 2) 한겨레 3) 영남일보

4. 기사 게재일자

5. 출입처
   1) 청와대 2) 재정경제부 3) 경북도청

6. 취재원의 수

7. 취재원의 익명성 여부
   1) 실명 취재원만 사용 2) 익명 취재원만 사용 3) 실명 · 익명 같이 사용

8. 기사의 유형
   1) 스트레이트 2) 분석 · 해설 3) 기획 · 특집 4) 인터뷰
   5) 기자회견 · 공동대담 6) 화제 7) 스케치 8) 칼럼 9) 기타

9. 기사의 보도 태도
   1) 비판 · 부정적
   2) 우호 · 긍정적
   3) 중립적

〈부록 4〉
코딩지침서

1. 코더번호를 기입한다.

2. 신문기사의 일련번호를 기입한다.

3. 분석 대상 신문을 확인하고, 해당 번호를 코딩한다.
   1) 조선일보 2) 한겨레 3) 영남일보

4. 기사가 게재된 일자를 아래와 같이 띄어쓰기 없이 연속적으로 기입
   한다.
   예) 2005년 9월 1일 – 20050901

5. 분석 대상 기사를 작성한 기자의 출입처를 확인하고, 해당 번호를
   코딩한다.
   1) 청와대 2) 재정경제부 3) 경북도청

6. 기사에 나타나는 취재원의 수를 확인하고, 그 숫자를 적는다. 같은
   취재원이 여러 번 인용될 경우 1명의 취재원으로 계산한다. '재정경
   제부에 따르면' 등의 표현은 '재정경제부 관계자에 따르면'의 생략
   형으로 보아 1명의 취재원으로 계산한다.
   예) 1, 2, 3, 4 등

7. 기사에 사용된 취재원이 익명인지 실명인지를 확인하고, 해당 번호를
   코딩한다. 실명은 이름이 밝혀진 경우이며, 익명은 '관계자' '재정경제
   부' 등으로 표현돼 누구인지 구체적으로 알 수 없을 때로 구분한다.
   1) 실명 취재원만 사용 2) 익명 취재원만 사용
   3) 실명 · 익명 같이 사용

8. 기사의 유형을 확인한 뒤, 해당 번호를 코딩한다.
   1) 스트레이트 – 기자의 의견이나 평가가 들어가지 않고 단순하게
      사실이나 발표 등을 전달하는 기사
   2) 분석 · 해설 – 특정 사안에 대해 기자나 신문사의 의견 또는 평
      가가 들어가는 기사
   3) 기획 · 특집 – 기사에 특정 제목을 붙여 다각도로 사안을 들여다
      보거나 번호를 붙여 시리즈로 게재하는 기사
   4) 인터뷰 – 기자 개인이나 특정 신문사가 단독으로 진행한 대담
   5) 기자회견 · 공동대담 – 대통령 기자회견 등 출입기자들이 집단
      또는 복수로 질문하고 답변하는 내용을 주로 게재한 기사
   6) 화제 – 출입처의 본질적인 사안을 벗어나 이면이나 사람에 얽힌
      이야기 등 소프트한 내용을 담은 기사
   7) 스케치 – 대통령의 정상회담 등에서 주요 행사의 이모저모를 소
      개하는 등의 기사
   8) 칼럼 – 특정 제목 아래 기자의 의견이 중심을 이루는 기사
   9) 기타 – 이상의 8가지 유형에 들어가지 않는 기사

9. 기사가 어떠한 보도 태도를 보였는지 확인하고, 해당 번호를 코딩
   한다.
   1) 비판 · 부정적 – 기사의 전체적인 흐름이 비판하는 논조거나 기

사에 부정적인 부사·형용사 등을 사용한 보도

2) 우호·긍정적-기사의 전체적인 흐름이 우호적이거나 기사에
긍정적인 뜻을 담은 부사·형용사 등을 사용한 보도

3) 중립적-부정적이거나 긍정적이지 않고 어떤 태도가 느껴지지
않게 서술된 보도

· 저자 ·

송의호 · 약 력 ·

안동고등학교 졸업
경북대학교 영어영문학과 졸업
서강대학교 공공정책대학원 언론공보학과 문학석사
미국 워싱턴 D.C. CSIS(국제전략문제연구소) 파견 연수
계명대학교 대학원 신문방송학과 문학박사
중앙일보 기자(1985. 11~현재)

· 주요논저 ·

「국내 주요 출입처 기자실 유형에 관한 탐색적 연구」
「한국 잡지의 명예훼손에 대한 일 고찰: 언론중재 사례를 중심으로」 등

참여정부의 언론정책

- 기자가 본 출입처 제도의 변화

· 초판 인쇄	2007년 8월 31일
· 초판 발행	2007년 8월 31일
· 지 은 이	송의호
· 펴 낸 이	채종준
· 펴 낸 곳	한국학술정보㈜
	경기도 파주시 교하읍 문발리 526－2
	파주출판문화정보산업단지
	전화　031) 908－3181(대표) · 팩스　031) 908－3189
	홈페이지　http://www.kstudy.com
	e－mail(출판사업부)　publish@kstudy.com
· 등　　록	제일산－115호(2000. 6. 19)
· 가　　격	15,000원

ISBN　978-89-534-7465-9 93070 (Paper Book)
　　　　978-89-534-7466-6 98070 (e-Book)